真正的食育既包含了
生命、自然、感恩等人类通识文化，
又有均衡、协作、饮食习惯等
具体的生活文化，
是令孩子身体健康、
精神富足的艺术。

食育，就是幼儿生命教育的路径，
即在认知上，远离垃圾食物；
在情感上，接受健康、天然食品；
在行为上，亲近自然。

YOUERYUAN SHIYU

幼儿园食育

——园本化课程的开发

王颖嫣　蔡丹娜　胡　佳●著

ZHEJIANG UNIVERSITY PRESS
浙江大学出版社

序

"食育"，乃指饮食教育或摄食教育。这个名词在中国尚未成为学前教育界的热词，然对幼儿实施"食育"之重要意义自不待言！

福禄贝尔在其《儿童心理的研究》一书中对儿童的饮食教育有这样一段精辟的论述："儿童早年的饮食是最重要的，不单在于他们的呆板与活动、迟缓与敏捷、聪明与愚笨、软弱与强壮是有关系的，并且他们的一生都受很大的影响。"时隔百年，福禄贝尔所言依然让我们醍醐灌顶。

日本早在 2005 年就颁布了《食育基本法》。该法明确指出，食育的对象是儿童，需通过多种途径使接受食育的儿童获得有关"食"的知识和选择"食"的能力，培育有关"食"的思维方式，以实现健全的饮食生活。同时《食育基本法》强调，食育乃生存之本，也是智育、德育和体育的基础。

欣然看到这本由一线幼儿园教师撰写的《幼儿园食育——园本化课程的开发》一书，拜读之后不禁感慨。

首先，这本书有很强的现实意义。

在今天的中国，幼儿肥胖的发生率已达发达国家标准，幼儿的龋齿率和近视眼的发生率已分别高达 73% 和 10%，现实已向我们敲响了警钟：对幼儿进行食育，已是时不我待！

其次，课程定位精准、特点凸显。

幼儿园食育课程以培养幼儿实践能力为出发点，力图通过食育，增强幼儿对食品和摄食行为的认知和积极情感，与此同时，具体落实在种植、制订食谱以及形成良好的摄食礼仪等方面。

《幼儿园食育——园本化课程的开发》凸显了以下四大特点。

实践性：食育活动的主题与真实世界密切联系，使幼儿的实践更加具有针对性和实用性。

自主性：提供幼儿根据自己的兴趣自主选择内容和展示形式的决策机会，幼儿能够自由地进行学习，从而有效地促进幼儿创造能力的发展。

发展性：以主题统领，将幼儿园长期食育计划与每个阶段的食育内容相结合，形成了幼儿园食育课程的动态发展过程。

开放性：体现在让幼儿围绕主题所探索的方式、方法和展示、评价具有多样性和选择性。

再次，幼儿园有效利用了各种资源。

人力资源的丰沛——食育课程的顶层设计，彰显了从园长到核心骨干的课程领导力；丰富生动的活动方案，则是动用了全园的师资队伍来共同建构，是群策群力的智慧结晶。

物理资源的丰富——幼儿园食育课程实施的环境，从园内教室到户外种植场地，从室内到各种特设小馆，丰富多样。

这是一本具有现实意义又特具操作性的书，是以欣然为序。

华东师范大学　周念丽

2022 年 4 月 21 日于瀛丽小居

前　言

食育，是指通过饮食开展的教育。真正的食育既包含了生命、自然、感恩等人类通识文化方面的教育，又含有均衡、协作、饮食习惯等具体的生活文化的教育，是一门令孩子身体健康、精神富足的教育艺术。幼儿园食育是借助与饮食相关的活动及实践促进幼儿的德、智、体、美、劳各方面相融合的教育，是融合自然环境、语言表达、身体活动、艺术感受、科学探索等内容的儿童教育模式。

日本将食育视为全民教育，在家庭、幼稚园中广泛推行。通过对食物营养、食品安全的认识，以及食文化的传承，培养孩子对食物的感恩之心；通过让孩子亲自参与完整的种植过程，亲自参与食材的处理、烹饪以及餐后整理等行动，达到"培养国民终身健康的身心和丰富的人性"这一目的。

英国已将食育列入教育大纲，其中要求儿童必须学会烹饪技能。他们推动的校园菜园计划，让孩子们在学校菜园里体验种植和收获的乐趣。

法国食育的核心理念是从基本知觉进行认知，在幼儿园引导孩子们怎样使用五感，即通过视觉、听觉、嗅觉、食感、触感来感知食物，并要求边吃边记录感受，让孩子们从小"认识食物本色"。孩子们通过这种丰富的感官体验思考自己把什么食物吃进肚子。饮食教育伴其成长，他们从小就意识到要学会控制自己的饮食。

在我国，林振华等[1]提出，食育即饮食行为教育，是指对孩子进行包括饮

---

[1] 林振华，刘红. 日本青少年食育的内容与特征[J]. 基础教育参考，2008（12）：35-37.

食观念、膳食营养知识和饮食卫生安全等一系列营养学的教育。童璐等[1]提出，食育是让孩子们理解和接受多样化食物，培养他们的饮食行为，介绍食品知识以及食品与人类的关系等方面的教育。顾荣芳等[2]提出，幼儿饮食营养教育应注重系统教育与随机教育相结合，家庭教育与幼儿园教育相结合。

河南省实验幼儿园结合"活教育"思想开设食育课程，通过引导幼儿全面认识自然、农耕、食物、厨房、身体，使其在游戏中、操作中学会感悟四季变化，了解食物的营养价值，养成健康的生活习惯和生活方式。

北京宋庆龄幼儿园从 2018 年起就持续开展健康饮食系列活动，通过多种形式的活动，多维度地让幼儿了解食物里面蕴含的各类知识，提高孩子们对食物的兴趣，同时学会主动远离有害食品。在幼儿成长的关键期，让良好的饮食习惯扎根于他们心中，为其健康成长打下基础。

宁波镇海区实验幼儿园利用空间优势，在幼儿园内开辟中餐厅和西餐厅，让幼儿体验中西饮食的不同制作方式，从食材选取组合、食材加工制作、辅料调配、食用方式等方面让幼儿感受差异性，提高幼儿饮食能力。

幼儿期儿童的身体发育和机能发展十分迅速，健康的饮食对于 3～6 岁的儿童来说尤为重要，是奠定其身心健康发展的基础。因此，宁波市鄞州区东钱湖镇中心幼儿园以"食"为载体，将自然教育、劳动教育与食育相融合，结合地理优势，充分挖掘东钱湖本土资源，探究出一套完整、系统、操作性强的"三元交互·三性发展"食育模式。

以四季为线索的食育特色课程，让幼儿在知食、选食、制食、品食、售食中体验饮食生活乐趣，培养儿童的生活情趣，最终帮助其形成良好的饮食习惯及健康饮食方式，为儿童健康成长、快乐生活打下良好的基础。

① 童璐，张莉. 幼儿园开展食育的必要性与实践策略 [J]. 幼儿教育，2017（18）：27-30.
② 顾荣芳，何锋，等. 幼儿对饮食营养相关概念的认知 [J]. 早期教育（教师版），2009（9）：4-7.

目录

MU LU

第一章

食育的理论基础

SHIYU DE LILUN JICHU

第一章

贫困的理论基础

一、哲学基础——自然主义哲学

休谟强调自然主义是指不依赖于任何先验的、神秘的、独断的或理性演绎的证明，而是在观察和经验的基础上用纯粹心理的方法对我们的认知、情感和行为过程进行实际的描述，这一描述可以用自然科学的观点和生活常识来进行解释，我们的思辨、行为和全部生活都建立在人的自然本性或者心理倾向的基础之上，并根据自然本身的秩序和变化不断加以调整。①

1967 年，菲仕宾（Fishbein）提出的理性行动理论和计划行为理论认为，行为的发生最重要的影响因素是人们的行为意向。行为意向由两个基本因素所决定：个体对行为的态度和主观行为准则。在这两个因素的基础上，计划行为理论增加了控制能力这个变量，由个体的控制信念和感知能力构成。当个体能比较准确地认识到采纳行为的困难，又有信心、有办法克服困难时，才能实现行为。② 这就是我们所说的心理健康，心理健康在自然主义哲学中表现为一种乐观主义的精神和信念。它本身不具有间或困扰我们时代的玩世不恭，它的乐观积极的信念涵盖了哲学精神的全部追求和人类奋斗的全部境界。即便随着时代的变化，自然主义本身发生着或多或少的变化，但是这一基本

---

① 魏鹤. 西方哲学和社会理论中的自然主义 [D]. 北京：中共中央党校，2006.
② 黄凤君，李维青. 元认知促进健康教育效果之理论探究 [J]. 健康教育与健康促进，2010（2）：139-141.

的精神内涵始终没有改变。

儿童身心发展的过程其实是一个不断强化的认识世界、理解世界，最终改造世界的过程。在这个过程中，儿童首先需要提升心理健康水平，以健康的心理面对今后的一切经历。我们所说的心理健康包括两个方面的内容，一是良好的自我认知，这是形成完整人格的重要内容，对自我的认知决定着一个人以怎么样的态度和信念认识世界、改造世界；二是积极的世界认知，健康的心理就是自我与现实之间的和谐。

基于对东钱湖镇中心幼儿园的办园理念、办园宗旨等文化的考察和判断，我们明确了食育课程的哲学基础——自然主义哲学。这主要包括以下内涵：一是以性善论为起点，相信儿童自身的力量，性善论不只是对人性的赞扬，更是对儿童天性的保护，即相信儿童，相信人本身的力量；二是以自然为要点，充分尊重儿童的自然本性，尊重儿童的想法和选择；三是以环境为重点，创设适宜的环境，让儿童在轻松自由的氛围中自在生长。

二、理论基础——健康教育理论

基于对东钱湖镇中心幼儿园食育文化价值的探究，我们提出将健康教育理论作为理论基础，以引导食育课程的开发与实施。健康教育是一种以健康为目标，促使人们自觉采纳有益于健康的行为和生活方式，以消除或降低各种危险因素、预防疾病、促进健康、提高生活质量为目的的有计划、有组织、有系统地对社会人群的教育活动。健康教育的重要目标是行为改变、习惯养成和生活方式的进步，其关键点是促进人们主动地、自觉自愿地培养良好、健康的生活方式。①

　　健康教育通过信息传递、认知教育和行为干预帮助个体或群体掌握卫生保健的知识和技能，树立正确的健康观，使之自愿采纳和接受有利于健康的行为和生活方式来达到增进健康的目的。教育的目的不仅限于教学生知识或某种谋生的技能，它应是一个融合了认知、情感、意志，融合了整个精神世界的活动。因此，要使整个精神世界鲜活生动，要使整个学习过程生机无限，就必须深入学习者的情感世界、意志过程。

　　幼儿园园本课程就是不断提升儿童主体性，让儿童做自然的主人，做社会的主人，做自我的主人。学前儿童的身心发展水平决定了他们对世界的认知大多来自直观的体验和感受，我们以健康教育的"知、情、行"模式为基础，从认知开始树立儿童的健康观念，在具体的活动中将认知转化为情感，再由情感指导行为。所以以儿童身体健康为基石，并不是单一的对儿童的体能进行评判，而是基于对健康知识的认识和理解，对儿童健康行为的坚持。这不仅是认知的转变，更是情感和态度层面的深度认同。

　　《幼儿园工作规程》指出："幼儿园的任务是贯彻国家的教育方针，按照保育与教育相结合的原则，遵循幼儿的身心发展特点和规律，实施德、智、体、美等方面全面发展的教育，促进幼儿身心和谐发展。"幼儿教育不同于其他阶段以知识学习、间接经验掌握、能力培养等为主要目的的教育，而是有着自身独特的本质规律和价值原则。教育作为培养人的活动，其指向的是人的发展和成长，幼儿教育作为终身学习的开端、国民教育体系的重要组成部分，同样旨在为儿童的全面发展做贡献。完整与健康包括三个层面的内容，首先是让儿童经历完整生活，在完整的生活中选择和坚持健康的心态与习惯；其次

---

① 黄凤君，李维青．元认知促进健康教育效果之理论探究［J］．健康教育与健康促进，
　　2010（2）：139-141.

是完整健康的教育环境和氛围，教育要引导儿童遵循现实规范，能够尊重个体差异，更能够充分发挥个性和才智，开拓真正属于自己的、崭新的、有活力的生活；最后是要建立健康完整的教育体系。

三、资源利用——挖掘本土资源

（一）自然资源

亚里士多德说："大自然的每一个领域都是美妙绝伦的。"事实上，幼儿只有在与大自然亲密接触的过程中，才能真正感受到大自然对其身心发展的影响。东钱湖镇中心幼儿园充分挖掘园内外的自然资源，创设与生活贴近的情境，激发幼儿探索自然的求知欲望，使幼儿获得全方位的发展。

1. 园内资源：东幼老街、宝贝厨房、食育工坊……

幼儿园内的资源会潜移默化地滋润和影响儿童，所以幼儿园从饮食的技能、饮食礼仪与文化、节气与农耕、食物的探索等几大方面入手开展食育。例如：在农耕馆里，幼儿通过动手劳作，感知食物的生长过程；在食味馆里，幼儿自主烹饪食物，学习食物的相关制作技巧；在食艺馆里，幼儿动手制作食物，享受动手带来的乐趣；在食礼馆里，幼儿学习饮食文化和相关礼仪，感受家乡的传统文化；在食研馆里，幼儿对食物进行科学探究，找寻奇妙的食物世界。

2. 园外资源：钱湖十景、谷子湖、陶公岛、小普陀、二灵山、福泉山、南宋石刻公园、雅戈尔动物园、北湖旅游点……

东钱湖位于宁波城东，是浙江省最大的天然淡水湖，也是长江三角洲地区著名的风景旅游胜地。东钱湖有山有水，物产丰富，盛产青鱼、白条、河虾和青壳螺蛳。幼儿园可以充分利用当地的区位优势和自然资源组织幼儿在游山玩水时学习和探索，如游玩谷子湖、陶公岛、二灵山、福泉山，感知大自然的优美风光。在此过程中幼儿不仅可以理解大自然，懂得维护生态平衡、保护大自然，还可以提高幼儿的人际格局、心灵格局、思想格局和行动格局。

（二）文化资源

文化是凝结在物质之中又超越于物质之外的，能够被传承和传播的国家或民族的思维方式、价值观念、生活方式、行为规范、艺术文化、科学技术等，它是人们普遍认可的一种能够传承的意识形态。幼儿园可利用当地的文化资源开设园本课程，从而有效地传承和利用本土文化资源，激发幼儿对家乡文化的热爱，培养幼儿的文化自信和文化自觉，使其感受文化传承与现代科技的魅力。

1. 物质文化资源

物质文化指的是人类创造的物质产品体现出来的文化，体现在饮食、服饰、建筑和交通等物质载体上。东钱湖曾被郭沫若先生誉为有"西湖风光，太湖气魄"。东钱湖镇中心幼儿园充分利用水利工程设施，让幼儿感受水坝的特色，感受人类的智慧，学习千百年来人们不断创新和奉献的精神；组织幼儿参观具有丰厚历史底蕴的景区，如上林寺、大慈寺、岳王庙、王安石庙等，引导幼儿了解人物生平、建筑文化及历史文化，学习为人的优秀品质；倡导幼儿去真切感受东钱湖的"钱湖之魄"，体验文化的神圣；将园内的特色食育课程和东钱湖已有的山水特色、食物特色相结合，让文化和课程紧密联系。

2. 精神文化资源

精神文化是人类在从事物质文化基础上生成的一种人类特有的意识形态。

东钱湖镇中心幼儿园充分挖掘东钱湖积淀的丰厚精神文化资源，包括春秋时期越国大夫范蠡富甲天下的商文化精神；天童寺、阿育王寺和福泉山麓大慈禅寺的佛文化精神；东钱湖龙舟节、东钱湖冬捕节等传统习俗；更有北宋王安石、生物学家童第周、书坛泰斗沙孟海和画家沙耆等名人轶事。幼儿园将这些文化资源进行筛选整合，融入园本课程，将传统的历史文化精神渗透到幼儿教育中去，激发幼儿对家乡文化的热爱之情。

（三）人力资源

东钱湖镇中心幼儿园积极开发并合理利用园内外的人力资源，如幼儿园专门为幼儿开辟种植基地，幼儿在教师的带领下体验农作的快乐与收获的喜悦，同时创建五大食育工坊和班级萌娃食育区；通过开学初的调查问卷了解家长们的食育资源，并有针对性地邀请家长作为志愿者、助教等来园参与食育，充分调动家长参与食育的积极性；举办各种形式的食育活动，如食育讲堂、"星厨工坊"活动，让家长提升实践操作能力和食育技能。在社会资源方面，聘请专业的师傅来教授农艺；除此之外，还利用生活中与食育密切相关的教育资源，如菜市场、超市和果园，让幼儿参与到社会生活中去，从而学习更多的食育知识和文化。

第二章

食育的理念

SHIYU DE LINIAN

在近八年的研究探索之路上，东钱湖镇中心幼儿园以"源润童心，梦泽童年"为教育理念，结合幼儿园资源、东钱湖地方特色和中国传统的饮食文化，确立"食润童心 本真生活"的食育课程理念，确定了幼儿园课程价值、内在追求、课程发展走向，并以此作为确定课程目标、选择课程内容、组织课程实施与评价的主要依据。

一、以自然之道为根本——立足儿童本性

以自然之道为根本就是要求我们既要遵循自然的法则，更要尊重人的发展规律和本性。食育与规律密切相关，第一是自然运行的规律，四季变换，农事农耕的春生、夏长、秋收、冬藏是不可逆的现象和规律。人类如果能够认识规律、尊重规律并利用规律，就能在自然中生存并持续繁衍。第二是人体生长的规律，学前期的儿童对世界的认知来自直观的经验和探索，儿童天生好奇、好动、好玩，要想儿童得到良好的发展就必须尊重人的发展规律和天性。食育课程以人的发展规律和儿童的天性为立足点，建设尊重儿童兴趣、顺应儿童发展特点的课程群，在尊崇自然之道的同时保护儿童的天性，在促进儿童发展的同时强调课程之间相互渗透、有机联系，最终助力幼儿的全面发展。

二、 以传统文化为依托——注重儿童发展

中华民族在长期的历史进程中形成的以植物性食物为主、动物性食物为辅的饮食结构，以及在此基础上形成的独具特色的饮食文化思想、饮食文化习俗、饮食文化礼仪，构成了庞大的中国传统饮食文化体系。中国自古就是礼仪之邦，饮食礼仪是中国传统文化中的思想精髓之一，《礼记·礼运》就有"夫礼之初，始诸饮食"的观点。文献记载，至迟在周代，饮食礼仪已经形成了一套相当完善的制度。进食之礼、宴饮之礼、待客之礼……一些古代饮食礼仪对现代社会精神文明建设仍然有重要的价值。依托中国千年传承的独特饮食文化和基本理念，幼儿园创设农博基地，让儿童亲身体验农事农耕，满足儿童的好奇心和动手欲望；构建食育课程，结合家庭、社会、幼儿园三方力量，让儿童参与生活的每一个环节和细节。课程的设计与实施主要以幼儿园的园内活动为主，辅以与儿童紧密相关的自然活动、亲子活动、社会活动等，横向上扩展儿童对自己和世界的认知，纵向上深化儿童的感知和探索能力，使儿童真正处在一个让他们的需要、兴趣、潜能得到充分发挥的世界。

三、 以自由探索为路径——贯穿儿童生活

儿童的创造性和创造力远远大于成年人。儿童是天生的研究者和冒险家，他们对自己和世界充满好奇和探究欲，他们有自己认识世界、理解世界的方式，这种方式是在长期的自由探索中逐渐形成的。儿童自由探索的过程也是其主动性和创造性发展的过程。主动性是幼儿心理发展的重要前提，是形成个体

心理发展差异的重要因素之一。例如，主动性强的幼儿对周围环境及事物能给出积极的反应，有强烈的好奇心和探究欲望，在活动中能坚持不懈，主动获得知识，发展社会适应性，这对他们未来自觉地学习知识、创造性地解决问题和改造世界都会产生长远的影响。蒙台梭利强调要为儿童创设有准备的环境，但让儿童自由探索并不是要他们直面危险，而是在教师准备好的环境中积极探索，自由发展。食育课程以自由探索为主要路径，注重激发儿童的自主性和积极性，提供适宜的环境和条件、丰富的活动材料和内容、宽松的氛围和时间，运用形式多样的方法组织教学，支持幼儿自主选择和主动学习，给幼儿亲自动手操作、感受、体验和探索的机会，激发幼儿学习的兴趣与探究的欲望，引领儿童建构多样经验，创造多元可能。

第三章

食育的必要性

SHIYU DE BIYAOXING

一、舌尖上的安全需要

民以食为天，"吃"是包括人类在内的一切动物与生俱来的本能和需求，是其赖以生存和发展的基础。当"吃什么"和"怎么吃"也变成问题时，食品安全就成了人们关注的焦点，饮食问题不仅仅是关系到人身健康、生命安全的重大问题，同时也是关系到经济发展和社会稳定的重要因素。

（一）食品安全问题层出不穷

从目前的研究情况来看，国际社会对"食品安全"已经基本形成共识：食品（食物）的种植、养殖、加工、包装、贮藏、运输、销售、消费等活动符合国家强制标准和要求，不存在可能损害或威胁人体健康的有毒、有害物质，以及导致消费者病亡或者危及消费者及其后代的隐患。我国法律将食品安全的基本要求规定为：无毒、无害，符合人体必需的营养要求，具有相应的色、香、味、形等感官性状。

随着我国经济社会的持续高速发展，特别是近20年来国内外经济贸易往来日益频繁，世界范围内不断出现食品安全类事件，如英国的"疯牛病"和"口蹄疫"事件、比利时的"二噁英"事件，国内的苏丹红、吊白块、毒米、毒油、孔雀石绿、瘦肉精、三聚氰胺等层出不穷的食品安全事件为人们敲响警钟，日益加剧的环境污染和急功近利的食品加工销售模式给人类的生命和健康带来了巨大的威胁，并已成为人们关注的热点问题。

（二）饮食行为问题日益突出

在中国，关于饮食行为、饮食习惯的传统很多，大家耳熟能详的少食多餐、"粥文化"以及早上吃好、中午吃饱、晚上吃少等饮食行为标准也一代一代的传承至今，有规律的饮食习惯、科学的饮食行为对我们的身体至关重要。

现代社会中，人们的工作、生活、学习压力大，朝九晚五的工作生活方式已然成为很多上班族的理想状态，工作、学习中人们更多面对的是"九九六"①，甚至还有"零零七"②的模式。在这样高强度、快节奏的生活模式之下，如何压缩时间成本已然成为一种时尚。很多上班族的早餐、晚餐都是"速食"快餐，在难得的节假日则是暴饮暴食，久而久之，这种不健康的饮食习惯严重影响了人们的身心健康。

二、幼儿期的成长需要

（一）饮食教育对儿童健康成长的重要性

幼儿期是儿童生长发育的重要时期，也是形成良好生活习惯的关键时期。良好的饮食习惯、愉快的情绪、强健的体质是幼儿健康成长的前提。然而，

---

① "九九六"：早晨九点到晚上九点，一周六天。
② "零零七"：一周七天，一天二十四小时。

随着人们生活水平的提高，现代家庭的生活饮食虽得到了改善，但出于对孩子的宠爱，家长一味满足幼儿的口味，导致部分幼儿出现了挑食偏食、吃零食等较为严重的现象。在全园"幼儿饮食习惯"家庭问卷调查中，我们发现幼儿喜欢进餐的为50%，独自进餐的占42%，偏食挑食的则占72%。严重的挑食偏食、边吃边玩等不良进餐习惯会造成幼儿营养不良、肥胖甚至引发疾病，影响其健康成长。

所以，在生活中教幼儿"会吃"，吃得"好"，吃得有营养，满足幼儿新陈代谢、生长发育对营养的需求，让幼儿感受到就餐是快乐的过程，使其在餐桌上能好好吃饭，喜欢吃饭就显得尤为重要。学会文明用餐，形成良好的饮食习惯及健康的饮食观念，对幼儿的健康成长有着重要且深远的意义。

（二）饮食教育对儿童的探究兴趣的引导性

在小班"娃娃家"里，幼儿拿着假的玩具、假的厨具做菜，吃饭，喂食；在阅读时，幼儿假装拿书中的苹果吃；美工区里，当孩子们揉搓橡皮泥做汤圆、麻花、饺子时，经常能听到他们的另一种渴望："我在家里也和妈妈一起包饺子，是真的饺子，煮着吃可好吃了……"原来孩子们对食物的喜爱是发自本能的，原来他们希望做的汤圆、饺子都能是真的，原来他们希望能有体验制作美食的机会……

一餐三点作为幼儿园一日生活的重要部分，也是生活课程的重要组成。作为老师、家长，在生活中如何从营养方面着手，给幼儿一个健康快乐的童年，不仅需要学习科学的喂养技巧，掌握孩子进食的质和量，保障其健康成长，更需要对幼儿进行健康饮食方面的启蒙教育。

（三）饮食教育与儿童的综合发展的契合性

《3—6岁儿童学习与发展指南》（以下简称《指南》）在健康领域"生活习惯与卫生习惯"教育建议中提出"帮助幼儿养成良好的饮食习惯……帮助幼儿了解食物的营养价值，引导他们不偏食不挑食、少吃或不吃不利于健康的食品……"虽然《指南》在健康领域提出了建设性的建议，但鲜少有幼儿园会花精力对幼儿进行食育。纵观这些年来幼儿园里的用餐氛围，教师出于统一管理、饮食安全等缘故，为幼儿设定了诸多进餐规矩：吃饭保持安静，不允许进行话语交流，甚至对进餐慢的幼儿不断进行"善意"的督促等，这使本该轻松愉快的用餐享受变成了严肃的生理作业。

真正的食育既包含了生命、自然、感恩等人类通识文化，又有均衡、协作、饮食习惯等具体的生活文化，是令孩子身体健康、精神富足的艺术。中国食育联盟会长、华东师范大学教授周念丽在"首届儿童食育研讨大会"上说："食育，就是幼儿生命教育的路径，即在认知上，远离垃圾危害食物；在情感上，接受健康、天然食品；从行为上，亲近自然。"教师若能将幼儿的进餐过程转变成一个文明的、人性的、科学的、快乐的过程，引导幼儿喜欢吃饭，好好吃饭，学会文明用餐，形成良好的饮食习惯及健康的饮食观念，将会对幼儿的健康成长产生重要且深远的意义。

第四章

家园互动型的食育

JIAYUAN HUDONGXING DE SHIYU

家庭是孩子生活的第一环境，父母是孩子真正的"启蒙老师"，学龄前孩子在走入幼儿园之前其身心就早已"刻"下了家庭食育的印记，他们的"胃"都已经记下了自家独有的味道。孩子一开始吃辅食，他们最先接触的便是家人为他们精心准备的食物。父母作为孩子的第一位老师，早已经获得了被孩子认可、模仿的先机，这无形中就在幼儿的生活中埋下了食育种子。因此，家庭应该走在幼儿食育的前沿，家长更应该以身作则，给孩子树立良好的榜样，在日常生活中引导幼儿积极主动地参与家庭生活，以主人翁的身份参与到各种食育活动中去。

一、注重家园联系，拓展沟通途径

（一）问卷调查，全面了解

问题的收集有很多种方式，可以是访谈、资料查阅、日常观察等，但是对于大量的研究样本，特别是新进的小班幼儿家庭或者是插班生家庭，样本问题搜集若仅仅依靠老师的日常观察或者个别访谈等显然不够全面也不够及时。基于此，可以快速地、大量地获得全体家长对于食育问题看法的问卷调查就显得尤为重要。

问卷调查能够在短时间内获得大量样本的信息，同时还能根据调查者的需求对其问题设计、调查内容进行随时调整。我们根据不同的食育主题，从实际出发，针对当下家庭在饮食教育中存在的普遍问题，设计了目标明确、重点突出的问卷。当然，设计的各种问题应该通俗易懂，使应答者一目了然，愿意如实回答。

通过调查问卷，教师不仅可收集到大量家庭在食育中的问题及需求，根据收集上来的信息设计家长学校的食育主题，进而选择合适的方式让家长参与其中，也能有针对性地解决孩子在日常生活中遇到的问题，提升孩子的生活品质。

·幼儿在家饮食行为调查问卷·

尊敬的家长：

您好！感谢您在百忙之中参与我们的调查！

为了了解幼儿在家里的进餐习惯，改善幼儿进餐中存在的各种不良行为，让每位幼儿都养成良好的用餐习惯，我们特开展此次调查。请您根据幼儿在家用餐的实际情况，填写以下问卷。此问卷仅做调查研究之用，采取不记名方式，望您放心，并认真、如实填写！

请您在下列问题的后面选择符合您情况的答案，并在相应的位置打"√"。

您（父亲）的学历：初中　　　高中（中专）　　　大专　　　本科及以上

您（母亲）的学历：初中　　　高中（中专）　　　大专　　　本科及以上

1. 您认为良好的饮食习惯在幼儿的成长过程中作用如何？

A. 非常重要　　　B. 重要　　　　　C. 一般　　　　　D. 不重要

2. 如果您的孩子出现不良的饮食行为，您的态度是怎样的？

A. 绝不容忍　　　B. 能容忍　　　　C. 无所谓　　　　D. 听之任之

3. 您纠正过孩子的不良饮食习惯吗，结果如何？

A. 及时纠正，效果良好　　　　B. 及时纠正，效果一般

C. 有纠正过，效果不好　　　　D. 从没有纠正过

4. 如果您的孩子不愿意进餐，您会？

A. 严厉训斥强迫吃

B. 耐心哄着吃

C. 顺其自然

5. 您带孩子外出吃饭的频率如何？

A. 经常　　　　B. 一般　　　　C. 较少　　　　D. 从不

6. 您的孩子平时食欲如何？

A. 很好　　　　B. 好　　　　C. 一般　　　　D. 不好

7. 您的孩子在就餐时是自己完成吗？

A　自己独立完成

B. 需要别人喂才能吃

C. 吃饭时喜欢含在嘴里

8. 您的孩子的食物一般由谁负责，和谁一起吃饭？

A. 父母　　　　B. 祖辈　　　　C. 亲戚朋友

9. 您的孩子吃一顿饭一般需要多长时间？

A. 15分钟以内

B. 15～30分钟完成

C. 30分钟以上完成

10. 您的孩子在就餐时专心吗？

A. 边吃边看电视　　　　B. 边吃边玩

C. 边吃边讲话　　　　D. 吃饭时不做其他事情

11. 您的孩子吃饭时的心情如何？

A. 能愉快地吃完饭 　　　　　　　B. 一般能愉快地吃完饭

C. 不能愉快地吃饭 　　　　　　　D. 讨厌吃饭

12. 您的孩子喜欢吃什么类型的食物？（可多选）

A. 肉类 　　　　B. 海鲜类 　　　　C. 禽类 　　　　D. 蛋类

E. 豆制品类 　　F. 蔬菜类

13. 您的孩子吃饭之前会主动地洗手吗？

A. 一直如此 　　B. 经常如此 　　　C. 偶尔如此 　　D. 从不

14. 您的孩子吃完东西会漱口、擦嘴吗？

A. 一直如此 　　B. 经常如此 　　　C. 偶尔如此 　　D. 从不

15. 您的孩子在家正常情况下一天需要吃几次零食？

A. 三次以上 　　B. 二次 　　　　　C. 一次 　　　　D. 不吃

16. 您的孩子是否有正确的用餐姿势？如坐姿正确，一手扶碗，一手拿勺，胸部靠近桌子。

A. 有 　　　　　B. 一般有 　　　　C. 较少有 　　　D. 没有

17. 您的孩子是否会正确使用小勺，做到不发出很响的声音，安静进餐。

A. 能 　　　　　B. 一般能 　　　　C. 不能

18. 您的孩子如果喝汤，会在什么时候喝？

A. 吃饭前 　　　B. 边吃饭边喝 　　C. 吃完饭喝 　　D. 不喝

19. 您的孩子是否会用手拿着食物吃？

A. 一直如此 　　B. 经常如此 　　　C. 偶尔如此 　　D. 从不

20. 您的孩子在进餐后是否会有协助成人收拾碗筷的意识或行为？

A. 一直如此 　　B. 经常如此 　　　C. 偶尔如此 　　D. 从不

21. 您的孩子是否在进餐后不马上做剧烈运动？

A. 一直如此 　　B. 经常如此 　　　C. 偶尔如此 　　D. 从不

22. 您的孩子如果发现食物掉到碗外，是否会主动将食物捡起？

A. 一直如此　　　B. 经常如此　　　C. 偶尔如此　　　D. 从不

23. 孩子不喜欢吃的食物您在购置时会购买吗？

A. 一直如此　　　B. 经常如此　　　C. 偶尔如此　　　D. 从不

24. 如果您不愿意为幼儿购买某种食物，但孩子要求买，您会一直为其购买吗？

A. 一直如此　　　B. 经常如此　　　C. 偶尔如此　　　D. 从不

25. 您认为您的孩子在就餐时最大的问题是什么？您有什么针对性的教育方法呢？

_____

_____

_____

1. 幼儿饮食行为的常见问题

幼儿在就餐过程中存在的问题，例如卫生习惯缺乏坚持性；进餐速度过快或过慢；挑食偏食；情绪和食欲较差、就餐姿势差；部分幼儿缺乏就餐自主性等，主要是因为家长对幼儿饮食行为的认识与采取的应对措施不一致。本次调查，共收回有效问卷71份。

（1）幼儿就餐时的独立性。

在问及幼儿能否做到独立就餐时，家长反映如下：31%（22人）的幼儿不需要别人帮助自己就餐，而57.7%（41人）的幼儿在就餐时需要他人喂食，并且有11.3%（8人）的幼儿习惯将饭菜含在嘴里。

（2）幼儿在家就餐的时间。

对问卷进行分析，可以看到幼儿在家就餐时所用时间及就餐时的专心度，如表 4.1 所示。

幼儿就餐时所用时间基本为 15 ~ 30 分钟（49 人）。就餐时间在 15 分钟以内的 12 名幼儿中有 7 人在就餐时不做其他事情，就餐时间在 30 分钟以上的 10 名幼儿均会在就餐时做其他事情，如边吃边看电视、边吃边玩、边吃边说话。

表 4.1　幼儿就餐所需时间

时间	人数	占比／%
15 分	12	16.9
15 ~ 30	49	69.0
30 分以上	10	14.1
合计	71	100

（3）幼儿喜好的食物类型。

图 4.1 显示，多数幼儿在选择食物时，喜欢肉类、海鲜类、禽类和蛋类，占比超过半数，而喜欢食用豆制品类和蔬菜类的幼儿较少，仅有 36.6%（26 人）。

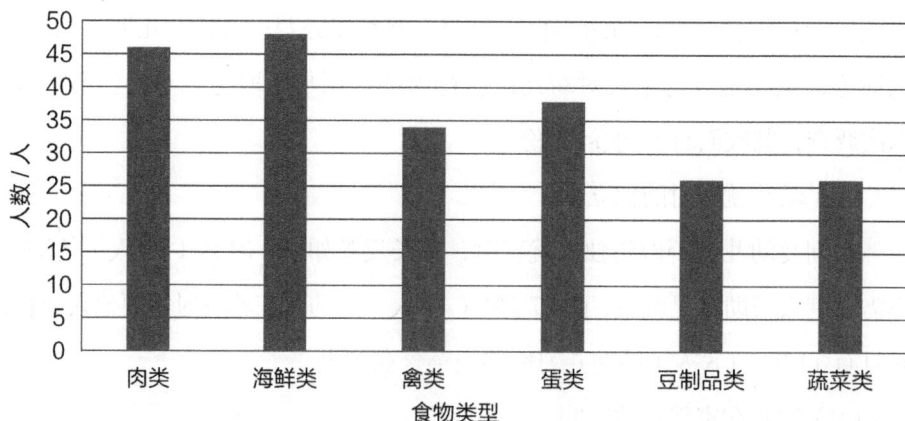

图 4.1　幼儿喜好食用的食物类型（多选）

（4）幼儿在家进餐的卫生行为习惯。

表 4.2 和表 4.3 显示，幼儿在家就餐时的卫生习惯还有待加强，就餐时的行为表现也还有提升空间。例如幼儿在就餐时不能用正确的姿势就餐，不能正确地使用餐具等。这些对于培养幼儿良好的饮食习惯是极为不利的。

表 4.2 幼儿餐前餐后卫生习惯一览　　　　单位：人

进餐卫生习惯	一直如此	经常如此	偶尔如此	从不	合计
餐前洗手	21	28	19	3	71
用手捏食物吃	11	17	30	13	71
捡起碗外食物	4	10	31	26	71
餐后漱口、擦嘴	19	23	23	6	71

表 4.3 幼儿在家就餐的行为表现一览　　　　单位：人

就餐行为表现	能	一般能	很少能	不能
保持正确的就餐姿势	26	22	20	3
正确使用餐具	26	31	14	0

（5）幼儿就餐时的情绪与食欲。

在问卷分析中我们发现，幼儿在就餐时食欲很好的占 53.5%（38 人），食欲好的占 16.9%（12 人），食欲一般的占 16.9%（12 人），食欲不好的占 12.7%（9 人）。幼儿在就餐时，能保持愉快的心情占 26.7%（19 人），比较愉快地吃饭的占 52.1%（37 人），不能愉快地吃饭的占 12.7%（9 人），讨厌吃饭的占 8.5%（6 人）。

在遇到幼儿不愿意进餐的情况时家长都会采取相应的措施，有 11.3%（8 人）的家长表示遇到幼儿不愿进餐时会将食物倒掉，21.1%（15 人）的家长表示会强迫幼儿吃，8.5%（6 人）的家长表示对于幼儿不愿进餐的行为不采取任何措施,59.1%（42人）的家长表示遇到这样的情况会先询问原因，再采取相应的措施。

2. 幼儿不良饮食习惯的分析与讨论

（1）家长对幼儿饮食行为的认识和态度不一致。

调查问卷信息表明，家长都比较关注幼儿的饮食健康问题，这表明家长都认同良好的饮食习惯在幼儿成长过程中的重要性，但在对待幼儿的不良饮食行为时，部分家长不了解"食育"概念。这可以看出家长在对待幼儿饮食行为方面的"认识与行动"上存在差别。又因为对幼儿的不良饮食行为进行教育后成效不大、祖辈的娇宠、没有时间反复对幼儿进行教育等，一些家长的认识与行为出现不同步的情况。

（2）幼儿就餐姿势较差，有些幼儿不能独立就餐。

幼儿在就餐时用正确的姿势就餐，正确地使用餐具，对于培养良好的饮食习惯是极为重要的。调查数据显示，大部分幼儿在家就餐时的独立就餐能力有待加强，并且习惯将饭菜含在嘴里。幼儿在就餐时出现这样的问题，主要原因有：家长的就餐姿势不正确，孩子错误地模仿；幼儿在家就餐时姿势不正确但家长没有及时、正确地进行教育，导致幼儿形成习惯；幼儿就餐时专心度不强，总是急于去做其他的事情，不能坚持保持正确的就餐姿势；隔代抚养，祖辈过度抚养，娇宠幼儿，不能严格要求幼儿。

（3）幼儿在就餐过程中已有初步的卫生习惯，但缺乏坚持。

所有的幼儿在就餐前后都会或多或少的注意讲究卫生，有餐前洗手，餐后漱口、擦嘴的意识，但绝大部分幼儿的坚持性不够，餐前、餐后的卫生习惯尚未完全形成。幼儿在就餐过程中的卫生习惯不佳，在就餐过程中用手捏食物吃既显示出幼儿在就餐过程中不注意卫生，也显示出幼儿使用餐具（筷子、勺子）的能力较弱。在问卷中，有63%（45人）的幼儿在看到食物掉到碗外后能够及时将其捡起来以保持桌面、地面干净，这表明幼儿已有了保持良好的就餐环境的意识，但是只有10名幼儿能够一直坚持保持良好的就餐环境，这也显示出幼儿在就餐过程中的卫生习惯尚未成熟，缺乏坚持性。

（4）幼儿就餐时喜欢做其他事情，就餐所用时间不合理。

调查表明，幼儿在家的就餐时间基本能够控制在30分钟以内，受调查的幼儿中就餐时长比较合理的占69%；就餐时间在15分钟以内则存在就餐速度过快的问题。调查数据显示，就餐时间在15分钟以内的12名幼儿中有7人在就餐时不做其他事情；就餐时间在30分钟以上的则表明就餐时间过长，就餐时间在30分钟以上的幼儿均会在就餐时做其他事情，这表明幼儿在家就餐时喜欢做其他事情从而导致就餐所用时间过长。就餐速度过慢或者过快都会影响幼儿正常的消化功能。

（5）幼儿存在挑食、偏食现象，不喜欢豆制品和蔬菜类食物者较多。

幼儿存在挑食、偏食的问题，一方面源于家长在购置食物时过度照顾孩子的口味，较多购买幼儿喜欢的食物，较少购买幼儿不喜欢但对幼儿营养平衡同样重要的食物；另一方面是幼儿自身不愿意品尝某类食物，而家长对这种行为不加干涉或者很少对幼儿进行教育等原因造成的。

（6）较多幼儿就餐时情绪差，食欲不佳。

幼儿在就餐时情绪较好或较不好各占半数。家长在遇到幼儿不愿意进餐时会有不同的处理方式，部分家长严词训斥幼儿，强迫幼儿吃饭，这样会导致幼儿就餐情绪恶化，进而影响食欲。部分家长对幼儿不愿意进餐的行为不采取任何措施，存在纵容幼儿不良饮食行为的可能，家长在幼儿不愿意进餐时的态度直接影响着幼儿的就餐行为。

3. 改善幼儿不良饮食行为的对策与建议

（1）家长要做到认识与行动的统一。

作为家长，必须对幼儿饮食行为的重要性有正确的认识。在幼儿就餐过程中，家长对幼儿的指导态度直接影响着孩子。因此，家长首先应学习幼儿饮食方面的知识，用正确的思想引导他们，例如在幼儿就餐过程中，应该要求幼儿培养正确的饮食习惯，在幼儿出现不良的饮食行为时应该及时地制止，用科学合理的方式教育引导幼儿就餐，可以选择故事法、榜样法和练习法等，不应严厉地斥责或一味地迁就幼儿。在幼儿就餐过程中，应以表扬、鼓励为主。幼儿好胜好强，对其点滴进步应及时地给予肯定，这样的强化方式可以激发幼儿的上进心、自尊心、自信心，能达到事半功倍的效果。家长还要发现孩子身上的闪光点并给予及时的表扬，这样也会激发幼儿就餐的兴趣。

家长要努力缩短自己在幼儿饮食方面"认识与行动"的差距，尽可能地克服影响幼儿就餐的客观因素，努力提高自己的指导水平。

（2）教给幼儿正确的就餐姿势和使用餐具的方法。

进入幼儿园后，教师就开始教幼儿尝试自己独立进餐，正确地使用餐具，注意就餐时保持桌面、地面整洁。中班的幼儿经过一年的幼儿园生活，已经完全有能力自己进餐。在家庭中，家长不应该为了节省时间或省事而喂孩子吃饭，这样就剥夺了孩子成长的权利，家长应该放手让孩子自己锻炼，给予适当的帮助和引导即可。

正确的就餐姿势应该是坐姿正确，一手扶碗、一手拿勺、胸部靠近桌子，在使用餐具时正确地使用小勺、筷子，做到不发出很响的声音，安静就餐。幼儿在家里就餐时，家长应该以身作则，不站着吃饭，不乱敲餐具。

（3）培养幼儿良好的饮食卫生习惯。

学龄前幼儿行为多具有反复性，培养幼儿良好的饮食行为习惯，需要家长不断提醒和引导。家长在幼儿就餐前后要多关注幼儿的卫生习惯，例如，引导督促幼儿与自己一起洗手，在洗手的过程中向幼儿讲述饭前洗手的重要性，并教给他们正确的洗手方法。

让幼儿了解不良饮食行为习惯对人体健康的危害，通过反复提醒，帮助他们建立良好的饮食行为习惯，如饭前洗手、饭后漱口、安静就餐、不吃不洁食物等。

（4）合理控制就餐时间，坚持不做与就餐无关的事情。

学龄前幼儿由于自身生理结构尚未发育完全，咀嚼和吞咽动作还不是很熟练，其吃饭的速度必然比成年人慢。在就餐时不能一味地要求幼儿吃得快，或用和父母竞赛等方式刺激幼儿提高进餐速度。就餐过快容易导致咀嚼不充分，甚至引起呛噎等情况。幼儿在家就餐时，不能一味地求快，就餐时间保证在15～30分钟内即可。

中班幼儿的年龄基本处于4～5岁，注意力的持续时间不长，其有意注意仍处于发展的初级阶段，水平低、稳定性差，而且依赖成人的组织和引导。在就餐时边吃边玩、边吃边看电视、边吃边说话等行为特别容易分散幼儿注意力，自然而然就会放慢吃饭的速度，增长就餐的时间。就餐速度过慢会造成饭菜变凉，特别是在冬季，会引起幼儿胃部不适，进而消化不良。家长要帮助、指导就餐速度过慢的幼儿在就餐时专心，不做与吃饭无关的事情，改进就餐技巧，提高就餐速度。

（5）合理购置食物，帮助幼儿做到不挑食、不偏食。

幼儿期是儿童身体发展的关键时期，这一阶段营养摄入均衡对幼儿的健康成长起着不可替代的作用。调查中我们发现，幼儿对事物的选择呈现出明显的差异性，很多幼儿都有特别喜欢的和不喜欢的食物，家长在购置食物时往往也会考虑幼儿的喜好。为了让幼儿不挑食、偏食，家长在准备食物时要关注各种食材，不要因为幼儿不喜欢某种食物而拒绝购买。幼儿极易模仿家长的饮食行为，所以家长在就餐时也不应该挑食、偏食，更不能当着孩子的面讨论某种食物好或不好。如果幼儿存在挑食、偏食的行为，家长可以把幼儿不喜欢的食物混在他们喜欢的食物中，先放入少量，逐渐增多，直至幼儿能接受。

（6）创设宽松的就餐环境，刺激幼儿的食欲。

良好的食欲和情绪是幼儿愿意就餐、高兴就餐的前提。家长在为幼儿准备食物时，应该注意刺激、调动幼儿的食欲，让幼儿有较高的就餐欲望。如果幼儿在就餐前没有食欲或者情绪低落，他们是不可能吃得好的，即使幼儿吃了家长为其准备和规定的食物和食量，低落的情绪也会影响幼儿的消化。

为了让幼儿有良好的食欲和情绪，家长在准备食物时应注意以下几点：一是注意食物的多样化，讲究食物的色、香、味、形，避免选择油腻、辛辣、刺激性食物，做到碎、细、软、烂，这有助于幼儿消化；二是创造良好的就餐环境。光线充足、空气流通、温度适宜、桌椅餐具整齐干净等，都能引起幼儿的食欲；三是让幼儿尽量少吃零食、多运动，使幼儿在就餐前体验饥饿感，做到用餐定时、定量；四是在遇到幼儿不良的饮食习惯时，要注意教育方式的转变，不在餐前、餐中和餐后训斥、惩罚孩子，让幼儿在轻松愉快的环境下就餐。

（二）日常观察，个别指导

《指南》非常尊重幼儿的个体差异，这在《指南》的说明部分便已经提及：每个孩子都存在着个体差异性，幼儿的发展是一个持续、渐进的过程，同时也表现出一定的阶段性特征。每个幼儿在沿着相似进程发展的过程中，各自的发展速度和到达某一水平的时间并不完全相同。

要充分理解和尊重幼儿发展进程中的个体差异，在日常的食育过程中，教师与家长都应该尊重孩子的差异，减少孩子间的横向比较，支持和引导他们从原有水平向更高水平发展，在孩子的学习过程中注重纵轴线式观察记录，让孩子按照自身的速度和方式成长，切忌用一把"尺子"衡量所有幼儿。

日常观察是搜集个别幼儿发展问题的重要方式，教师在一日活动中遇到有关幼儿食育的问题应该及时地针对每个孩子自身的特点，分析问题形成的原因，并比对《指南》要求，制定孩子的个性化发展的目标，通过在园指导、家园共育、榜样示范等方式改变孩子的进餐行为，让每一个孩子都能养成良好的饮食习惯（观察记录可参考表4.4、表4.5）。

表4.4　幼儿食育个案观察记录

观察时间	4月12日	班级	中三班	教师	费老师
研究对象	碰碰	年龄	5岁		
现象记录	碰碰在园就餐时拿勺子的姿势一直是满手拿，总是整个拳头握起来，勺子从大拇指和食指之间穿过，他在吃饭时勺子里面要么是满满的饭、要么是少量饭粒。在吃鱼等整块食物时，他习惯性地用手捏食物，老师看到后也经常提醒他不能用手拿饭，他听到后会立马放下手中的食物，改用勺子就餐，但是他自己很难用勺子将块食物分割开，很多时候他会将鱼块等食物弄到桌面上、地上				
现象分析	碰碰作为中班下学期的幼儿，还一直用满手抓的方式握勺子，说明他的手部力量发展较弱，这样握勺子的方式也影响了他的就餐行为，满手抓勺子不利于他做精细的动作，如分饭团、分鱼块等，这让他更趋向于用手抓食物。解决这些问题的关键在于加强他手部力量的发展				

跟踪记录		
日期	教育措施	幼儿表现
4月13日	用做游戏的方法，让他"玩手枪"，用"手枪变"的游戏教会他如何正确的握勺子	能够根据老师说的"手枪啪啪"用手指游戏的方法伸出食指、拇指，然后收起手枪、拿子弹，用食指和拇指捏住"子弹"，如此循环往复进行游戏，不断练习食指、拇指拿捏的动作

续 表

4月17日	引导他用"拿子弹"的动作拿勺子,尝试用食指、拇指相结合握勺子吃饭	就餐时能够根据游戏时的方式握勺子,但动作还不协调,一会儿他就想更换握勺子的方式,但是在老师及时提醒下,他坚持用新学的握勺子方式吃完饭菜
4月18日	电话联系家长,让家长在家中也用同样的方式要求他握勺子,做到家、园一致	幼儿在后期就餐过程中基本能够坚持用食指、拇指握勺子,偶尔出现反复的现象,但是这样的现象逐渐减少,幼儿握勺子的熟练度越来越高
结案时间	4月25日	

结案小结

纠正孩子的行为习惯需要长期的坚持,运用孩子易于接受的方式、语言加以引导也是非常重要的。在这次的个案观察中,运用游戏的方式让幼儿学会用食指、拇指握住东西,并且不急于求成,通过一段时间的练习,再让他用游戏的方式握勺子,这样能够让幼儿在熟练的基础上再学习,也更易于被幼儿接受,减少幼儿厌倦、反感等情绪。家、园一致也是必不可少的,孩子们在家中就餐的机会更多,让家长取得与老师同样的认识,幼儿在家也能进行相关的练习,有更多的机会练习新习得的技能,这样才能更好地养成习惯

表4.5 幼儿食育个案观察记录

立案时间	9月14日	**班级**	大三班	**教师**	费老师
研究对象	涵涵		**年龄**	6岁	
现象记录	中午吃饭刚开始没几分钟,涵涵就一个人偷偷地走进了卫生间,一会儿又走了出来,这样的情况已经连续好几天了。今天我也跟着涵涵进了卫生间,发现他不是上厕所,而是站在水池旁边将吃下去的饭全吐了出来,吐完以后还开了水龙头将所有的残渣全部冲掉				
现象分析	作为一名插班生,涵涵在教室里一直都是闷不作声的,有什么需要也不会跟老师交流。吃饭时吐饭也是一样的,他一直自己一个人默默地走进卫生间,没有和老师沟通过,也没有说自己有什么不舒服。出现这样的现象,比较常见的原因就是孩子不想吃饭,又害怕老师批评,所以就偷偷地去卫生间吐饭并将残渣冲干净。这说明孩子也知道这样的行为是不正确的				

跟踪记录

日期	教育措施	幼儿表现
9月14日	老师将涵涵叫到身边,问他为什么将饭菜吐掉,是不舒服还是不想吃饭,并告诉他不吃饭、浪费粮食的害处	涵涵说自己没有感到不舒服,就是不想吃幼儿园里的饭菜,觉得这些饭菜里都有一些怪怪的味道,自己吃不下去,一直恶心想吐

续 表

9月17日	约谈家长，将涵涵在园的表现告知家长，并询问其在家里的就餐情况。请家长与老师家、园共育，集中解决孩子的就餐问题	家长表示回家后会对孩子进行教育，并尝试让孩子多吃宁波地方菜，让其尽快适应。 后面几天中午就餐期间，涵涵吐饭的现象减少了，但是很少食用海鲜等食物
9月21日	请小组内的成员帮忙监督涵涵，并请宁波当地的孩子和他讲海鲜的吃法、营养价值、他们在家里都是怎么吃的，激发涵涵对海鲜的兴趣	在同伴的介绍下，涵涵对海鲜产生了一定的兴趣，并对个别同伴在家里吃的海鲜感到很新奇，也想去看看这些海鲜在做成食物之前是什么样子，做好了之后口味如何等
结案时间	9月27日	

结案小结

涵涵妈妈反映，他前期一直在江西九江生活，不习惯宁波的饭菜，特别是海鲜等，比较反感幼儿园的饭菜。孩子刚换了生活环境，抗拒陌生的事物是很正常的。老师在发现问题以后，及时与家长沟通，了解孩子的生活习惯，并请家长在家里丰富孩子的饮食内容，让孩子多尝试不同的食物等。在同伴的帮助下，涵涵对海鲜食材产生兴趣，自然而然地就会想去尝试海鲜，他妈妈还表示，到了周末宝宝还要求妈妈带他去菜场观察菜场里的海鲜，让妈妈买一些他喜欢的鱼虾蟹等回去做给他吃。两个多星期后，涵涵在园期间吐饭、不吃海鲜等问题得到了很好的解决。在幼儿遇到问题时，亲子间、同伴间的努力是非常必要的，孩子们通过亲子互动、向同伴学习等能习得很多的生活经验

（三）活动参与，交流反馈

幼儿接受食育的场所不仅仅是幼儿园，家庭、大自然及社会更是对幼儿进行食育的重要场所，家长应以助教、志愿者、陪伴者等多种身份参与食育活动，以指导者、观察者身份参与孩子们食育活动的评价。家长与孩子之间亲密的关系，使得他们能非常直观地观察到孩子在活动中的表现及体验，并做出记录与反馈，检验食育活动的可行性（家长评价与反馈可参考表4.6、表4.7）。

表4.6　社会食践活动家长参与式评价

活动简述	"食味童年，乐趣无限"美食集市活动在惠佳超市广场拉开帷幕。幼儿园把平时做的食育活动带出校园，走进社区，向社会宣传健康饮食的理念，同时也给了小朋友一次走向社会宣传、制作、售卖美食的机会
家长评价反馈	孩子在活动中不仅要制作食物，也把这当成自己的工作，明白这是一种职责和担当。这样的活动，春风化雨，润物无声，孩子们得到的是影响其一生的理念。 孩子们在计算积分时认真和"专业"的样子、相互之间说话时小大人式的表情和语气，感动之情不由自主地涌上心头。我感觉这些孩子突然之间长大了好多，懂事了

表4.7　"假日大篷车"活动家长反馈

活动时间	2019年10月26日	班级	大三班	姓名	明明
活动简述	1. 农场主人讲解米饭的来历：稻子经历了种种"劫难"才变成了香喷喷的米饭 2. 小朋友们置身田野，观察水稻的生长环境，了解水稻的"前世今生" 3. 割稻、打禾、脱粒，秋收"大作战"，感受农民的辛苦，体验丰收的喜悦				
家长反馈 （活动意义、收获等）	体验农民的辛苦，让孩子们知道了粮食的来之不易，更加珍惜粮食。用自己亲手收割的稻子打出来的大米煮成米饭，孩子吃得更香更多，不再剩饭了。 孩子们割稻的热情很高，刚开始都不敢使用镰刀，慢慢地掌握了技巧，都成为合格的小农夫了。割稻体验提高了小朋友们的动手能力，他们带走了自己的劳动成果，也懂得了珍惜粮食、珍惜他人劳动成果的道理				

二、坚持家园共育，优化沟通方式

食育不仅仅是关乎孩子在园能否吃饱吃好，其涉及幼儿教育的诸多方面，而且离不开家庭的配合与参与。与家长沟通，积极寻找幼儿教育的最佳切入点，从而提高食育质量，促进幼儿发展成长非常重要。

（一）尊重家长，让家长和老师平等沟通

无论是何种关系的沟通交流都应该建立在相互尊重的基础上，教师与家长之间的家园沟通也不例外。两者之间建立平等的沟通关系直接决定了家园沟通的有效性。家园沟通效果好坏取决于教师是否尊重家长、尊重家长的育儿观念和育儿方法。

在家园交流中，很多时候沟通都是教师发起的，且更多是源于问题而开展的沟通交流。在家园交流中，教师多数时间处于主导地位，但是主导地位不等于可以忽视家长的感受，也不意味着教师是绝对正确的。特别是孩子在园期间的进餐问题、饮食习惯问题等，很多都是孩子在家的饮食行为带来的后续问题，所以老师在沟通的过程中切不可臆断，要给予家长充分表达的机会，让家长尽可能多的向教师介绍孩子日常饮食习惯和近阶段的身体状况等信息，教师才能获得对幼儿更加全面的了解。

（二）肯定孩子，将赏识和认可放在前面

每一次沟通都应该有一个良好的开端，这就需要在沟通初始阶段给予家长一个好的信号。在每一位家长的眼中，自己的孩子都是优秀的，都希望得到他人尤其是老师的肯定与表扬，哪怕是一句"宝宝吃得很香"都能让家长感到非常开心，可以为一次良好的家园沟通建立一个好的开端。

在向家长介绍孩子的日常饮食问题或者突发状况时，教师一定要先向家长介绍孩子的优点，哪怕是与食育不相关的其他问题也可以给家长留下老师认真细心并关爱孩子的好印象，为接下来的良好沟通打下基础。

（三）一视同仁，把每一位家长变为朋友

孩子来自不同的家庭，正是每个家庭、每对父母的差别让孩子的个性有所差异。孩子是不尽相同的，家长同样也是有差别的，而家长之间的差异相对孩子之间的差异则更为明显，并且很难改变。教师遇到什么样的家长都是有可能的，而每一位家长都应该得到教师的尊重，都应该成为教师的"好友"。只有从心底接纳家长的差异和不足，教师才能更好、更心平气和地与家长进行沟通。父母把孩子交到教师的手上都是基于对教师的信任，相互之间都应秉持着一切为了孩子的初心。

三、密切家园合作，共探"食机食趣"

（一）家庭小管家理厨房

已经入园的 3～6 岁幼儿每天至少有两餐是在家中进行的，现在的父母大多能为自己的孩子提供一个好的就餐环境，但很多家庭都忽略了对孩子进行食育教育。父母对孩子进行食育不仅要投入一些财物，更多的是要关爱和呵护孩子的心理。在每一次的食物制作过程中，孩子都应该成为重要的参与者。在父母的陪伴下，亲子共同制作的"晚餐"可能更可口，亲子互动的家庭活动方式更容易吸引孩子，也更容易让孩子记住（亲子厨房食育内容可参考表 4.8）。

表 4.8　亲子厨房食育内容

名称	具体内容	活动照片
家有小帮厨	洗菜、择菜端菜、盛饭洗碗、收拾	
今天我掌勺	制菜单　购菜品 学掌勺　分菜品	
年货大采购	订年货清单 购年货物品 晒幸福年货	
独立早餐日	早餐能量分析 制作品尝早餐 记录个体感受	

总之，孩子的食育教育不是简单的吃多、吃好，更不是祖辈、父辈的完全代劳。家庭中的食育教育对孩子饮食技能的提升、饮食习惯的养成，以及食育情感的培养都有着重大的促进作用。想要孩子养成良好的饮食习惯，塑造正确的食育价值观，家庭应该成为主阵地。父母在家庭中是食育的主体，要鼓励孩子走进厨房，和爸妈一起制定食谱、采购食材、洗菜择菜、制作美食并将自己的体验活动通过绘画、拍照等形式进行记录，在参与家庭厨房工作的过程中，做个爱劳动、会感恩的好帮手（活动流程见图 4.2）。

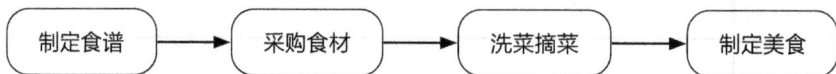

制定食谱 → 采购食材 → 洗菜摘菜 → 制定美食

图 4.2 "家庭小管家"活动流程

1. 制作食谱

食谱是家庭小管家活动的首要环节，是家长和孩子在准备餐点的过程中需要首先解决的问题。在这一过程中，家长不仅要让孩子知道自己想吃什么，更主要的是培养孩子全面考虑问题的思维品质和关注关心他人的意识。针对不同年龄段的孩子，家长在指导的过程中可以有选择、有侧重点地进行引导，比如营养搭配、人员喜好、食物价格，等等。

在一起制作食谱的过程中应该关注食谱的质量，例如，家长和孩子需要一起考虑各种食物的搭配是否合理（见图 4.3、图 4.4）；营养搭配是否符合食物金字塔的要求（见图 4.5）；哪几类食物搭配更有利于营养吸收，或者相互搭配的两种或三种食物是否存在"相克"的现象（见图 4.6、图 4.7）；每种食物最适合的制作方式是什么？每种食物的最佳食用季节是什么，反季节食物是否应该适量减少？

在符合基本的营养需求基础上，家长与孩子在制定食谱的过程中还需要关注当日就餐人员的个性需求，培养孩子在日常生活中考虑他人、关注关心长辈的意识，让孩子了解自己在家庭生活中需要体贴父母，尊重长辈。主要考虑的因素可以涉及以下三个方面。

一是当日就餐的人数有多少？

二是当日就餐的人分别是谁，他们有什么特别喜欢的或者特别不喜欢的食物？

三是如果当日就餐人员中有身体不适或者基础疾病的应该怎么照顾？

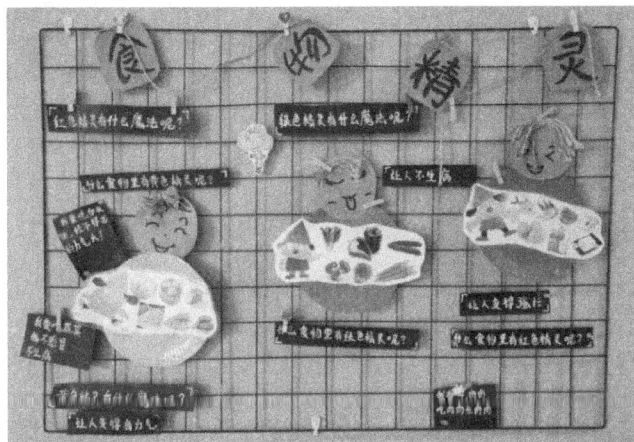

图 4.3 食物精灵学习板块

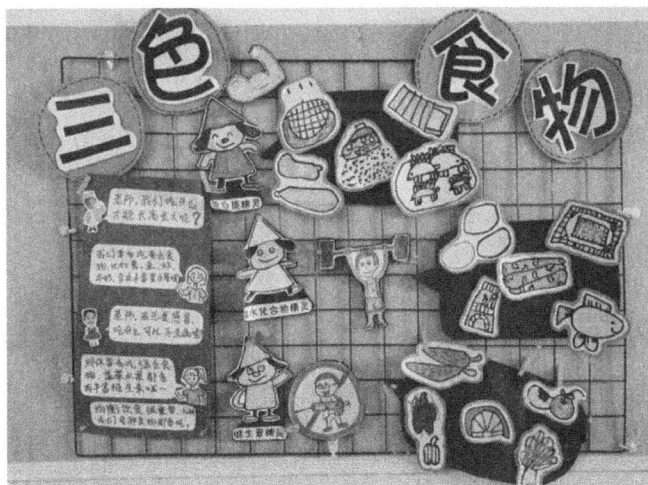

图 4.4 三色食物学习板块

图 4.5　食物金字塔学习板块

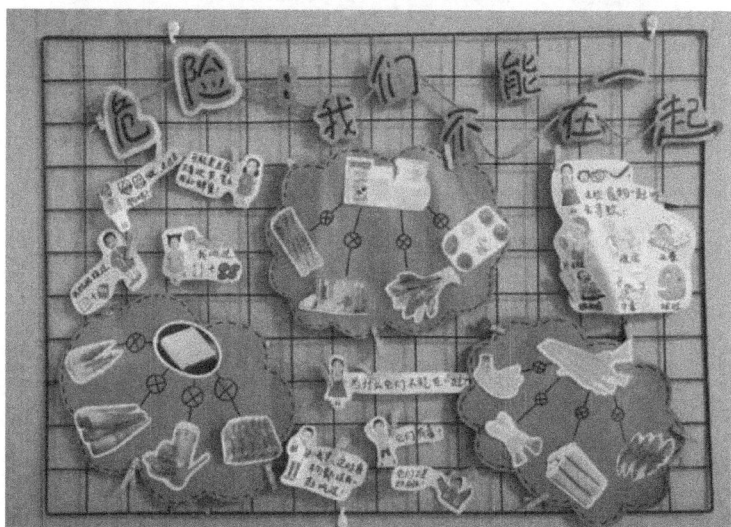

图 4.6　食物精灵学习板块

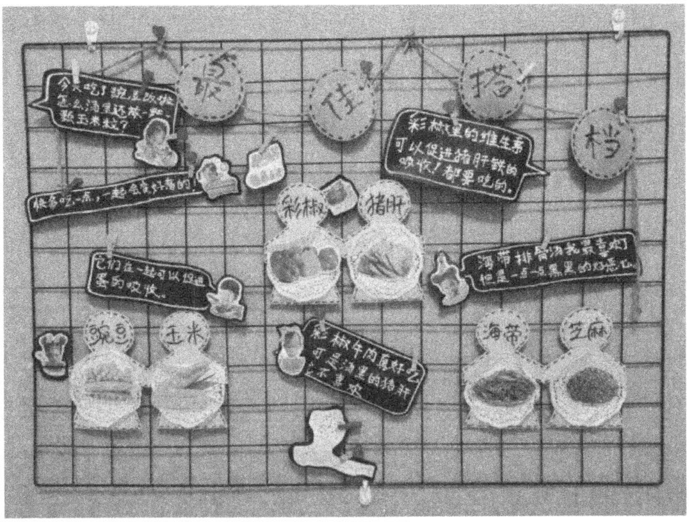

图 4.7　三色食物学习板块

2. 采购食材

正确的购物观念不是一蹴而就的，需要在日常生活中及时引导孩子养成良好的购物习惯。作为家庭小管家活动的重要环节，采购是让孩子的"食谱"落地的过程，在这一过程中家长和孩子需要准备购物袋；钱币；选择去超市还是菜场；规划出行方式与路线等。

做好了相关准备工作后，在购物的过程中还可以有意识地引导幼儿比较不同产品的包装、说明书等，让孩子学会观察；比较商品的价格与质量，让孩子学会计算和"货比三家"；了解小票、发票等，培养孩子的法律意识；了解有机产品、非转基因产品等概念，提升孩子的学习能力。

3. 洗菜择菜

每粒粮食、每棵瓜果都是他人辛勤劳作的成果，经制作后才成为饭桌上的美食。这一过程不仅仅需要农民的耕种，配送人员的搬运，更少不了厨房里的制作。清洗食材、切配分装、烹制食物，在这一过程中让孩子完整地体验厨房劳作，同时也能让其体会到日常生活中爷爷奶奶、爸爸妈妈为自己准备餐点的辛苦，在培养劳动意识的同时提升其感恩意识。

首先是让孩子将自己购买的各种食材拆包、分装，了解剩余食物的处理方法和保存方法；其次就是尝试择菜、去皮，了解每种蔬菜瓜果可食用部位等；再次还需指导幼儿学习清洗食材的方法，这一过程可以培养孩子节约用水意识，掌握正确使用果蔬清洗剂的方法等；最后就是食物的切配，在这一过程中需要特别培养刀具的安全使用意识，让孩子了解切丝、切片、切块等切配方式的不同。

4. 制作美食

对于3～6岁的孩子而言，使用厨房里的各种锅具、厨具还是存在一定危险因素的。因此，在食品烹饪过程中，家长全程看护是必不可少的，只有在保证安全的前提下才能让孩子进行操作体验。对于大班的孩子，家长可以让他们尝试制作简单的凉拌菜，或者烧制番茄炒蛋、蛋炒饭等简单菜肴，并在这一过程中指导他们认识各种调料的作用。

品尝美食是一种享受，制作美食更是一种幸福，让孩子在轻松愉快的过程中体验"幸福的美食制作之旅"更能激发孩子的食欲，在享用环节还可以与孩子边吃边聊，引导他们谈谈自己参与"家庭小管家"活动的感受。家长在这一过程中也需要及时肯定孩子的劳动成果，给予孩子信心与力量，让其更期待参与后续每次的"家庭小管家"活动。

（二）"食光微旅途"品家乡

幼儿利用休闲时间，通过参观东钱湖各村落，亲身体验、感知家乡饮食特点，并选择自己喜欢的方式将它记录、固化下来。家长则注重孩子的亲身体验，让孩子自己吃美食、说感受，即将自己的切身体验进行简单的描述、记录。

在各地观光旅游时家长也可以引导孩子以"美食小探员"的身份尝试地方美食，尽可能地了解与特色美食相关的故事、习俗等。在东钱湖"湖文化"系列活动中，鼓励孩子以小导游的身份向参与活动的人员介绍东钱湖，使其切身感受东钱湖的地方特色，培养他们亲家乡、爱家乡的情感。如需要探索"下水麻糍"的由来，可以让孩子到下水村走访麻糍店铺，买各式麻糍尝一尝，回来后将自己看到的麻糍制作流程、美食体验等以绘画的形式呈现出来或者以述说美食小典故的方式与大家一起分享（见图 4.8）。

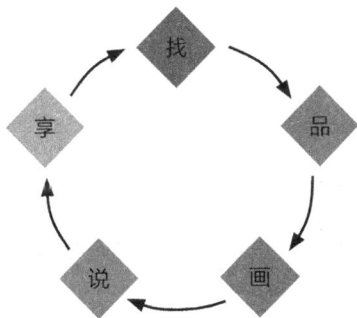

图 4.8 "食光微旅途"学习模式

（三）"假日大篷车"亲自然

结合季节，家园携手开展内容丰富、形式多样的"假日大篷车"活动。家长、教师带领孩子到农村参观果园，走进农田体验生活，了解自然界中春耕秋收的自然规律，感受家乡农民勤劳质朴的品质，了解东钱湖周边的农耕方式，增强对家乡农耕文化的认知，增进幼儿亲自然的情感。

中班段"春季假日大篷车"社会实践活动方案

一、设计意图

带上孩子，踏着春天的脚步，来一场触碰心灵和尽享野趣的亲子游。春日阳光明媚，春意盎然，姹紫嫣红，体验田园风情，一起享受美好的亲子时光，增进父母子女间的感情；了解春耕文化，实地观察绿植生长过程。在这里，孩子们可以学习农耕文化，享受慢生活，体验田园乐趣；家长、教师可以将书本中的知识切切实实地置于孩子面前，引导他们知道实践出真知。

二、活动主题

不负春光，春耕文化之旅

三、活动目的

1. 走进大自然，体验春耕的乐趣与乡野中的自然。

2. 体验集体游玩的乐趣，学会分享，增进与家人的感情。

四、活动时间

2021 年 3 月 24 日，8：20—13：20

五、活动对象

中班年级组幼儿家庭

六、活动地点

姜山镇田语生态农庄

七、活动准备

1. 活动前做好动员收费工作，并设计好路线，联系好车辆。

2. 发放告家长书，宣传春游的注意事项。

3. 进行春游安全教育，增强幼儿安全防范意识和自我保护能力。

4. 提醒家长们给幼儿穿适合运动的衣服，准备更换的衣物等。

5. 各位参与者需要自备防蚊用品，以及跌打油、创可贴等防意外的用品。

6. 自带饮用水、食物、水果及餐巾纸、湿纸巾、垃圾袋等。

7. 准备家长通讯录。

8. 家长们有专业相机的可以带上。

八、人员安排

1. ×××爸爸负责和旅行社联系、签合同、制作活动方案、名单统计、收款。

2. 薛老师负责与每位家长签订安全协议书。

九、活动环节

（一）明确任务

出发前告知幼儿今天活动的目的，明确小任务。

（二）走进田园

1. 8：20—8：50　出发时刻，在指定地点出发。

2. 8：50—9：00　下车集合，整队分组，幼儿牵着爸爸妈妈的手一起走进农庄。

3. 9：00—9：30　春耕活动。让小朋友们走进田地，在观看、体验、种植一系列活动中感受春耕文化之美；看牛耕田表演、铁犁耕田。

4. 9：30—10：10　种植玉米，体验劳动的乐趣。耕完地，挖个坑，一起来种植玉米，给玉米苗培培土、浇浇水。

5. 10：10—10：50　趣挖野菜。和爸爸妈妈一起在农田里挖野菜，享受美好的亲子时光。

6. 10：50—11：20　亲子游戏。参与趣味亲子互动游戏，如前方打仗、后方支援，垃圾分类，蚂蚁搬家，手忙脚乱，等等（根据时间安排）。

7. 11：20—12：20　享用午餐。在春光之下来一场便当聚餐，一起分享美食。

8. 12：20—12：50　植物拓印。不需要颜料，不需要绘画技巧，就可以将植物的美丽拓印下来，留住大自然的美好。

9. 12：50—13：20　返程，结束愉快的旅程！

本次"不负春光，春耕文化之旅"亲子一日游活动意义重大。"布谷飞飞劝早耕，春锄扑扑趁春晴。千层石树遥行路，一带山田放水声。"几乎每个孩子都会背诵这首古诗，但靠口头说，孩子们并没有真正明白其中蕴含的道理。本次春游，孩子们亲自下地耕地、种玉米、挖野菜、拓印等，体验到了春耕的乐趣与乡野的自然美，也体会到了劳作的辛苦，感受到粮食的来之不易，在以后的生活中会注意珍惜粮食。

第五章
如何把握"食"机
RUHE BAWO "SHI"JI

《幼儿园教育指导纲要》(以下简称《纲要》)指出:在对幼儿进行教育时,不仅要关心幼儿是否学到知识,更应关注幼儿是否获得了体验,体验到了什么,应追求什么样的体验,如何来表达自己的体验等。食育,作为与孩子生活密切相关的教育内容,更应注重体验探索,并适时激发幼儿的认知兴趣和探索欲望,尽量创造条件让幼儿参与各类食育活动,感受发现的乐趣,能最大限度激发幼儿对食物的好奇心及兴趣,充分满足幼儿探究的欲望。

杜威的"教育即生活"教育哲学观认为:"教育是生活的过程,而不是未来生活的准备。"幼儿园应当是"生活的教育化",要让幼儿在自然的生活中,通过亲身体验自发地掌握教育内容。成人要给幼儿创设自我表现的机会和有组织地开展活动的生活场。在对幼儿进行饮食教育的过程中,教师、家长、社会人士代表家庭、幼儿园、社会这"三元",利用各自的优势、资源等,联合、交融、互动,共同开展与饮食相关的活动,让幼儿在知食、选食、制食、品食中养成良好饮食习性,建立优秀行为品性,形成对优秀传统文化的认同感与归属感。

幼儿的一日生活皆课程,将幼儿一日活动中与"食"相关的各项活动整合利用起来,可最大限度地发挥生活的教育性。在幼儿园里,无论是日常的两餐一点还是常见的区域活动,都可以挖掘出食育内容,开展与食相关的教育;在家中,鼓励家长与教师一致,共同培养幼儿良好的饮食习惯,从而破解"5+2=0"的难题。

一、"四季食味"特色课程

（一）"四季食味"特色课程的目标

1. "三性"食育目标

图 5.1　"三性"食育目标模型

根据《指南》健康领域中提到的"培养幼儿良好的生活和卫生习惯"目标，结合儿童膳食指南要求，根据幼儿年龄特点及能力发展需要，确立饮食习性、行为品性、情感归属性"三性"食育目标（见图 5.1），以金字塔的形式逐层细化、分解、制定各年龄段指标。其中，饮食习性目标为基础，行为品性为第二层目标，情感归属性是两者升华而成的最高层目标。

根据《指南》社会领域目标，结合地域美食特点和传统美食文化，制定利于提升幼儿情感归属的目标。教师在开展食育主题活动时，能针对性地帮助幼儿了解餐桌文化、节气饮食文化、地方饮食特色等内容。

基于"三性"食育目标，提取"食知、食技、食礼"为"四季食味"课程总目标。在课程内容的选择上，"四季食味"课程（见图 5.2）强调回归幼儿的生活，课程内容基于生活，融入生活；"四季食味"课程是指以四季食事为主线，将各种食育知识、饮食技能、餐桌礼仪等内容贯穿其中，围绕餐桌，以幼儿实际操作，亲身体验为核心，通过主题活动、节日活动、特色活动的实施，让幼儿在品味四季食物的过程中，探究食物的来源、去向，学习饮食相关知识，了解餐桌文化、节气文化以及家乡和国外饮食文化内容，养成良好的饮食习惯与饮食行为，最终成为知健康、乐探究、懂礼仪的全面发展的儿童。

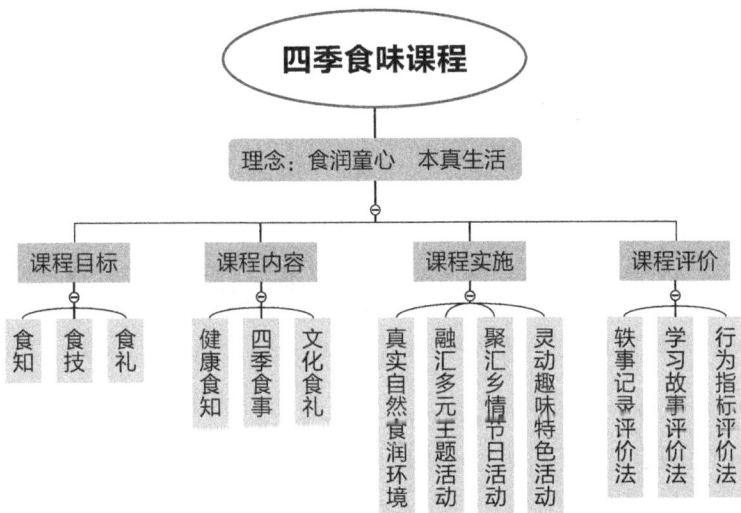

图 5.2 "四季食味"课程框架

2. "四季食味"特色课程的目标

（1）课程总目标。

依托《指南》五大领域目标，结合儿童膳食指南要求及幼儿教育的三维活动目标，确立"食知、食技、食礼"课程总目标（见图5.3），即"四季食味"课程要培养"知健康、乐探究、懂礼仪"全面发展的儿童。

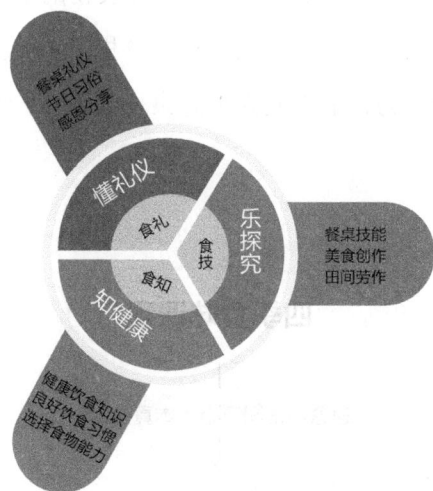

图 5.3 "四季食味"课程目标

食知：从认知出发，以学习健康饮食相关知识为主，让幼儿首先从自身开始感知食物对人体的作用，再通过对食物的自然属性与社会属性的了解，习得多元化的健康食育知识、正确进食和选择食物的能力，从而养成良好的饮食习惯和健康的生活习性。

食技：以实际操作，亲身体验为核心，让幼儿在多感官的调动下，对食物进行实际探究，在小组合作过程中感知饮食的制作技巧和饮食创制的魅力。

食礼：以餐桌文化、节气文化以及家乡和国外饮食文化为主要内容，让幼儿了解并养成良好的饮食行为，提升自我的修养和对家乡的了解，接受多元文化的熏陶，培养对祖国优秀传统文化的热爱之情。

（2）各年龄段发展目标。

基于不同年龄段幼儿的年龄特点和发展水平，根据课程总目标，从"知健康""乐探究""懂礼仪"三个维度制定各年龄段幼儿的具体发展目标（见表 5.1、表 5.2、表 5.3）。

表 5.1 "知健康"维度幼儿年龄段发展目标

年级段	知健康		
	健康饮食知识	良好饮食习惯	选择食物能力
小班	1. 认识一些常吃的蔬菜，如菠菜、小白菜、胡萝卜等 2. 初步了解绿色蔬菜与健康的关系，知道多吃蔬菜对身体好，逐步养成不挑食的好习惯 3. 知道蔬菜是绿色食物，肉、牛奶是红色食物，米饭是黄色食物	1. 不偏食、不挑食、不暴饮暴食。喜欢吃瓜果、蔬菜等新鲜食品 2. 愿意喝白开水，不贪喝饮料 3. 饭前洗手，饭后能用餐巾擦嘴，水杯漱口	1. 喜欢尝试不同食物，知道健康的食物可以让身体健康 2. 知道吃绿色蔬菜的好处，愿意吃蔬菜
中班	1. 了解三色食物的营养及功效，在教师引导下能对食物进行分类 2. 认识五谷杂粮，了解它们富含的营养 3. 知道吃健康、安全的食品，不吃添加剂多的、腐烂、变质的食物	1. 喜欢吃三色食物，不挑食，养成良好的饮食习惯 2. 具有基本的饮食卫生习惯，喜欢吃美味的粗粮 3. 主动喝白开水，不贪喝饮料 4. 进餐时保持桌面、地面、衣物干净，能简单做好餐后整理工作	1. 能少吃不利健康的食品，初具健康饮食意识 2. 具有基本选择食物的能力，知道饮食健康的重要性
大班	1. 认识食物金字塔，能说出金字塔中哪些应该多吃、适量吃和少吃 2. 了解合理饮食的重要性和健康成长的小常识，能在生活中健康饮食	1. 进餐时细嚼慢咽，不随意大声说话 2. 进餐时保持桌面、地面、衣物干净，能熟练做好餐后整理工作	1. 知道健康饮食，能对饮食做出健康的选择 2. 知道食物的多种烹饪方法，对比怎样吃对身体更健康

表5.2　"乐探究"维度幼儿年龄段发展目标

年级段	乐探究		
	餐桌技能	美食创作	田间劳作
小班	1. 会把鱼刺、肉骨等吐到骨盘中 2. 尝试当值日生，在老师引导下学习分勺子、毛巾等	1. 喜欢剥豆子，择菜，乐意做小帮厨 2. 尝试用绿色食物创作各种造型	乐意参与耕种苑浇水、拔草等养护蔬菜的劳动
中班	1. 在引导下，掌握剥鹌鹑蛋、虾的技能 2. 乐意参与择菜、清洗蔬菜瓜果及清洗餐具等小帮厨工作 3. 乐意为同伴分发餐具、餐巾等餐桌服务工作	1. 掌握切、刨等技能 2. 知道制作凉菜的方法，能熟练做一道凉菜	喜欢参加田间劳作（拔草、浇水、除虫），有初步的劳动意识
大班	1. 能熟练剥鹌鹑蛋、虾等带壳食物 2. 能自主、认真做好餐桌服务工作，乐意为大家服务	1. 能熟练打蛋，并能做一道和蛋有关的美食 2. 掌握揉面团的方法，能做一道与面食有关的美食 3. 喜欢家乡的美食，能在指导下做一道和家乡有关的美食	积极参加田间劳作，会开垦、播种、养护等，有一定的劳动意识

表5.3　"懂礼仪"维度幼儿年龄段发展目标

年级段	懂礼仪		
	餐桌礼仪	节日习俗	感恩分享
小班	1. 进餐时身体端正，不趴桌子，两腿放地上 2. 进餐时不大声说话 3. 进餐中不把勺子含在嘴里	1. 了解东钱湖的饮食习俗，并能说出2～3种代表性美食 2. 知道家乡中秋节、春节、端午节的基本习俗，喜欢家乡的节日气氛 3. 知道家庭中的传承菜、拿手菜	1. 知道餐桌上的米饭等食物来之不易 2. 知道一日三餐是父母、食堂精心制作的，能够节约粮食

续 表

年级段	懂礼仪		
	餐桌礼仪	节日习俗	感恩分享
中班	1. 知道家庭进餐时，先要让父母长辈坐好 2. 入座时能从左边进入，进餐时端正身体 3. 放好碗筷不乱敲	1. 感受家乡的景美、物美，知道家乡东钱湖当地的代表性物产、景观 2. 知道家乡传统节日习俗及饮食特色，感受节日的美好，并能制作简单食物（圆子、汤圆） 3. 知道自己是中国人，中国有着丰富的饮食文化	1. 知道食物来之不易，对提供食物的劳动人民怀有感恩之心 2. 珍惜粮食，吃多少，盛多少，尽量做到光盘
大班	1. 知道筷子等餐具的文化及使用礼仪 2. 了解中国传统圆桌礼仪及座次的安排	1. 知道自己家乡宁波及东钱湖的美食，能制作传统小吃（麻糍、金团、灰汁团等） 2. 知道中国传统节日的习俗和饮食文化，愿意尝试制作节日美食，如粽子、春卷、月饼等 3. 知道自己的民族，了解各民族的饮食文化和特点	1. 尊重劳动人民，珍惜他们的劳动果实 2. 懂得长辈的辛苦，主动做一些力所能及的事情，会分担，会感恩 3. 珍惜粮食，吃多少，盛多少，做到光盘

（二）"四季食味"特色课程的内容

"四季食味"课程围绕培养"知健康、乐探究、懂礼仪"这一完整儿童教育目标，建构"健康食知""四季食事""文化食礼"三大课程内容（见表5.4）。

表5.4　"四季食味"课程内容

课程群	年龄段		
	小班	中班	大班
健康食知	身体营养		
	吃的香长得棒	身体探秘	食物金字塔
	神奇调料		
		食物的腌制	食物的发酵
	食物地域		
	小时候的美味	我家的餐桌 家乡的美味	舌尖上的中国饮食 福泉山茶叶
四季食事	春之耕		
	耕种苑里的秘密	春来耕种忙	春天的味道
	秋之收		
	酸酸甜甜的水果 拔萝卜喽	丰收了，水果 丰收了，蔬菜	好吃的粗粮 玉米长大了 我和米粒去旅行
	夏之采		
		盛夏采摘乐	夏天的美味
	冬之味		
	阿拉过年咧	阿拉年夜饭	阿拉老底子 阿拉来当家
文化食礼	餐桌礼仪		
	我是光盘好宝宝	中餐的餐桌礼节 中国的宝贝——筷子	西餐的餐桌礼节 在外用餐的餐桌礼节
	节日习俗		
		中秋月儿圆 元宵节	端午节
	节气之美		
	春之声中的食育（春分、清明、谷雨） 夏之日中的食育（立夏、芒种、大暑） 秋之实中的食育（立秋、白露、霜降） 冬之韵中的食育（立冬、冬至）		

1. "健康食知"

以食育知识的学习为主，按照食物营养、健康常识、安全与加工、技能与习惯构建"健康食知"主题内容框架（见图 5.4），让幼儿了解全面多元的健康食育常识，习得正确进食和选择食物的技能，从而养成良好的饮食习惯和健康的生活习惯。

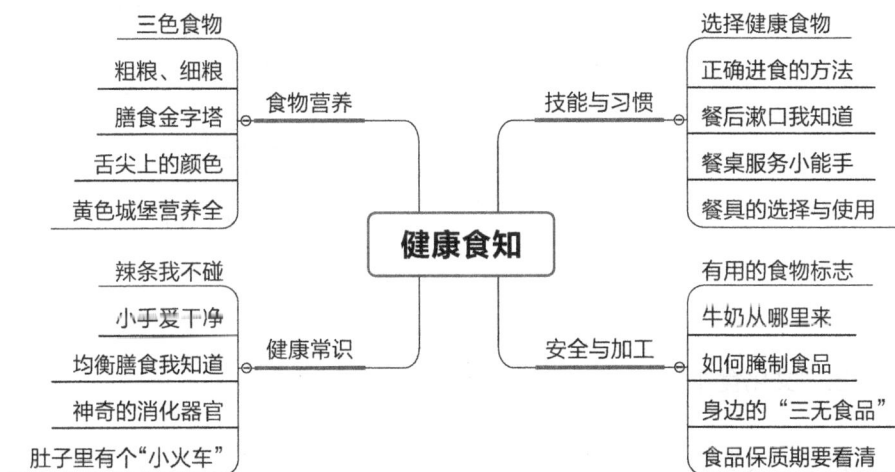

图 5.4 "健康食知"主题内容建构框架

2. "四季食事"

陈鹤琴先生的"活教育"主张"大自然、大社会都是活教材"，成人要给幼儿创设便于其自我表现的机会和开展活动的生活场，让儿童在与自然、社会的直接接触中、在亲身观察中获得经验。为此，我们以春、夏、秋、冬四季食事活动为内容（见图 5.5），以实践、体验为目的，开展春天开锄播种，夏天采摘蔬果，秋天割稻品秋，冬天采购品味"四季"活动，让幼儿在四季的轮回中亲密接触自然，在多感官调动下，亲身获得食的经验。

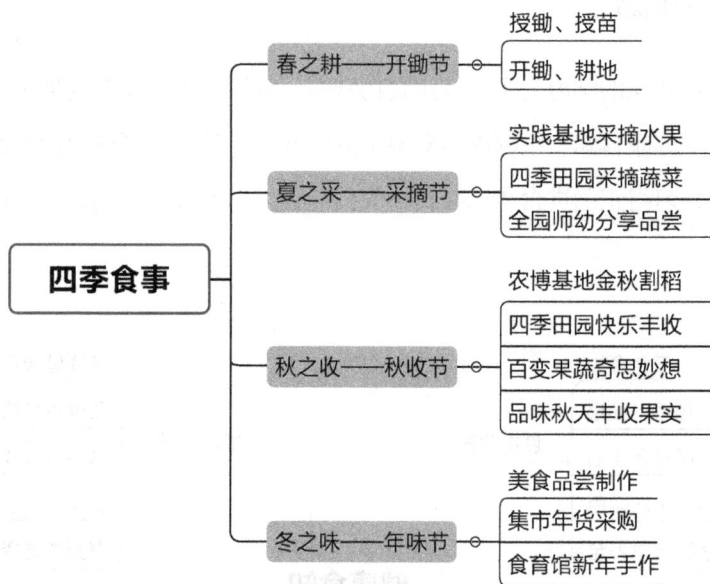

图 5.5 "四季食事"活动内容建构框架

3. "文化食礼"

以餐桌文化、节气文化和家乡饮食文化为主要内容（见图 5.6），将饮食文化、节气文化与饮食教育有机融合，开展形式多样、内涵丰富的主题教学活动。通过集体活动、实践操作、走访参观、学习体验等途径，了解家乡、祖国闻名及特有的饮食文化和蕴藏其中的饮食礼仪。

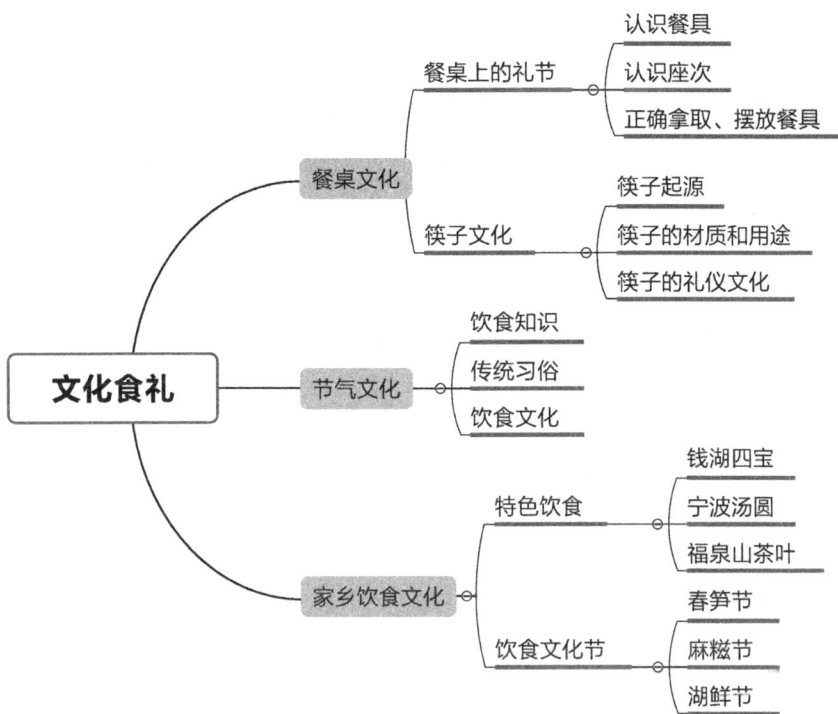

图 5.6 "文化食礼"主题内容建构框架

（三）"四季食味"特色课程的实施

1. 真实自然的食育环境

食育环境是潜移默化的食育路径，主要由四季食育长廊、班级食育环境、四季耕种苑构成。

（1）四季食育长廊。

楼层长廊创设"食与节气""食之健康"版块。"食与节气"呈现的是二十四节气与农耕文化、饮食文化相关的内容，"食之健康"呈现的是四季饮食健康小知识。

（2）班级食育环境。

创设食育墙和萌娃食育区，设置"寻找三色食物""我的膳食我评议""光盘小达人"等栏目，让幼儿在了解食物营养与身体健康关系的基础上，尝试吃各种食物，争做光盘小达人；萌娃食育区是幼儿制作、分享美食的区域，幼儿根据每月内容轮流制作美食，掌握简单的美食制作技能。

四季耕种苑是集种植、观赏为一体的种植园地，内有两亩农田及四季更替的本土作物，设置公共种植区、大棚实验区、农作物写生区供幼儿探究蔬果生长的秘密。

2. 融汇多元的主题活动

从知、行、情入手，集合幼儿年龄特点、能力发展需求，结合生活活动、区域活动和主题教学，开发融合五大领域的主题活动。

（1）生活活动。

生活活动是幼儿园一日活动的重要组成部分，主要着力于培养幼儿良好的习惯，如睡眠习惯、排泄习惯、盥洗习惯、整理习惯等。但生活活动的常规化会使其显得单调，我们结合特色食育课程给生活活动注入了新元素，赋予了新活力。

自己的午餐自己播——开设"宁波市东钱湖镇幼儿园午餐播报台"，按照"计划—编审—演播"流程开展播报。"小主播"们通过校园音响以儿歌、小谜语、小故事等形式播报，采用"食话同步""话中有知""知中养德""德中思情"方式播报当日菜肴。

自己的事情自己做——幼儿园一直提倡"五件小事"的落实，"自己的事情自己做"就是其中一件。因此，我们鼓励幼儿进行餐桌服务：餐前分发餐具、擦嘴毛巾、勺筷等；餐后，每一组"小管家"要将桌面、地面打扫干净。

大家的事情一起做——每天早晨，中大班每班幼儿根据安排表，帮助食堂师傅清洗瓜果蔬菜，并将洗净的食物送入食堂。午餐前，孩子们熟练地进入食堂洗消间，清点今日班级午餐用到的碗、勺，送入班级并进行分发。在此过程中，孩子的责任心、劳动技能、数学能力、手眼协调力以及自主性都获得了提高。

（2）区域活动—食育区。

班级利用阳台创设食育区，根据不同年龄段幼儿的特点，设计符合年龄段特点的制作内容，每月更换一次制作内容，从搅拌到印花，从切、剥、刨到揉、捏、包，从中国传统美食饺子、汤圆到东钱湖地方特色美食麻糍、灰汁团，从制作到售卖……在动手动脑中感知食物的无限可能。

（3）教学活动。

①前期审议。前期课程审议分为大、中、小的形式开展。大审议是以园所课程领导小组为核心的审议过程，主要以食育为突破点，以四季为线索脉络，将省编教材中相关内容进行梳理，确定每段的食育大主题及其下属小主题。中审议是以段为单位的课程活动。每周段教研会议，段里教师在一位课程领导小组成员及段主任的带领下研讨主题价值、主题内容、主题网络，选择适合本段幼儿的课程内容。小审议是指个别班级在段审议之后根据班级孩子的兴趣点、需求等对课程内容进行的微调，使之更加适合本班幼儿的特点。

除此之外，教研组长收集课程审议中的问题，进行大教研，帮助各段分析理清主题目标，生发主题活动，最后各段各班组织开展主题课程活动。

②中期审议。食育主题确定之后，大多数食育活动需教师们原创，因此各段教师分工合作完成原创食育活动的设计，并交由课程领导小组进行修改完善。在落实到各个班级后，班级教师根据本班幼儿年龄特点和发展水平，重新制定、调整教学目标，可对活动的难度和环节进行再次修改，并且注重记录幼儿在活动过程中的表现、经历与体会，引导幼儿共同交流、共同讨论，不拘泥于传统集体教学模式，开展项目式活动、实践性活动、自然体验类活动，让幼儿积极主动、有效地获取知识，提高教学活动实施的效果。

③后期审议。食育主题活动实施后进行反思与调整，收集教师们在主题活动过程中的困难、疑惑与不足，群策群力商讨调整方案，删减活动教案或活动方案中不适合幼儿现有水平的内容，从而优化食育主题内容。

3. 特色节日活动

结合春夏秋冬四季开发四季节日活动，设计具有本土特色的节日活动，让幼儿在实践中感受四季的交替和植物生长的奥秘，体验劳动的辛劳和快乐。

（1）春·开锄。

俗话说：春风雨多，有利春播。春天是开锄播种的好季节，也意味着一年劳动的开始。在谷雨这个节气来临之时，幼儿挑着秧苗，扛着锄头走进耕种苑，挥动着锄头，翻地、播种、栽苗、浇水，撒下属于他们的希望的种子。

开锄节（活动环节与目标参考表 5.5）与源远流长的二十四节气文化相结合，让幼儿融入自然、亲自动手，亲近泥土，在亲身实践中，感悟耕种的辛苦、劳动的快乐，体验田园生活，学会珍惜和感恩。

表 5.5　开锄节活动环节与目标指引

活动内容	活动目标
前期调查讨论、探究	1. 通过家园合作调查，初步了解二十四节气与农业的关系 2. 通过分享探究，知道春天中适合播种的节气是谷雨 3. 通过讨论调查，初步了解播种需要的工具，播种的过程和成功的条件
《悯农》韵律舞	将翻地、播种、栽种、插秧等动作融入舞蹈中，让幼儿在观赏舞蹈的同时初步了解耕种的过程，激发幼儿体验耕种的兴趣
领导致辞授锄、授苗	通过讲话致辞，了解谷雨是春天播种移苗的最佳时节，激发幼儿热爱自然、尊重自然的情感，初步感知、传承二十四节气文化
师幼开锄、耕种	1. 乐意亲身实践耕种农作物，体验劳动的快乐 2. 感悟辛勤劳作的意义与收获，亲近泥土，敬畏生命和劳动 3. 在快乐中体验，在体验中感恩，同时与同伴合作完成翻地、播种、栽种、插秧的耕作任务

（2）夏·采摘。

当炎炎夏日来临之际，"耕种苑"里一片生机勃勃，等待着孩子们去采摘，去品味收获的喜悦。

宝贝们围绕"采摘节"（活动内容与目标参考表5.6）开展了一系列的调查取证、查阅资料、询问长辈、去耕种苑实地探究等活动。孩子们解决了疑问，然后就戴上小草帽，提上小竹篮，拿上剪刀和小锄头，前往"幼儿园农博实践基地"——清泉香草园。孩子们穿梭在葡萄园里，在果园叔叔的指导下两两结伴剪下一串串葡萄，享受着收获的喜悦。

耕种苑种植的第一批蔬菜也成熟了，大哥哥、大姐姐们带着弟弟妹妹采摘青瓜、豇豆、茄子、秋葵，并把采摘后的果蔬送入厨房，全园一同分享采摘的喜悦。孩子们还用自己灵巧的双手进行果蔬的艺术创作。

表5.6 采摘节活动内容与目标指引

活动内容	活动目标
前期讨论、采摘准备	1. 能够大胆猜想，提出对采摘节的疑惑 2. 通过查阅资料、询问长辈、去耕种苑实地探究，解决对采摘节的疑问
前往幼儿园农博实践基地——清泉香草园采摘桃子、番茄、葡萄	1. 能够利用工具正确采摘桃子、番茄、葡萄 2. 体验采摘水果的辛苦，感受着收获的喜悦
前往幼儿园耕种苑采摘青瓜、豇豆、茄子、秋葵，并将果蔬送入厨房，全园一同分享	1. 能够利用工具和同伴一起合作采摘青瓜、豇豆、茄子、秋葵 2. 感受分享劳动成果的喜悦与自豪
百变果蔬创意秀	1. 能够展开丰富的想象，用灵巧的双手将各种蔬果运用不同工具进行设计、创作 2. 能够大胆表现，自由创造，提高艺术表现能力

（3）秋·丰收。

硕果累累的秋天，幼儿园的"小农夫"们在老师的指导下在秋收节（活动内容与目标参见表5.7）割稻、打禾，学习传统的收割技能，体会"谁知盘中餐，粒粒皆辛苦"的艰辛，感知粮食的来之不易，懂得珍惜粮食。

经过4个月的精心照料，耕种苑里的蔬菜在阳光雨露的滋润下早已成熟。孩子们提着竹篮，拿着工具走进班级种植园地，拔萝卜，摘菜薹，挖蒿菜……孩子们巧用萝卜、稻穗、橘子皮等自然物，做出憨态可掬的胖小猪、鼠小弟、稻草人等形态各异、生动形象的艺术品。宝贝厨房里，小厨师们将田园里收获的蔬果制作成一道道美食：凉拌蒿菜、耗油生菜、萝卜丝饼……品尝着亲自种植、采摘、制作的美食，孩子们的喜悦之情溢于言表。

表5.7 秋收节活动内容与目标指引

活动内容	活动目标
金秋割稻，体验秋收	在老师的指导下割稻、打禾，学习传统的收割技能，体会"谁知盘中餐，粒粒皆辛苦"的艰辛，感知粮食的来之不易
亲亲田园，快乐丰收	1. 能够利用工具拔萝卜，摘菜薹，挖蒿菜 2. 学习并实践收获蔬果的技能，分享丰收的喜悦
奇思妙想，百变蔬果	能够大胆想象，自由表现，提高艺术表达能力
品味秋天，乐享果实	1. 学习将田园里收获的蔬果制作美食：凉拌蒿菜、耗油生菜、萝卜丝饼 2. 品尝亲自种植、采摘、制作的美食，感受品尝劳动成果的自豪与满足

（4）冬·年味。

寒冷的冬天因为年的味道而温暖起来。洗刷刷、贴对联、挂灯笼……年味迎面而来。年的味道因地而异，记忆中的年味是家乡的味道，家乡的年味简单而美味。团团圆圆的汤圆、年年高的年糕、外酥里嫩的春卷……幼儿制作、品尝、分享属于自己的年味食品，这是儿时最美好的记忆，幼儿园适时推出新年集市（活动内容参考表5.8）。

表5.8　新年集市活动内容指引

活动名称	活动内容
食育馆新年手作活动	农博馆：采摘地里的萝卜、白菜等 食研馆：磨豆浆 食礼馆：学习染印餐巾 食味馆：搓圆子，揉面团 食艺馆：木工坊——制作杯垫；编织室——编织杯垫
集市年货采购活动	农博馆：售卖新鲜的萝卜、白菜、菜薹等 食研馆：售卖腌萝卜 食礼馆：售卖染印的餐巾、香包 食味馆：售卖馒头、麻糍 食艺馆：木工坊——售卖杯垫；编织室——售卖杯垫
新年跳蚤市场义卖活动	请每个班级的孩子捐一样玩具或书本进行义卖，体验自主购买的喜悦

4. 灵动趣味的食育工坊

根据食育特色课程、幼儿的兴趣需求与年龄特点，从科学、礼仪、技艺、文化入手与食育相结合，创生食味馆、食研馆、食艺馆、食礼馆、农耕馆五大食育工坊（学期开班流程见图5.7），保证幼儿有足够的实践场地，习得丰富的食育内容，更好地体验食育的乐趣。

幼儿在学期初自主选择本学期要加入的食育工坊进行一学期的深入体验学习。食育工坊每学期进行轮换，每周一次一天，共计16期。通过系统深入、有递进的学习，幼儿了解植物的生长，探索食物的奥秘，感知世界食文化的多元性，感受中华传统礼仪和文化的博大精深，产生民族自豪感，形成民族归属感。例如：

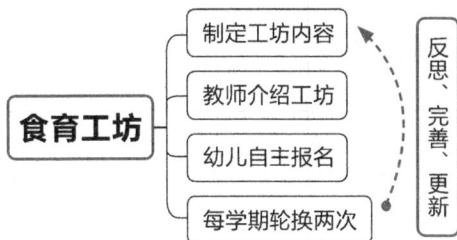

图5.7　食育工坊学期开班流程

农耕馆，以"种—养—收—享"四个环节为线索，创设了田园劳作、田园探究、田园故事、田园艺创四大形式开展的农耕馆探究之旅。

（四）"四季食味"特色课程的评价

课程评价的基点是儿童，终点亦是儿童，通过实施"四季食味"课程，不断完善课程本身，进而促进儿童全面和谐发展。基于"四季食味"课程的特点，采取以下几种评价方式。

1. 多维评价

多维评价是指通过多维度的方式进行评价，包括质性评价和量化评价。

（1）质性评价。

①逸事记录评价法（见表5.9）。课程行进中，教师以观察者身份对幼儿典型的行为表现或表现儿童身心发展某一方面的行为事件进行分析评估，并采取有效策略予以改进。

表5.9 "四季食味"课程逸事记录

记录人		记录对象		记录地点	
记录时间		记录班级			
关键事件					
反思					
改进措施					

②学习故事评价法（见表5.10）。在区域活动中，教师通过图文方式记录幼儿行为以及幼儿在活动中的闪光点，并对幼儿学习过程中的行为表现进行分析和总结，识别出幼儿不同行为所体现的心智特征，为孩子后续的成长发展提出有效的建议。

表5.10 "四季食味"课程学习故事评价

注意	观察班级		观察对象		观察日期		观察区域	
	主题				计时			
	片段描述							
识别	情绪情感							
	行为调整							
	社会交往							
	专注度							
	交流分享							
	观察分析							
回应								
建议								

③档案袋评价法。通过制作档案袋对幼儿的发展情况进行评价。

（2）量化评价。

从"食知、食技、食礼"三维育人目标出发，制定小、中、大班各年龄段幼儿食育评价指标及评价内容（见表5.11），以此衡量"食味"课程的成效。

表 5.11　幼儿食育评价指标及评价内容

评价项目		评价指标	评价		
			☆☆☆	☆☆	☆
食知	小班	初步认识常见的食物，知道食物中有许多营养			
		知道饭前洗手，饭后漱口，具有良好的饮食卫生习惯			
		不挑食、偏食，喜欢吃新鲜有营养的食物，知道食物不能浪费			
	中班	了解三色食物的营养，具有初步的健康饮食意识			
		愿意少吃或不吃不利于健康的食物，养成不偏食、不挑食的好习惯			
		知道不同食物有不同营养，初步感知营养与健康的关系			
	大班	认识食物金字塔，能做出健康的饮食选择			
		了解食物营养价值及其在人体中的吸收与利用，懂得要多吃对身体有益的食物，喜欢吃各种食物			
		能根据荤素搭配原则，制定一餐健康食谱			
食技	小班	能熟练地用勺子吃饭，进餐时姿势正确			
		能在老师引导下分发餐具、餐巾，吃完整理餐桌			
		用搓、团等技能制作圆子等简单食物			
	中班	会用筷子进餐，能自助取餐，按需盛菜、盛饭；会剥虾，剔鱼刺，能主动做好餐后的整理工作			
		会用正确的方法养护农作物（浇水、拔草），乐意参与田间劳动			
		会做择菜、清洗等小帮厨工作，能在老师指导下制作一份面点			
	大班	会正确、熟练地用筷子吃饭，用餐后能积极主动地做好餐后整理、打扫工作			
		能熟练地参与小管家、小帮厨、小农夫工作			
		能独立制作一份点心或简单的菜肴			

续 表

评价项目		评价指标	评价		
			☆☆☆	☆☆	☆
食礼	小班	能说出家中常见餐具的名称及用途，指导其使用中的注意事项			
		喜欢听家乡故事，了解家乡美食及家乡中秋节、端午节等节日习俗			
	中班	了解筷子的起源、含义、历史等文化，对中国丰富的饮食文化感兴趣			
		就餐时能不乱敲碗筷，不发出吧唧声，乐意做分发餐具等餐桌服务工作			
		喜欢讲述家乡故事，知道家乡一年四季特有的美食及其典故			
	大班	知道入座、夹菜、摆餐具等基本餐桌礼仪，具有良好的餐桌服务意识			
		了解中国传统餐具器皿演变过程，知道二十四节气与饮食、农耕关系			
		知道中国、家乡传统节日和饮食文化，愿意制作并介绍家乡传统小吃			

2. 多元评价

多元评价是指评价主体的多元化，从单一的教师评价转化成多主体的评价，包括幼儿自评、同伴互评、家长评价和教师评价。

（1）教师评价。

对幼儿在食育活动中的个人行为、团体表现、标志性事件进行分析和探究，采取有效策略引导幼儿形成良好饮食习惯，指导幼儿掌握饮食生活技能，帮助幼儿增进对家乡乃至中华传统美食及饮食文化的了解与喜爱之情，增强民族自豪感。

（2）幼儿评价。

通过创设"餐桌小萌娃"墙面，设置"我的膳食我评议""啊呜啊呜明星榜""今天你吃好了吗"等板块，以幼儿自评、同伴间互评的方式评价自己及他人的进餐行为及所食菜肴；通过参与小管家、小农夫、小帮厨等活动，幼儿以打√或×、画☆方式评议自己与同伴在食育活动中的行为表现。

（3）家长评价。

幼儿进行食育的场所不仅仅是在幼儿园，家庭、大自然及社会更是幼儿实践食育的重要场所，需要家长以助教、志愿者、陪伴者等多重身份参与活动，观察、评价幼儿活动中的表现，做出记录与反馈，检验食育活动的可行性。

二、小区域，大"食"机

区域活动作为幼儿自主活动的一种形式，可以根据幼儿不同的个体差异分别设置不同类型的活动内容。相较于传统、单一的集体学习，活动区角更强调幼儿自主学习，重视幼幼互动和学习，能够促进每个孩子个性的发展。在食育过程中，单纯依靠集体教学活动不能满足孩子的个性发展需求，如何做到因材施教，鼓励个性化发展是设置食育区需要考虑、解决的问题。

设置班级食育区时，依据《纲要》和《指南》的要求，为幼儿提供健康、丰富的食育环境和富有操作性、体现差异化的食育材料，满足每个孩子多方面发展的需要，使其在自主学习操作的过程中获得有益于身心发展的经验。同时，食育区材料的投放和学习方式的选择应该尊重幼儿身心发展的规律和学习特点，以游戏为主，保教并重，关注个别差异，促进幼儿个性化发展。

（一）班级食育区创设标准

蕴含吸引力的环境创设是保障食育区活动开展的重要前提，符合幼儿发展需求的食育区环境既能够吸引幼儿主动进区，还能激发幼儿积极学习、探索的欲望。在食育区环境准备与创设的过程中，教师应该尽可能地从幼儿的发展需求出发，综合考虑每学期班级食育区的教育目标、现阶段班级幼儿的年龄特征、整体发展需求以及不同幼儿之间的个体差异等多方面情况，合理地利用班级空间，选择相对独立但水电充足的位置，从食育区开展需求、环境中的物品摆放、材料收纳整理的方便性等角度进行综合考虑，优化区域的环境功能，努力使环境的教育作用最优化，创设标准见表5.12。

表 5.12　班级食育区创设标准

项目	标准
区域空间材料	1. 食育区宜设置于安全、宽敞且便于幼儿制作的地方 2. 提供安全、卫生的食材（食材包装袋上有合格证、生产日期等标签） 3. 工具材料丰富，符合制作内容需求，便于幼儿操作 4. 食材量准备充足，能满足幼儿制作需要 5. 食材、工具等的摆放要易于幼儿取放，且贴有标签 6. 食育区空间设有制作区，工具、食材摆放区，品尝区，大班有售卖区
学习支架	1. 为幼儿提供学习制作美食的支架（配有美食制作步骤图、工具操作图示） 2. 反映幼儿制作过程中学习的内容和痕迹
幼儿活动	1. 中班幼儿具有初步合作意识，大班能分工合作制作美食 2. 会收拾整理并清洁工具，具有良好的卫生习惯

（二）班级食育区制作内容

就幼儿年龄特点和班级区角的常规开设而言，食育区的活动更适合中、大班的幼儿。小班的区角活动更多的是提供娃娃家、小医院等角色游戏内容。

中班以后，在班级中开设与美工区、语言区、益智区等常规性学习区域平行的食育区，拓展孩子的学习领域，让"制作美食"这样更生活化的活动融入孩子的区角活动，让幼儿学习内容生活化、学习方式游戏化。根据中、大班幼儿的年龄特点以及各种制作内容的技能指向差异，教师应该在每学期不同时间段为幼儿制定不同的学习内容（见表5.13），并将各种关键技能穿插于各种活动中进行巩固。这样既可以利用多形式、多种类的制作内容吸引孩子的学习兴趣，也可以通过长期的练习提升孩子的关键能力，让他们在有趣、持续、多变的活动中提升食育学习品质。

表5.13　班级食育区制作内容安排表（春学期）

年段	制作内容	技能指向
中班段	花卷	搅拌、揉、切、卷
	韭菜盒子	揉、切、包
	香葱饼	揉、切、压
	糯米饼	搅拌、揉、擀
大班段	麻糍	和面、揉、筛、团
	金团	和面、揉、擀、压印、捏
	制茶、泡茶	洗、晒、泡
	灰汁团	和、揉、包

（三）班级食育区开展方式

在日常的活动开展中，每学期的学习内容不分先后顺序。各年龄段幼儿的家长通过集体审议的方式选择本学期的主要学习内容，并根据各班预设的食育区的特点，由各个班级选择食育区的环境创设主题，每月每班通过段内共享、轮换区域的方式为孩子提供相应的食育区环境（见表5.14）。譬如在学期初大班段根据审议预设本学期食育区制作内容，从四个班的食育区位置、区角面积等特点出发，分别创设麻糍店、金团店、茶店和灰汁团店。三月，每班均在各自的食育区进行活动，四月开始轮换，这样既可以集中力量创设更有童趣、更具科学性的食育区环境，也能够为教师节省大量的创设时间。

在区角活动中，班级食育区每星期开放两次，与其他学习性区角活动同步进行。过程中，一名教师负责观察与指导食育区幼儿的学习，并要求各班教师能够根据每班幼儿的学习情况，对各食育区店铺的环境、材料、学习支架做相应的调整。

表5.14　食育区班级安排

年龄段	时间	食育区店铺名称			
		花卷店	韭菜盒子店	葱花饼店	小甜饼店
中班	3月	中一班	中二班	中三班	中四班
	4月	中二班	中三班	中四班	中一班
	5月	中三班	中四班	中一班	中二班
	6月	中四班	中一班	中二班	中三班

年龄段	时间	食育区店铺名称			
		麻糍店	金团店	茶店	灰汁团店
大班	3月	大一班	大二班	大三班	大四班
	4月	大二班	大三班	大四班	大一班
	5月	大三班	大四班	大一班	大二班
	6月	大四班	大一班	大二班	大三班

中班食育区环境（见表5.15）的创设，更具现代感，教师根据当下比较流行的店铺装饰方式进行大环境的创设。孩子们通过段内联动的方式"走班""贩卖"班级美食，教师定期引导幼儿创设符合节气、童趣的食育环境。

教师仿照东钱湖老街的样式进行大班食育区环境的创设，安排并组织孩子在走廊上以班级为单位制作具有本土特色的下水麻糍、金团等，以现场制作、叫卖的方式"还原"东钱湖老街的场景，使幼儿从中感受东钱湖的地域特色美食文化。

表5.15　中班食育区区角环境设置

班级	内容	整体环境	学习板块
中一班	花卷		
中二班	韭菜盒子		
中三班	葱花饼		
中四班	小甜饼		

（四）班级食育区的记录与指导

要让食育区的内容真正适合幼儿的发展，教师需要具备良好的活动设计能力和教育观察能力、评价能力以及反思能力，更要具备基于对班级幼儿现有发展水平的准确判断来设计、选择、提供适宜的学习支架的能力。只有这样，教师在活动前对幼儿操作材料的准备和在活动中对幼儿活动的观察指导以及之后的评价反思才具有教育意义。

对于日常的食育区活动，教师需要在活动前期做好活动目标预设、活动材料准备，以及对孩子在活动过程中的每操作步骤做好预设，做好相关活动流程记录（见表5.16）。在活动过程中尽可能地减少教师手把手包办代替式操作，鼓励幼儿根据学习支架大胆尝试，及时对其学习需求做出回应。

表 5.16 幼儿园食育区活动记录表

活动内容	彩色面条	班级	中三班	时间	10 月
活动目标	1. 学习切、榨、和面等技能 2. 尝试用加入蔬果汁的方法制作彩色面条 3. 能积极主动地参与制作美食，体验制作美食的乐趣				
准备	厨具：面盆、揉面板、捣具等 材料：紫甘蓝、菠菜、番茄等蔬菜，面粉				
制作流程					
	1. 准备食材　　2. 切食材　　3. 榨汁　　4. 加蔬果汁搅拌 5. 揉面　　6. 擀面、卷面　　7. 切面条　　8. 抖开面条				
活动掠影					

前期的活动预设、材料准备等都是必不可少的，但是活动过程中教师及时指导、科学观察以及反思也尤为重要。例如教师需要从厨具使用、活动兴趣、卫生习惯等方面进行观察（见表 5.17），并对幼儿的活动情况进行专门的记录，才能更好地分析活动材料以及幼儿能力，提高材料与幼儿互动的有效性以及幼儿学习的有效性。

表 5.17　幼儿园萌娃食育区观察评价单

观察班级：中三班　　　　观察时间：2020 年 1 月 3 日　　　　观察者：朱老师

制作内容	比萨（第一次入区）					
幼儿姓名	厨具使用	制作兴趣	分工合作	制作水平	收拾整理	个体评价
阳阳	☆	☆	☆	☆	☆	对食育区很感兴趣，工具使用等动作娴熟
瑞睿	△	△	☆	○	☆	能比较熟练地操作
宣宣	☆	☆	☆	○	☆	喜欢食育区制作，持续时间较长
——	☆	☆	△	○	○	比较有创意，想法很多
凯凯	△	☆	△	△	△	动手能力较弱

观察实录

今天是孩子们第一次做比萨，他们表现得很感兴趣也很期待。我们准备了制作比萨的材料，帮助他们系好围裙，带上袖套，一切准备就绪，开始制作比萨。孩子们比较主动地按照图示把火腿肠切片。在这一过程中，阳阳的动作很熟练，能够较好地将火腿先切片而后改刀切成丁。但是对同样的内容凯凯就显得不是很熟练，他在切的过程中直接将长长的火腿肠一丁点一丁点地切丁，切得大小不一，很不均匀。准备好相关的食材以后，孩子们将切好的火腿肠丁、蔬菜丁等撒在比萨饼皮上，并在老师的引导下撒上了奶酪。这一过程中孩子们有说有笑，都比较开心，有的孩子还偷偷地拿一些火腿丁、蔬菜丁等放在嘴里尝一尝

反思调整

因为是第一次学习制作比萨，孩子们不是很熟悉切丁的步骤和方法，但是部分孩子通过观察学习支架也能较好地完成；在撒食材的时候，孩子们的学习能力也各不相同，有的人撒得非常均匀，有的撒得过多或者过少；在后期的活动中，教师需要引导孩子更多地关注学习支架，通过自主学习获得相关经验，提升学习效果

评价标准：

1. 厨具使用：能熟练地使用厨具☆，会使用但不够熟练○，不会使用厨具△。
2. 制作兴趣：观察幼儿活动的持续时间，半小时以上☆，20分钟以上○，10分钟左右△。
3. 分工合作：主动与同伴分工合作☆，被动参与合作○，无合作交往△。
4. 制作水平：在老师指导下成功制作出一份点心☆，在老师帮助下较好地完成制作任务○，不会制作△。
5. 收拾整理：主动收拾整理干净☆，在老师提醒下收拾整理干净○，被动收拾整理△。
6. 个体评价：根据本班幼儿在制作中技能的掌握情况予以评价。

（五）班级食育区的食品采购与安全

安全是幼儿教育中最重要的一点，也是食育区材料设计和制作中教师首先要考虑的因素。处于人生初始阶段的幼儿，饮食用具、食材的制作与保存等相关生活经验都相对匮乏，手部的精细动作能力还有待进一步加强，在材料提供和制作过程中哪怕最不起眼的疏忽都会带来不可预料的后果，这些失误很容易对幼儿身体造成伤害。因此，食育区的食品应全都由后勤主任汇总后经由第三方菜篮子配送公司进行正规采购与配送。

基于食育区材料的特殊性，教师在设计和制作材料的过程中，首先要全面、细致地对每一个工具、每一份食材进行检查，在幼儿制作食物前，按照儿童视角认真做一遍，通过前期的仔细检查和亲身实践了解每一种工具是否有潜在的危险，并思考应对的方法，确保每一份材料在操作时都能真正安全无隐患，让幼儿在学习、操作的过程中"万无一失"。

幼儿园食育区规章制度

一、食品采购制度

1. 食育区采购的所有包装食品必须印有国家食品安全标志，有清晰可见的生产日期、保质日期、生产厂家地址等内容。

2. 每次购入的食品，班级老师须如实记录食品的名称、规格、数量、保质期。

二、食品保管制度

1. 食品摆放柜应排放在通风位置，定期清扫，保持干燥和整洁。

2. 定期检查，防止食品过期、变质、霉变、生虫。

3. 食品与非食品应分开存放，不得与日杂用品等混放。

4. 食品应分类分架存放。易腐食品要及时冷藏、冷冻保存。

5. 贮存散装食品的，应在散装食品的容器、外包装上标明食品的名称、生产日期、保质期等内容。

三、食品操作制度

1. 教师和幼儿在操作食物前须用肥皂、流动水将双手洗净，并佩戴口罩。

2. 食品操作中用到的砧板、刀具、水杯等材料需符合食品级标准。

四、食品用具制度

1. 食品用具、容器、包装材料应当安全、无害，保持清洁，防止食品污染，并符合保证食品安全所需的温度等特殊要求。

2. 入口食品必须使用无毒、清洁的容器，保持食品新鲜卫生，不得超出保质期（见表5.18）。

3. 生活教师使用食品用具后要及时清洗、消毒并做好登记工作。

4. 食品用具由班级老师保管，不混用不乱用。

5. 保研组长对食品用具进行清洗、消毒，定期检查，不定期抽查，对不符合食品安全标准要求的用具要及时更换（见表5.19）。

表5.18 幼儿园食育区食品出入登记单

食品名称	购买日期	规格	数量	保质期	备注

表5.19 幼儿园食育区消毒登记单

班级：

日期	物品消毒方法及要求					消毒时间	经手人签名
	清洗后放入消毒柜消毒	有效氯250mg/L消毒水擦拭再清水擦拭	有效氯500mg/L消毒水拖洗，并用清水拖洗	有效氯500mg/L消毒水浸泡、清洗、晾干		
	食具	食品柜	操作台	地面	抹布		

备注：完成某项消毒工作后请在相应的格子中用"√"表示。

三、旧汤团，新"食"味

食育主题一般选择季节性话题、节日性话题以及幼儿感兴趣的话题，贴近孩子生活，更容易被孩子接受，他们更容易产生兴趣，能够"学以致用"，当孩子运用自己所学的知识解决生活中的问题后，学习的兴趣会更浓。

为此，本主题以春、夏、秋、冬四季食事活动为主要内容，以实践、体验为目的，开展春天开锄播种、夏天采摘蔬果、秋天割稻品秋、冬天采购品味"四季"活动。让幼儿在四季的轮回中，亲密接触自然，在多感官调动下，亲身获得食的经验。

春之耕：春来耕种忙（中班）

主题来源

"谷雨节到莫怠慢，抓紧栽种苇藕芡。"阳春三月，又到了开锄播种的最佳时节，东钱湖镇中心幼儿园结合劳动教育，开展主题活动，对春耕农具、春耕节气、春耕文化等进行了系列探索。不仅为幼儿提供了亲近自然，探究自然，学习传统农耕文化的机会，还在孩子们的心中播下了一颗自耕自食、自给自足的种子，使其在了解传统文化、参与民俗活动中产生热爱劳动的情感。

在活动过程中，孩子们不仅可以通过各种方式了解春耕文化，特别是农耕工具的变迁以及谷雨时节对农耕的影响，还可以通过艺术活动拓展对春耕的认知，感受劳动美，如体会《悯农》的韵律、欣赏《春耕图》等（见图 5.8、图 5.9）。最为重要的是，结合班级预定的耕种苑内种植的植物，让孩子们通过多元方式了解农作物知识，并能够学以致用。在"耕种苑"，孩子们翻土犁地，播种移苗，部分孩子化身"小农夫"学习挑担插秧，真是"一年春耕至，田家人倍忙"。

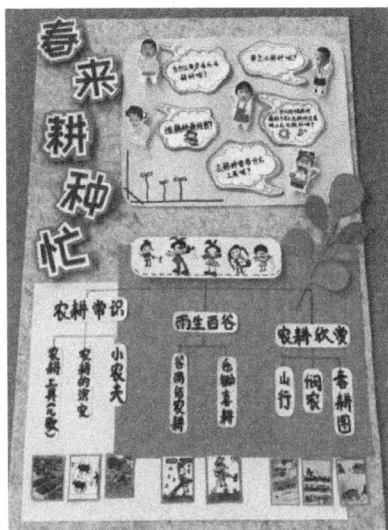

（a）　　　　　　　　　　（b）

（c）　　　　　　　　　　（d）

图 5.8　"春来耕种忙"主题学习型板块（a）（b）（c）（d）

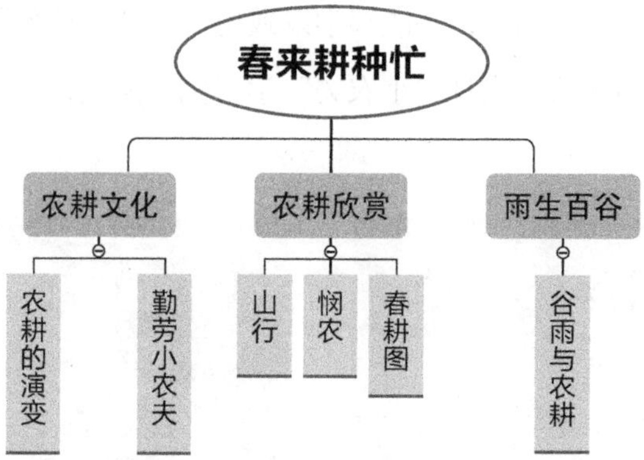

春来耕种忙

```
         春来耕种忙
    ┌────────┼────────┐
 农耕文化    农耕欣赏    雨生百谷
 ┌──┴──┐  ┌──┼──┐      │
农耕  勤劳  山  悯  春    谷雨
的   小农  行  农  耕    与农
演变  夫           图    耕
```

图 5.9 "春来耕种忙"主题内容

主题目标

1. 了解和认识农耕工具,感受劳作的乐趣

2. 知道春天是播种的季节,积极参与农耕实践探索活动

3. 乐意亲近大自然,感受春天的勃勃生机,体验耕种的美好

主题活动

活动一:山行·布谷飞飞劝早耕(语言)

【活动目标】

初步理解古诗的主要含义,按照韵律、节奏诵读古诗。

【活动准备】

沙画视频

【活动过程】

1. 视频导入,观察讲述,引起兴趣

(1)播放视频。

(2)提问。

师：你们在刚才的画面里看到了什么呢？他在干什么？

（3）教师根据古诗讲述"春耕的故事"。

（4）提问。

师：你们知道现在是什么季节吗？春天里，谁飞到了农民伯伯家？提醒农民伯伯去干什么？

（5）总结。

师：春天是播种、耕种的季节。

2. 教师诵读古诗《山行·布谷飞飞劝早耕》

（1）教师有表情、有节奏地诵读一遍，请幼儿欣赏。

（2）提问。

师：你在诗中听到了什么？

（3）理解其中的诗句，重点解释个别字词，如春锄、石树，帮助幼儿理解古诗内容。

3. 学习诵读，表达感情，幼儿感受古诗意境

（1）教师诵读，让幼儿慢慢跟读。

（2）幼儿分组学习诵读，感受古诗意境。

（3）请几位幼儿上前表演，教师在一旁进行指导，提醒注意表达合适的感情，轮流请几批幼儿表演。

（4）请幼儿集体诵读1～2遍，进一步感受古诗的意境。

山行·布谷飞飞劝早耕

布谷飞飞劝早耕，春锄①扑扑②趁春晴。

千层石树通行路，一带山田放水声。

词语注释：

①春（chōng）锄：白鹭；

---

②扑扑：扑打翅膀。

作品译文：

布谷飞来飞去地劝说人们早些耕种，

白鹭趁着天晴在天上扑打着翅膀，

在层层石树之间的路上行走，

听得山里田园放水的声音。

活动二：认识农耕工具（科学）

【**活动目标**】

1. 认识常见的农耕工具，如锄头、铁锹、耙子、犁，知道它们的用处

2. 大胆、自由地表达自己的想法并对农耕活动产生兴趣

【**活动准备**】

农耕视频、农耕工具（锄头、铁锹、耙、犁）

【**活动过程**】

1. 认识农耕工具（出示农耕图）

师：他们在干什么？耕地（播种）需要什么工具？

（1）（出示各种工具图片）幼儿欣赏并认识不同农耕工具。

（2）大胆交流自己对农耕工具的各种看法，并给他们"取名"。（幼儿边说教师边小结，提示幼儿农耕工具的正确名称）

（3）小结。

师：小朋友都说得很好，它们可以除草、翻地、铲土、耕地，对我们的农田有着很大的作用呢！

2. 观看视频，了解农耕工具的用处

师：你们知道它们的用处吗？这些工具在农地里面能干什么呢？

（1）（播放视频）幼儿观看视频，并与同伴轻声交流自己的想法。

（2）再次播放视频，教师根据视频（锄头、铁锹、耙子、犁）内容再次梳理讲解工具的用处。

（3）小结。

师：这些工具的用处可真大啊！你看，锄头可以松土、除草、翻地，铁锹可以铲土，耙子可以晒谷子、耙野草，犁可以耕地，它们对开垦农田有着很大的帮助呢！

3. 幼儿到耕种苑体验各种工具，加深认识

（1）游戏互动。

师：小朋友们都已经知道了这四种农耕工具的名称和用处，那么我们来玩一个配对游戏吧！（加深幼儿对农耕工具的熟悉度）

（2）游戏规则：教师说工具的名称小朋友说用处，教师说用处小朋友说工具的名称，也可以用图片展示的方式进行游戏。

（3）幼儿集体拿着自己想操作的农耕工具进行实践体验。（在实践中要强调使用安全性）

（4）教师小结。

活动三：谷雨时节（社会）

【活动目标】

1. 了解谷雨的来历和习（食）俗，知道每年的4月19日—4月21日是谷雨时节

2. 乐于参与谷雨耕种的活动

【活动准备】

谷雨视频、谷雨习俗图片

【活动过程】

1. 猜猜讲讲，春天里的节日

师提问：孩子们，你们知道现在是什么季节吗？你们怎么知道是春天呢？幼儿大胆与同伴交流自己的感受。

师总结：迎春花、桃花开了，柳树发芽了，小草偷偷从地里钻出来了，天气变得暖和了。

师引导：在这个美丽的节日里，有一个特别重要的时节——谷雨。我们一起看看视频吧！（播放谷雨视频）

师总结：每年的4月19日到21日是谷雨时节。谷雨是二十四节气之一，也是春季的最后一个节气。

师提问：谷雨之后，天气有什么变化呢？适合做什么事情呢？

师总结：谷雨之后雨水明显增多了，人们开始插秧，玉米、黄豆、土豆、花生等也开始播种了，田地里一派忙碌的景象。

2. 听听说说，了解谷雨的食俗

（1）听故事，知来历。

师：关于谷雨的来历，有这样一个传说：仓颉曾跋山涉水搜集图形和符号，创造了很多象形字，造福了人类，玉皇大帝很感动。当时正赶上人间闹灾荒，玉皇大帝为奖励仓颉，就打开天宫的粮仓，把稻谷撒向人间，下了一场谷子雨，使人们获得了足够的粮食。后来，这一天就被称为谷雨。

（2）话谷雨，知食俗。

讨论：谷雨到来，气温升高，雨水多了，空气湿度大，我们吃点什么才能让身体保持健康呢？（播放图片）

师小结：常喝汤、粥，清热去火（绿豆汤）；多吃富含维生素C的食物，如西蓝花、猕猴桃、橙子；多吃些祛湿食物，如冬瓜、红豆、薏米；少吃高热量食物。

讨论：哪些蔬果在谷雨前后最鲜美？

师小结：谷雨时的香椿又嫩又香，对脾胃好，还有助于杀菌，上火、大便干燥时吃它非常管用；芹菜味道鲜美，有助于人心情平和；莲藕帮助清除我们身体里的垃圾，有益于润肺。

3. 画画写写，谷雨时能做哪些事

（1）教师播放 PPT，引导幼儿了解谷雨节气时能做的事情。

师：喝谷雨茶（明前茶），养蚕宝宝，播种玉米、黄豆、土豆等（重点讲解谷雨时节与农耕的关系，其他可以略过）。

（2）谷雨实践活动（与幼儿园开锄节活动结合）。

活动四：欣赏《春耕图》（美术）

【活动目标】

1. 从色彩、人物形态等方面欣赏《春耕图》，感受春耕劳作画面的意境美

2. 能够抓住春耕时的主要特点进行绘画活动

【活动准备】

《春耕图》、投影仪、画笔、纸等

【活动过程】

1. 出示农民耕种的图片，引起幼儿兴趣

师：小朋友，你们知道我们每天吃的粮食都是谁种出来的吗？今天，老师给你们带来了一幅农民伯伯耕种的图，请你们来看看农民伯伯耕种的情景。

2. 欣赏齐白石的《春耕图》

师提问：有一位很有名的画家叫齐白石。他看到农民伯伯耕种很辛苦，就给农民伯伯画了一幅很美的画，我们一起来欣赏一下吧！你们看到了什么？（引导幼儿清晰描述画面中老翁的外形特点和牛的面部表情）老翁的外形有什么特点呢？你能从画中感受到牛是怎样一种状态吗？

3. 临摹齐白石的《春耕图》

引导幼儿抓住老翁的特点和牛的神态进行绘画。（幼儿绘画，教师指导）

4. 展示作品，互相评价

活动五：悯农（音乐）

【活动目标】

1. 学习用京歌的方法演唱歌曲《悯农》，在熟悉歌词的基础上能用动作跟唱腔表现歌曲中的京腔特点

2. 知道要节约粮食，体会农民伯伯的辛苦

【活动准备】

1. 知识与能力的准备：会吟诵《悯农》这首古诗

2. 歌曲原声带及伴奏带、京剧表演和锄禾图片

【活动过程】

（打招呼，圆场步进场：你会跟我一样走吗？）

1. 介绍京剧，引起兴趣

师：刚才我们进场时的步伐跟我们平时走路时一样吗？（不一样）你们在哪些地方看见过这样的步伐？（对，唱戏的时候就会用到这种步伐）

师：我们中国有一种戏曲叫作京剧，是我们的国粹，就是我们中华文化的宝贝。你们见过京剧表演吗？下面我们来看看京剧演员是怎么表演的，如果你看到喜欢的动作，可以来学一学。（按顺序播放四幅图片，定格最后一张）

师：你自己最喜欢的动作是什么？来摆一摆（呛呛才）。

2. 引出古诗，学会念歌词

师：老师这里有一首京剧味道的歌曲，我们一起来听一听。（播放音乐）

师：这种京剧味道的歌曲，我们把它叫作京歌。你们听出来里面唱的是什么？我们一起来念一念古诗《悯农》。

师：这首古诗讲了农民伯伯在天气炎热的时候种庄稼很辛苦，我们应该怎么做呢？（幼儿自由回答，珍惜粮食，践行光盘）

师：让我们怀着一颗感恩的心，重新来读一读《悯农》。（念第二遍）

师：如果配上音乐你们会读吗？我们来试一试。（边配乐边读古诗）

3. 学唱京歌

师：刚才我们把京歌里面的歌词都学会了，那现在一起来唱一唱吧！（学唱第一遍）

师：京歌里除了演唱歌词之外，还有一个很特别的地方，我们来听听看。

你们觉得歌曲里哪句话在唱的时候可以把音拖得长一点？（幼儿寻找适合拖音的句子并尝试拖长音演唱，师幼学唱拖腔两遍）

师：介绍拖腔，把拖腔加上再来试一试。（学唱第三遍）

师：刚才我们学习了很多京剧演员的动作，现在一起来演一演吧。（边唱边演第四遍）

4. 完整欣赏音乐，边听边唱

完整表演，圆场步＋唱＋念古诗（加动作）＋老师表演＋师生共唱两遍。

活动六：勤劳小农夫（健康）

【活动目标】

1. 探索各种农具的使用方法，体验游戏带来的快乐

2. 知道劳动最光荣，愿意与同伴分享丰收的喜悦

【活动准备】

布置活动场地，准备小推车若干

【活动过程】

1. 随音乐表演，激发幼儿兴趣

师：今天天气真好，我们一起去劳动吧！

音乐响起，"大农夫"带领"小农夫"一起劳动：做出播种—插秧—施肥—浇水的动作。

2. 幼儿自由探索，尝试使用农耕工具

师：春天到了，可以播种了，农民伯伯阿姨是怎么播种的？幼儿自由发表意见，教师总结归纳。

师：（出示锄头、铲子等常见农耕工具）这些是什么？要怎么使用呢？（幼儿自由探索使用"农耕工具"的方法）

（1）引导幼儿交流玩法，说说并示范自己是怎么使用"工具"的，鼓励幼儿相互学习。

（2）幼儿再次分散，各自探索工具的使用方法。

3. 游戏：播种

师：农民伯伯在耕种的时候除了使用各种农耕工具外，更重要的是运用自己的双手。

幼儿分4队站成一排。

师：游戏开始，"大农夫"说："小农夫们，耕种季节到了，我们要去播种了，路上一定要小心，去的路上有个"山洞"（道具）。特别要小心，在播种的时候一定要瞄准，不要让种子掉到外面去。""大农夫"发出信号，从"小农夫"开始，走过"泥泞的小路"经过一个"山洞"、笔直的田地，将种子抛进"山洞"，原路返回。第二位"小农夫"继续出发。

"小农夫"进行比赛，看看哪一队做得又快又好。

夏之采：夏至采摘乐（中班）

⊕ **主题来源**

夏至是二十四节气中最早被确定的节气，也是一个重要的传统节日。夏至当天，白昼最长，随后，北半球白昼开始逐渐变短。我国古代将夏至分为三候："一候鹿角解，二候蝉始鸣，三候半夏生。"以前农村有夏季关秧门之说，其实就是犒劳丰收。说到收获，很多人脑中第一个闪现的大概就是金色的秋日。其实，瓜果大量上市的夏日，同样充满了丰收采摘之趣，很多春播的瓜果蔬菜在这个时候已经可以采收了。

在幼儿园经过一学期的种植、养护，中班孩子对耕种苑的作物有了较为深刻的认识和深厚的情感，具备了采摘的能力，能够独立或者合作进行采摘活动。看着耕种苑中滴着露珠的青瓜、粒粒饱满的豆荚……孩子们迫不及待地想要分享劳动的果实，那就让这个夏日的幸福从采摘（见图5.10）开始吧！

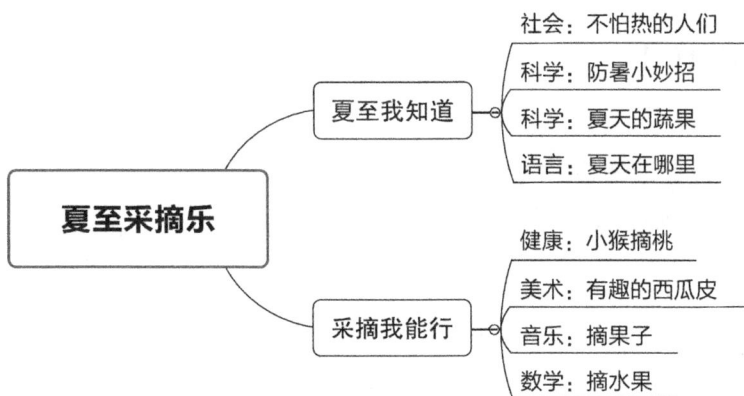

图 5.10 "夏至采摘乐"主题内容

主题目标

1. 进一步了解夏天的季节特征，初步知道夏至的节气特点

2. 知道采摘的注意事项、准备工具、不同作物的采摘方式等

3. 享受收获劳动果实的快乐，感受劳动的辛苦与分享劳动成果的喜悦

主题活动

活动一：夏天在哪里（语言）

【活动目标】

1. 理解诗歌内容，感受夏日的美好

2. 体验诗歌一问一答的韵律特点，并尝试用"在……"句式仿编诗句

【活动准备】

1. 蝈蝈、知了、青蛙图卡

2. 幼儿用书第6册封二、第1页

3. 挂图《夏天在哪里》

4.《夏天在哪里》CD

【活动过程】

1. 夏天的声音

（1）分别播放蝈蝈、知了、青蛙的叫声。

师：听一听，这是什么声音？（根据幼儿的回答，逐一出示蝈蝈、知了、青蛙的图卡）

师：你在哪里见过它们？（幼儿根据自己的经验自主回答）

2. 夏天在哪里

师：说说自己感受到的夏天。蝈蝈、知了和青蛙想问你们一个问题，夏天在哪里？（幼儿根据自己的经验自主回答）

（1）师幼共同欣赏配乐诗歌前半段。（教师播放录音）那夏天到底在哪里呢？我们一起来听听蝈蝈、知了和青蛙的回答吧。

（2）讨论理解诗歌。

师：蝈蝈、知了和青蛙是怎么回答的？（鼓励幼儿用诗歌中的语句来回答）蝈蝈为什么说夏天在绿绿的草丛中？知了为什么说夏天在高高的大树上？青蛙为什么说夏天在清清的池塘里？（教师根据幼儿的回答，及时追问）

（3）师幼互答游戏。

师：蝈蝈、知了和青蛙的回答真有趣，我们来学一学吧！

3. 寻找夏天

（1）看图找夏天。（教师出示挂图）

师：夏天还躲在哪里？（引导幼儿用"在……"句式进行表述，用合适的形容词描述该事物，如夏天在果实满满的农耕苑里等）。夏天真是一个美妙的季节，有那么多有趣的声音和好玩的事情，我们一起完整地听听、念念这首诗歌吧！（教师播放音乐，结合挂图完整朗诵诗歌，并朗诵幼儿仿编的诗句）

（2）夏天的踪迹。

师：你觉得还能在哪里找到夏天？（鼓励幼儿用"在……"句式进行表述，教师用简笔画记录幼儿的回答）我们一起来念一念自己找到的夏天吧。（播放音乐，教师带领幼儿看记录纸，朗诵幼儿自己仿编的诗句）

夏天在哪里

夏天在哪里？"蝈、蝈、蝈"在绿绿的草丛中。

夏天在哪里？"知了、知了"在高高的大树上。

夏天在哪里？"咕呱、咕呱"在清清的池塘里。

夏天，在太阳帽里，在小花伞里，在甜甜的冰淇淋里，

夏天在小朋友乐呵呵的笑声里。

活动二：不怕热的人们（社会）

【活动目标】

1. 了解在炎热夏季为人们提供新鲜蔬果、粮食的农民，懂得要尊重劳动人民

2. 学习劳动人民不怕热，不怕苦，勇于克服困难，坚持做好工作的顽强精神

【活动准备】

1. 《小朋友的书·我爱夏天》

2. 请幼儿提前注意观察在炎热夏季仍然从事户外工作的人们及其劳动场景

3. 提供爱心形状卡纸、油画棒

【活动过程】

1. 结合经验，引出课题

师：夏天的时候你喜欢待在太阳下吗？为什么不喜欢？

2. 自由谈论，大胆表述

师：可是还有一些人在夏天的时候坚持在外面劳动，他们是谁？

3. 自主阅读，举例说明

（1）引导幼儿看《小朋友的书·我爱夏天》第23—24页和《不怕热的人们》中的农民。

师：他们是谁？他们在什么地方？做什么工作？（着重引导幼儿观察农民割稻、插秧的场景图）

（2）交流与讨论。

师：这些人真的不怕热吗？他们为什么能在这么热的天气下坚守岗位、坚持工作？如果没有他们的辛苦劳动，我们的生活会有哪些不便？

4. 扩展话题

师：如何从我做起，尊重他人的劳动成果？我们该怎样爱惜粮食？除了农民，还有哪些人也在为我们的美好生活坚守岗位，坚持在户外工作？

5. 制作感谢卡

师：这些劳动者在炎热的夏天坚守岗位，坚持工作，给我们的生活带来了方便，让我们一起制作感谢卡送给他们吧！

活动三：小猴摘桃（健康）

【活动目标】

1. 练习助跑跨跳，培养跳跃能力，学习简单的助跑跨跳技巧

2. 在游戏中能大胆向同伴分享自己的练习方法，感受集体游戏的快乐

【活动准备】

1. 钻圈 4 个，垫子 4 组，塑料瓶 4 组，绳子 2 条，挂起来的桃子若干

2. 小猴头饰每人 1 个、篓子每人 1 个、红旗 4 个

3. 音乐数段

【活动过程】

1. 激趣导入

（1）播放音乐，"猴妈妈"带领"小猴"做运动。

师："猴宝宝们，今天天气真好，和妈妈一起去做运动吧！"

（2）教师与幼儿一起跟着音乐做猴操。

2. 初步游戏

（1）练习助跑跨跳。

师：对面山上有一棵结满了桃子的桃树，你们想不想去摘桃子呀？桃树很高，想要摘到桃子，"小猴子们"要跳过"小河"，但"小河"很宽，今天我们一起来学一种本领帮我们跳过"小河"。

（2）教师带着幼儿先跑再用力跨过"小河"。

师：先在垫子上练一下。（幼儿跟着教师练习助跑跨跳）

（3）请部分幼儿说一说刚才是如何"过河"的。

3. 自主游戏

师："小猴子们"的本领都大了很多，你们赶快跨过"小河"去。（教师用语言提醒幼儿注意游戏规则）

（1）集体游戏。

师：摘桃子时每只"小猴"摘一个"桃子"，摘到桃子的"小猴"拿着桃子快速回到自己的队伍。看一看哪队的"小猴"最先摘完桃子。

（2）幼儿再次开始游戏。

师：孩子们，那边还有好多桃子，我们再去把它们摘回来吧！（"小猴"把"桃子"摘完了就举起红旗，表示赢了）

4. 放松

师：孩子们，今天你们摘了多少桃子呀？经过重重的困难"小猴"摘到了诱人的"桃子"，我们坐下来休息一会吧！（放音乐，幼儿相互之间捶捶背、捏捏肩）

活动四：防暑有妙招（科学）

【活动目标】

1. 了解夏季常用的防暑降温的方法

2. 懂得农民防暑的方法，感知夏日劳作的不易

【活动准备】

纸笔、防暑工具

【活动过程】

1. 防暑方法有妙招

（1）自由表达自己降温防暑的方法。

师：夏天到了，天气越来越热，你们有什么好办法让自己不那么热？（个别幼儿表述，教师以简笔画的方式记录）

（2）用简笔画记录降温的方法。

师：虽然夏天很热，但有了防暑降温的好办法，我们照样很开心。赶紧把你们的好办法画下来吧！（幼儿作画记录，要求：一张纸片记录一种方法。教师巡视，着重帮助表达有困难的幼儿，并鼓励幼儿记录多种降温方法）

（3）交流记录的方法。

师：请把你们的记录纸张贴到黑板上吧！说说你们的记录方法。（引导幼儿介绍的形式可以多样）

形式1：教师邀请幼儿讲述。

形式2：教师点画，提问这是谁的作品。

形式3：先请其他幼儿猜猜这是什么方法，再请作品的主人介绍。

（4）方法分类。

师：老师想把这些方法分类，你们觉得可以怎么分？（如幼儿有困难，教师可有意识地引导幼儿观察，帮助幼儿梳理这些方法的共同特点）

师：我们一起来分类吧！（师幼共同将幼儿记录的方法按饮食、运用工具、环境调整、着装改变等分成四大类。饮食类，吃冷饮、吃瓜果、喝水等；运用工具类，扇子、电扇、空调；环境调整类，防空洞、山区、树荫下；着装改变类，穿轻薄、透气的衣服，戴帽子，墨镜等）

2. 农民伯伯来防暑

（1）讨论故事中农民伯伯中暑的原因。

师：农民伯伯为什么会生病？原来是农民伯伯夏季在高温的户外劳作中暑导致的。

（2）我来帮助你。

师：有什么好的防暑办法适合农民伯伯，哪一种方法最有效呢？

（幼儿讨论集体交流）

（3）我设计的防暑工具。（为农民伯伯设计一样防暑小工具）

活动五：摘果子（音乐）

【活动目标】

1. 能随乐曲的节拍做手腕转动的动作

2. 能用表情和动作表现出摘果子的愉快心情

3. 摘果子，体验劳动的快乐，知道帮助别人是一件快乐的事情

【活动准备】

音乐《拍手转腕》，果农摘果子、果实丰收图片，音乐《摘果子》

【活动过程】

1. 导入部分

（1）播放《拍手转腕》音乐，幼儿随着音乐进入教室。

师：小朋友们，和老师一起，随着音乐动起来吧！

（2）谈话导入活动。

师：大家表现得真棒！现在请坐下来，老师想问大家一个问题："夏天来了，果园里的果子成熟了，你们知道果园里哪些果子成熟了吗？"（蓝莓、油桃、杨梅）小朋友们知道最近什么水果最应季吗？（杨梅。我们的杨梅远近闻名，很多人都来我们东钱湖品尝杨梅）现在果子都成熟了，农民伯伯肯定忙坏了，我们一起去帮农民伯伯摘果子吧！

2. 展开部分

（1）观看农民伯伯摘果子，学习摘果子动作。

播放农民摘果子，激发幼儿摘果子的兴趣，学习摘果子。

观看后讨论：农民伯伯怎么摘果子？

（2）教师逐一示范各关键动作。

师：转动手腕。小手腕要转一下，为什么要转一下手腕？这样容易摘下果子，还不会破坏果枝，我们一起试一下！（教师巡视）

师：你的小手腕转得真漂亮！伸出手转一下，红红的果子摘下来！伸出手，转一下，甜甜的果子摘下来！伸出手儿转一下，香香的果子摘下来！我们随着音乐一起来转转手腕摘果子吧！

师：摘了这么多果子放在哪里呢？放在筐里、篮子里。你想怎么拿筐、篮子？（提着，挎着，背着）

师：我们开始吧！播放音乐，好大的果子，转转转转，摘四次。（间奏，小跑步换地方）我们来这边摘，这边的果子好多，转转转。

（3）摘不同位置的果子。

师：我们摘了上面的果子，还可以摘哪个位置的果子呢？

师：摘下面的，一起蹲下来，我们来摘下面的。还可以摘哪个位置的果子？

师：摘前面的（演示摘前面的），摘后面的（演示摘后面的），摘旁边的（演示摘旁边的）。

师：我们一起来摘不同位置的果子吧！（播放音乐，上面两次，下面两次，前面两次，后面两次，旁边各两次，筐满了四次，真高兴转圈。重复一次）

（4）同伴合作摘果子。

师：（两人、三人或更多人一起摘果子。）现在轻轻把筐放在地上，摘果子快乐吗？（快乐！劳动真快乐！）刚刚我们摘果子时，大家自己拿着筐，自己摘果子，现在我们可以和小伙伴一起合作摘果子吗？

师：两个人怎么合作？谁摘果子，谁拿筐？现在拿筐的小朋友准备好，摘果子的小朋友也准备好（播放音乐），我们一起来摘果子吧！

师：老师和一组小朋友合作，你拿筐吗？摘了这么多的果子，老师抱不动了，我们一起把它们搬到中间庆祝一下吧！（互相击掌庆祝！）

3. 创编动作，丰富表现

（1）讨论：摘果子时除了这些动作，还有哪些动作？

师：（老师自然蹲下）摘了这么多果子，我都流汗了，现在来擦擦汗、擦一下，甩一下，你也来擦擦汗吧！你怎么擦汗？我这样擦，我们摘果子时也可以边摘边擦汗，谁想来试一下？好，你来吧！（播放一半音乐，一个孩子表演，其他孩子打节拍）太棒了！我们摘果子时还可以加什么动作？好，你来试一下（大约3个孩子表演）。

（2）播放乐曲，鼓励幼儿随乐曲节奏表演创编动作。

4. 结束部分：教师谈话

引导幼儿知道帮助别人很快乐，体验劳动后的喜悦。

师：小朋友们，你们帮助农民伯伯摘果子，农民伯伯高兴吗？（高兴）你高兴吗？（高兴）帮助别人是一件快乐的事情，我们以后要做一个爱帮助别人的好孩子。

师：今天，小朋友们为农民伯伯摘了这么多果子，为了感谢大家，农民伯伯给小朋友们送来了好吃的果子，现在我们一起回去分享吧！（教师带幼儿随音乐离开活动室）

活动六：摘水果（数学）

【活动目标】

1. 感知7以内的数量。尝试按数量的多少进行排序

2. 能根据实物卡片上的数量匹配相应的点卡

3. 乐意参加数学操作活动，感受数学活动的乐趣

【活动准备】

1. 经验准备：幼儿感知过7以内的数量

2. 教具：背景图1幅，1—7的水果卡片，1—7的点卡

3. 学具：水果卡片 10 套，点卡 10 套，蔬菜接龙卡片 6 套，动物大小排序卡 6 套，排序板若干

【活动过程】

1. 摘水果

师：小兔家里有一个果园，他在果园里种了许多果树，我们来看看都有哪些果树。

师：果园里的水果成熟了，小兔想请小朋友帮他把这些水果摘下来，然后放在盘子里，但是每个盘子里只能放一种水果。（请幼儿上来摘水果）

师：这次听听小兔让我们摘什么水果，分别摘几个。

2. 给水果排队

师：小兔想请小朋友帮它把这 7 盘水果按数量顺序排好，应该怎么排呢？（个别幼儿操作，提醒幼儿要排在红旗的后面、红线的上面）

师小结：像这样按 1 个石榴、2 个柿子、3 根香蕉、4 个菠萝、5 个橘子、6 个苹果、7 个梨子排队，一个比一个多，从少到多排序。

师：水果排好了，现在请小朋友根据水果的数量送上相应的点卡。

3. 跑组活动

师：小兔感谢小朋友帮他摘水果，还带来了一些练习题，想考考小朋友。

第一组：给水果排队。请你们按从少到多排这些水果，排好以后送上相应数量的点子。

第二组：大小排序。（复习）

第三组：蔬菜接龙。（复习）

（幼儿操作，教师巡回指导）

4. 总结、拓展

师：请你说说你是怎么给水果排队的？（请幼儿讲述自己的方法：从少到多排队）

师：除了可以从少到多排列，还可以怎么排？（从多到少排列，请个别幼儿尝试操作）

活动七：有趣的西瓜皮（美术）

【活动目标】

1. 尝试用添画的方法用西瓜皮进行创意画

2. 根据自己的创意绘画创编故事情节，并大胆表述

【活动准备】

1. 幼儿用书第 6 册第 22—23 页

2.《美工》第 32 页

3.《西瓜皮变形记》CD

【活动过程】

1. 西瓜皮变形记

师幼共同翻看幼儿用书第 22—23 页。

师：图片中，小动物们把西瓜皮变成了什么？教师结合图片朗读诗歌《西瓜皮变形记》。

2. 西瓜皮大变身

（1）师幼大创想。

师：请你也来变一变，你会把西瓜皮变成什么？你会送给谁？

（2）幼儿自由创作，教师巡视并指导。

师：把你的想法画出来，可以画一幅，也可以画多幅。

3. 新西瓜皮变形记

（1）同伴间互相介绍（鼓励幼儿相互介绍自己的创意）。

（2）集体交流分享。

师：谁愿意来介绍？（幼儿介绍前，教师可讲解介绍的基本要求，如先告诉大家你的画在第几排第几张，再告诉大家你把西瓜皮变成了什么，最后告诉大家你送给了谁，发生了什么有趣的故事。幼儿介绍的形式可以多样，或请幼儿直接自我介绍，或请幼儿先猜一猜同伴的作品，也可以让幼儿对看不明白的地方提问）

（3）教师根据幼儿的作品即兴串编。如：西瓜皮，变小船，小鸡坐船去旅行；西瓜皮，变房子，老鼠一家乐呵呵，等等。

（4）教师带领幼儿朗诵自己的作品。

【活动延伸】

（1）西瓜皮创意工作坊：鼓励幼儿继续大胆想象、添画。教师可将幼儿的作品装订成书——《西瓜皮变形记》，鼓励幼儿根据画面进行讲述。能力强的幼儿可将前后的画面进行串联，编成小儿歌、小故事等。

（2）阅读幼儿用书，进行诗歌复述。教师还可邀请爸爸妈妈和孩子一起创编，在班里举行"有趣的西瓜皮"亲子故事会。

西瓜皮变形记

西瓜皮，变摇篮，小兔躺在里面睡得香。

西瓜皮，变跷跷板，小熊小兔玩得真高兴。

西瓜皮，变秋千，松鼠荡来荡去真有趣。

西瓜皮，变雨伞，下雨小猫用它来挡雨。

活动八：夏天的蔬果（科学）

【活动目标】

1. 了解几种常见蔬菜、水果的外形特征，体验与同伴分享和游戏的快乐

2. 知道蔬果有丰富的营养，夏天要多吃蔬果

【活动准备】

蔬果若干、录音故事、儿歌

【活动过程】

1. 谈话引题

师：小朋友们，你们喜欢吃水果吗？

师：你们喜欢吃什么水果？

师：为什么要多吃水果？

2. 通过《德德不爱吃水果》，了解水果对身体的益处

师：（提出要求，组织幼儿听录音故事）听故事时不能吵闹，仔细听故事里说了什么事。

师：德德刷牙时发现了什么？大便时觉得怎么样？你吃过水果吗？为什么要多吃水果？

3. 夏天的蔬菜

师：除了水果，蔬菜也富含许多人体所需的营养。你们知道夏天有哪些蔬菜水果吗？

师：你们真是太棒了，知道这么多蔬果。不过你们说的一部分蔬菜，老师不知道长什么样，请你们来介绍一下它的外形特征吧。

（欣赏儿歌《排排坐，吃果果》）

【活动延伸】

洗手吃水果，鼓励幼儿将自己的一份水果吃完，不浪费。

秋之收：我和米粒去旅行（大班）

⊕ 主题来源

在日常生活中，许多幼儿不知道我们吃的"饭"是从哪里来的，更有一些幼儿不爱惜粮食，用餐时饭粒经常掉得满地都是，即使知道的也只是说"饭是用米烧的"。那么，"米"是哪里来的呢？孩子们又不知道了。大多数孩子从家长的口中只是了解到：米是用稻谷打出来的，而稻谷又是农民伯伯种出来的。可孩子们连水稻都没有见过，又怎么能进一步了解呢？

"米"非常贴近幼儿的生活经验，正是因为太常见反而容易让人熟视无睹。所以我们要引导幼儿积极主动地探索与"米"相关的知识，激发他们的好奇心与求知欲，最终确定了以"米"为主题的系列活动（见图 5.11）。同时，这也是为了让幼儿知道：每天吃的米饭都是农民伯伯辛辛苦苦种出来的，粮食来之不易，要爱惜别人的劳动成果。

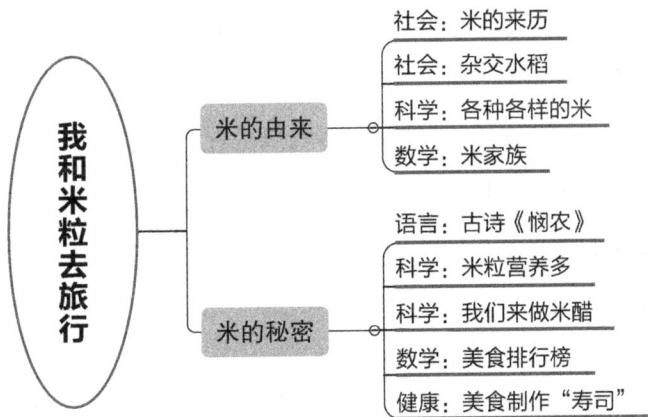

图 5.11 "我和米粒去旅行"主题内容

🎯 **主题目标**

1. 在探索水稻的种植及生长的过程中知道米的由来，了解杂交水稻和其他水稻的区别

2. 知道各种米的名称，能够通过观察不同米的颜色、形状等直接感知它们的异同

3. 知道大米等各种农作物是农民伯伯辛苦种出来的，懂得珍惜粮食，尊重他人的劳动成果

⏱ **主题活动**

活动一：米家族（数学）

【活动目标】

1. 在观察、比较、讨论中学习制作统计图

2. 提高观察和记录的能力，尝试和同伴共同完成任务

3. 能大胆表达自己的意见，体验统计活动的乐趣

【活动准备】

1. 大黄米、小黄米、青小米、香米、黑米各一份

2. 统计示范图、纸和笔每人一份

【活动过程】

1. 开始部分

（1）观察教师提供的米，对统计活动产生兴趣。

（2）按照形状制作统计图，初步了解统计图的特征和制作方法。

（3）指导幼儿记录圆形米粒和长条形米粒的种类。

师：大家看看桌子上的米粒有几种形状？圆形的有几种？长条形的有几种？

（4）根据幼儿的回答在黑板的大统计表上做记录，请幼儿校对。

师：小朋友们再观察一下，圆形米粒有几种颜色？长条形的米粒有几种颜色？

2. 基础部分

（1）将自己喜欢的米粒图片贴在黑板上。

（2）尝试制作统计表，根据形状、颜色进行统计、记录。

（3）教师巡视，指导幼儿点数。

3. 结束部分

（1）各组代表讲述自己小组的统计结果，并将统计表张贴在黑板上供大家欣赏。

（2）对活动中能大胆说出自己想法、和同伴愉快合作的幼儿进行表扬和鼓励。

活动二：米的来历（社会）

【活动目标】

1. 认识几种常见的米，感受米的多样性

2. 了解大米的生产过程，知道它的来之不易

3. 懂得农民伯伯的辛勤劳动，能够珍惜粮食以及别人的劳动成果

【活动准备】

水稻的生长、加工过程视频，水稻不同时期的生长图片

【活动过程】

1. 谈话导入

师：秋天都有哪些东西丰收了？（观看PPT，引导幼儿结合已有经验讨论）

2. 了解水稻生长生产过程

（1）看看、说说米及米制品。

（2）出示米饭。

师：这是什么？它是用什么做的？米从哪里来？

（3）观看影像资料，了解水稻的种植生产过程。

师：看了刚才的录像，你们知道米是怎么来的吗？（秧苗—成熟的稻穗—收割—脱粒—去壳起米）

师小结：从稻谷到我们手中的米，中间要经过很多复杂的工序。米是农民伯伯辛苦劳动换来的，因此小朋友每天吃饭的时候都要想到农民伯伯的劳动，爱惜粮食，不能浪费。

（4）认识米制品。

师：米除了可以做成米饭，还可以做成什么？

（5）与同伴交流、分享。

师：米除了可以煮成饭，还可以用来包粽子、做爆米花、酿甜酒以及米粉、汤圆、米饼等。

（6）角色游戏：逛米店。

请个别幼儿扮演米店营业员，其他幼儿到米店来买米。买米的幼儿需把自己要买的米的名字和特征讲述清楚。

活动三：各种各样的米（科学）

【活动目标】

1. 知道粮店里各种粮食的名称

2. 了解各种粮食的外形特征，比较其异同

【活动准备】

1.《小朋友的书·秋天多美好》

2. 教师事先联系好幼儿园周围的粮店（最好有开放式的、盛放各种粮食的柜子），了解粮店中粮食的品种

【活动过程】

1. 带领幼儿到附近的粮店参观

2. 引导幼儿站到米柜旁，观察米柜中的粮食

师：你认识这些东西吗？它叫什么名字？（幼儿叫不出名字的可以去请教售货员）

3. 请幼儿看一看、捏一捏、闻一闻、比一比各种米粒

师：你发现了什么？（通过提问，让孩子关注粮食品种的多样性，说出它们外形、色彩、气味等方面的特征）

4. 观察米粒的特征

师：用手在米堆里插一插，你发现了什么？（用手插了以后，会发现手上有白白的粉）这粉是什么？从哪里来的？

师：哪几种粮食是我们经常吃的？你知道它们的名称吗？

5. 交流

回到教室后，结合《小朋友的书·秋天多美好》第6页"多种多样的米"，再次让幼儿交流。

师：这些米叫什么名字？与我们平时看见的米有什么不一样？你吃过吗？怎样吃的？

师：米是从哪里来的呢？请幼儿观察《小朋友的书·秋天多美好》第4—5页"米从哪里来"。小朋友们，你们能看明白吗？米是从哪里来的？请你说一说米的制作过程。（播种—插秧—施肥—抽穗—成熟—收割—打稻谷—晒稻谷—加工—大米）

6. 思考

师：米煮熟了会变成什么？你吃过哪些米做成的饭？

活动四：杂交水稻（社会）

【活动目标】

1. 知道我国杂交水稻之父的名字

2. 在观看视频的过程中了解杂交水稻的种植过程

【活动准备】

视频

【活动过程】

1. 开始部分

师：今天老师给你们介绍一位很有本事的爷爷。我们一起来看一看。

2. 基础部分

师：谁知道爷爷的名字叫什么？他被称为什么？什么叫杂交？杂交水稻和我们平时见的水稻有什么不同？视频中的水稻种植方法和我们之前了解的有什么不同？

师：谁来说一说杂交水稻的种植方法？

3. 相互讨论看完视频后的感受

活动五：米粒营养多（科学）

【活动目标】

1. 知道不同的米制作成的食物营养不同，有的易消化，有的能补充各种微量元素

2. 知道各种食物的营养价值和健康的饮食对人的身体有益

【活动准备】

各种大米制品的图片、各种介绍米的营养的视频

【活动过程】

1. 出示红枣切糕图片

师：这是什么？你们喜欢吃吗？吃的时候要注意些什么？

师：东西好吃，可是我们应该有节制地吃，要控制好量，不然对身体有害。

2. 了解各种米的营养价值

带领孩子了解各种米的营养价值。

3. 米制品大揭秘（观看各种介绍米的营养的视频）

师：你们吃过里面的食物吗？说说它们的味道？

师：这些用米制作成的食物，哪些可以多吃一些？哪些要少吃一点呢？为什么？

师小结：各种米熬的粥有营养、易消化，还能补充各种微量元素。油炸大米做的锅巴，还有用米做成的黏黏的食物不宜多吃，会伤害我们的身体。

4. 爱惜粮食从我做起

师：孩子们，我们知道米的营养非常丰富，而且是农民伯伯辛苦种出来的，那么我们平时在吃的时候要做到什么呢？

活动六：古诗《悯农》（语言）

【活动目标】

1. 在会朗诵的基础上理解古诗的大意及其表达的情感

2. 理解诗中"辛苦"一词，并能用"辛苦"造句

3. 懂得粮食是农民伯伯用汗水换来的，来之不易

【活动准备】

古诗挂图、小米粒的头饰若干、儿歌《捡米粒》

【活动过程】

1. 开始部分

出示图片，引出主题。

师：图片上有谁？他在做什么？当时的天气怎么样？

2. 基础部分

（1）指导幼儿按韵律节奏及重读音（日、午、土、餐、粒粒、辛苦）朗诵古诗。

师：当太阳升到最高的时候，农民伯伯还在田里锄草，他们的汗一滴滴掉到土里。原来，我们碗里的米饭，每一粒都是农民伯伯用辛苦劳动换来的呀！

"锄禾日当午"："锄"指锄草的动作，"禾"指庄稼，"日当午"指到了中午最热的时候。

（2）出示图片，学习词汇"辛苦"，并用它来造句，例如爸爸工作很辛苦，妈妈干家务很辛苦等。

师：爸爸、妈妈和农民伯伯都这么辛苦，我们应该怎么做呀？

（3）教育幼儿要从小爱惜粮食，尊重别人的劳动成果。

3. 结束部分

游戏：捡米粒

活动七：我们来做米醋（科学）

【活动目标】

1. 知道制作米醋的食材、工具以及制作方法

2. 体验制作米醋的乐趣

【活动准备】

煮好的米、密封罐、水、保鲜膜

【活动过程】

1. 开始部分

师：今天我们要来制作米醋。之前我们了解了米醋的制作过程，现在我们一起来回忆下。

（幼儿交流制作米酷的方法）

2. 基础部分

（1）出示密封罐和煮好的米，开始制作米酷。

（2）观察幼儿往密封罐里放米时出现的问题，提示幼儿"想想怎样才能不让米摔在地上"。（把罐子放在盆中间，这样米会掉在罐子和盆里，不会洒到地上了）。

（3）小组讨论制作过程中的密封方法，选择密封材料（报纸、保鲜膜、塑料袋等）。

（4）幼儿操作，教师观察并进行个别指导。

3. 结束部分

把制作好的米酷放在展台上供幼儿观察。

活动八：美食排行榜（数学）

【活动目标】

1. 剪一剪、贴一贴、涂一涂，制作柱形统计图

2. 运用柱形统计图统计"小朋友最喜欢吃的美食"

【活动准备】

1.《小朋友的书·数学》

2. 人手一份制作材料：三张表格（表一、表二、表三）

【活动过程】

1. 谈话引入

师：你最喜欢吃什么米做的美食？用什么方法可以了解班上小朋友最喜欢吃的美食？（举手、投票、画统计图等）

2. 自制柱形图统计"小朋友最喜欢吃什么"

（1）幼儿调查班级中10位小朋友分别喜欢吃什么，边调查边根据结果剪

下表一中对应的格子，粘贴到表二相应的位置。如：调查的第一位幼儿喜欢吃年糕，就将表一中写有数字 1 的格子剪下来粘贴到表二的年糕一栏。

（2）幼儿交流调查结果。

①引导幼儿检查调查人数是否齐全。②说一说调查的结果：自己调查的 10 位小朋友最喜欢吃什么？最不喜欢吃什么？③对照表二，在表三的空格内对应涂色，制作出"小朋友最喜欢吃什么"的柱形图。④展示柱形图。

3. 教师小结柱形统计图的好处

活动九：美食制作"寿司"（健康）

【活动目标】

1. 品尝美味的米制品，知道米制品的营养

2. 学习制作寿司，动手动脑

【活动准备】

1. 紫菜片、米饭、蔬菜

2. 做寿司使用的工具：刀、寿司竹帘

【活动过程】

1. 谈话导入主题，激发幼儿兴趣

师：小朋友，你们知道大米可以做什么吗？米制品有很多，你们吃过寿司吗？

2. 美味的寿司

（1）欣赏寿司图片。

师：我们一起看看美味的寿司吧！

（2）讨论寿司的制作方法。

师：谁来说说，这美味的寿司是怎么制作的呢？

3. 制作寿司

（1）介绍寿司材料。

（2）开始制作寿司，并讲解做法。

（3）观看寿司拼盘。

4. 品尝寿司

师：我们一起来品尝这好吃的寿司吧！

要求：文明进餐、珍惜食物。

5. 活动结束

收拾和整理，养成良好的卫生习惯。

冬之味：阿拉过年咧（大班）

⊕ 主题来源

春节是我们中华民族的传统节日，是新的一年的开端，举国上下到处都洋溢着新年的气氛。孩子对年节、喜庆总是有着莫名的期待，也对过年充满了想象。"红红的新年"、"沉甸甸"的压岁钱，这些无不蕴含着中国民间传说故事。除了通过故事让孩子知道"为什么要过年"，我们也通过"阿拉过年咧"系列（见图 5.12）活动教孩子画年画、做红包等，帮助他们积累各种过新年的经验，让他们感受新年的气氛，认识年节的应景食物，学说吉祥话，体会年俗的意义。

健康：贴春联

新年习俗知多少 —— 语言：绘本《团圆》

科学：腊月歌

阿拉老底子

美术：欢乐团圆饭

新年氛围哪里来 —— 音乐游戏：马灯调

科学：宁波老字号的老味道

阿拉过年咧

社会：贴春联

阿拉来准备 —— 社会：礼物清单

数学：买年货

阿拉来当家

实践活动：装扮教室

阿拉来实践 —— 实践活动：阿拉来除尘

综合：新年联欢会

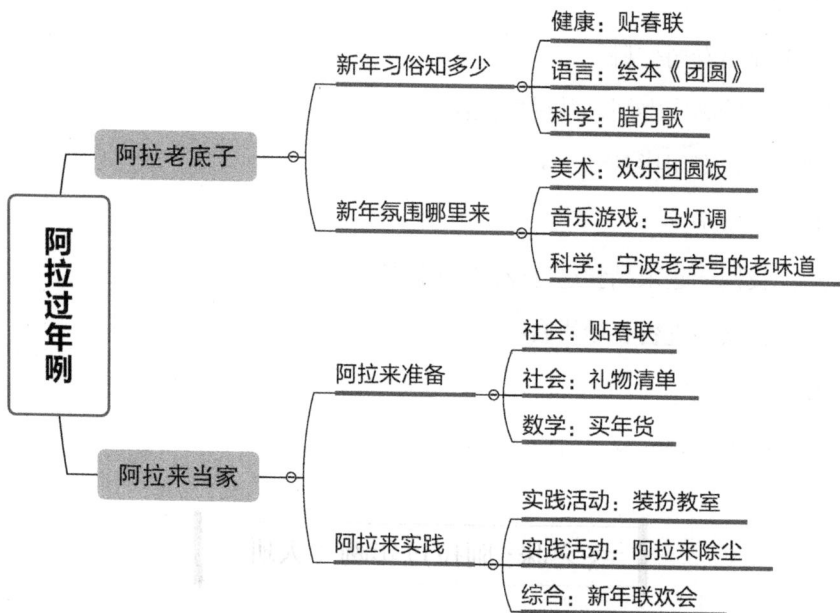

图 5.12 "阿拉过年咧"主题内容

我们会安排孩子自己动手大扫除、布置教室，准备迎接新年。和孩子一起动手制作食物，吃碗象征圆满的汤圆，精心准备"做灯笼""制作元宵灯""搓汤圆"等活动，让幼儿在周围环境变化中感受到过年的气氛。在幼儿园这个大家庭中，和老师、小伙伴一起体验集体生活的乐趣，增加彼此的情感。

主题目标

1. 感受过新年热闹、喜庆的气氛，了解过新年的传统习俗，在亲身体验中积累丰富的感性经验，萌发探索过年相关习俗的兴趣

2. 在准备过年的喜庆又忙碌的系列活动中，与同伴一起运用多元的表达形式创造性地表现对过年的期盼和感受

3. 玩一玩、试一试，自主准备过年的活动，发展自主能力，感受成功的喜悦，锻炼实际生活能力，体验小主人的感受

主题活动

活动一：贴春联（健康）

【活动目标】

1. 了解过新年贴春联的习俗，感知春联对仗的特征

2. 与同伴一起合作完成任务，体验游戏的快乐

【活动准备】

1. 红色对联纸每组一副、黑板每组一块、幼儿椅子每组三把

2. 饺子、年糕、糖果，新衣、新帽、新鞋，福字、春字，鞭炮、灯笼、中国结等物品、图片若干（人手一张图片），贴春联的视频或图片

3. 音乐CD（喜庆的音乐）

【活动过程】

1. 找找春联的特点

（1）观赏贴春联的视频或图片。

师：人们在干什么？看着春联感觉怎么样？

师小结：每逢春节，家家户户都会在门上贴大红春联，增加节日的喜庆气氛，表达对美好生活的向往。

（2）教师诵读几副春联，幼儿观察春联的字数。

（3）数一数上下两联的字数，并谈谈读起来的感觉。

师小结：春联中，上下两联的字数相等，文字内容对仗，读起来很押韵。

2. 摆摆图画春联

（1）了解物品的寓意。

师：猜一猜，糖果有什么寓意？年糕、饺子呢？（糖果，甜甜蜜蜜幸福来；年糕，一年更比一年高；饺子像元宝，寓示着财源广进……）这些吉祥的物

121

品可以怎样分类呢?（引导幼儿将图片归类为食物、衣物、饰物）

师小结：人们选择特别的食物来寓意美好生活，准备全新的服装寓意新的开始，用灯笼、福字、中国结来装扮家里。

（2）用对仗的方法摆春联。

师：大人们用春联辞旧迎新，小朋友可以用图画摆成春联，以此表达对新年的期待。请你选几样物品贴在红色的春联纸上，说说你的祝福。（分别选择对应的食物、衣物、装饰物的图片）

3. 玩玩春联游戏

（1）第一次游戏。

师：图画春联真有趣，小朋友们快来贴春联!（播放喜庆音乐）

邀请8个幼儿，前4人贴上联、后4人对下联。（幼儿轮流跑到黑板前，出示吉祥物品图片）说一说你贴的春联的美好含义。

（2）第二次游戏。

师：我们站上凳子，把春联贴在高高的大门上。（途中增设三把小椅子，让幼儿跨上去并双脚跳下）

反复游戏数次。

随音乐跳舞。

师：红红的春联贴好了，我们热热闹闹地过新年啦!

【活动延伸】

该活动可以在语言区继续展开，让幼儿以对仗的方式着摆一摆图片，说一说新年的祝福语。

可以改变游戏玩法，进一步感知对仗的特征（每组列两路纵队，两人同时出发，到黑板前商量着贴出同一类物品的图片）。

活动二：宁波老字号的味道（科学）

【活动目标】

1. 知道宁波有名的老字号，了解宁波独特的饮食文化

2. 对宁波美食文化产生浓厚兴趣

【活动准备】

1. 宁波的老字号牌匾、门面和美食图片，如：缸鸭狗、赵大有、状元楼、梅龙镇、东福园

2. 将教室布置成宁波老字号一条街

【活动过程】

1. 谈话导入

（1）出示老字号门面的图片。

师：小朋友们有没有去过宁波的这些店呀？你们知道里面都有哪些美食吗？

（2）教师介绍。

师：这些是宁波真正老底子的美食老字号，已经开了很久，里面的食物的味道也是非常好。

2. 了解老字号

教师出示图片，介绍宁波老字号里的美食。

【延伸活动】

幼儿与爸爸妈妈一起寻找宁波老字号美食。

活动三：腊月歌（科学）

【活动目标】

1. 感知童谣中十二个月的时节特点及其与人们生活的关系

2. 诵读童谣，初步了解童谣的特点与韵律感

3. 童谣是对生活常识的总结，感受童谣的艺术美和游戏性

【活动准备】

1. 材料准备：挂图、幼儿用书、温州童谣《叮叮当》、绍兴童谣《打麦子》，童谣《十二月子歌》

2. 经验准备："找朋友""丢手绢"等简单童谣游戏，十二月习俗、节气等初步生活经验

【活动过程】

1. 初见童谣

（1）游戏：丢手绢。

师：游戏中，我们一边玩一边要念什么？

师：这首儿歌听起来、念起来的感受是怎样的？这种简短、朗朗上口、有趣好玩的儿歌，叫童谣。

2. 了解童谣

（1）教师用快板形式念童谣《打醋买布》《颠倒歌》《过年》。

师：这些童谣带给你们什么感受？你们听出童谣里讲了一件什么事情了吗？

（2）视频欣赏：温州童谣《可叮当》、绍兴童谣《打麦子》、杭州童谣《外婆桥》。

师：这些童谣你们听懂了吗？老师来帮你们翻译一下吧，听完后你们有什么感受？

（3）外国童谣欣赏：《小星星》《洋娃娃和小熊跳舞》。

师：国外的童谣带给你们怎样的感受？请你们跟着童谣的音乐起跳起来吧！

3. 十二月子对对碰

（1）请幼儿翻看童谣中的月份及其对应场景，分组进行配对。

师：一年有十二个月，十二个月里都会发生什么事情呢？请大家根据图中的画面意思，找找十二个月的好朋友。

（2）分享自己的十二月子。

幼儿分组介绍配对结果及原因，找找各组的异同。

4. 说说《十二月子歌》

（1）欣赏童谣《十二月子歌》。

师：十二个月的好朋友到底是谁？童谣里是怎么说的？这首童谣有什么特别之处，它告诉了我们一些什么事情？童谣的有趣之处体现在哪些地方？

教师小结：《十二月子歌》是一首介绍十二个月的节气和节日的童谣，每一句最后都有一个"子"字，这让童谣变得有趣又有韵律感。

（2）念念童谣。

完整跟念童谣两遍。

接龙诵读童谣，如师幼接龙、男女对接、分组接龙。

5. 编编《十二月子歌》

（1）说说我们身边的十二个月。

师：在不同的月份里，你们还知道什么"故事"？

（2）编编我们的《十二月子歌》。

师：请大家用童谣的"子"字结构来编童谣。

集体诵读新《十二月子歌》。

活动四：欢乐团圆饭（美术）

【活动目标】

1. 感受阖家团圆、喜庆、热闹的气氛，知道除夕有吃团圆饭的习俗，了

解一些菜肴的寓意

2. 乐意和同伴一起画画、剪剪，合作表现画面内容

【活动准备】

1. 人们吃团圆饭的照片、各式菜肴的图片，教师做好喜气的团圆饭大桌面

2. 彩笔、彩纸、剪刀、胶水等，幼儿用书第 6 册第 20 页，《美工》第 33 页，挂图（《欢乐团圆饭》），音乐 CD（喜庆的音乐）

【活动过程】

1. 我吃过的团圆饭

（1）年夜饭图片，回忆已有经验。

师：过新年时，你们家是怎样吃团圆饭的？哪些人相聚在一起？你们家的团圆饭有哪些菜肴？你们知道这些菜肴有什么特别的寓意吗？

师小结：除夕夜全家老少相聚一堂吃团圆饭，是中国人迎接新年的传统习俗之一。每个家庭都会准备丰盛的菜肴，且每道菜肴都有特殊的寓意，比如鱼，象征年年有余；圆子，象征团团圆圆。

2. 我们来办团圆饭

（1）出示大圆桌背景。

师：瞧，老师准备了大圆桌，我们一起来置办今年的团圆饭吧！

（2）幼儿分组协商。

师：你们想为家人准备哪些菜？今年会有哪些亲人一起吃团圆饭？

（3）播放喜庆的音乐，分组自主选择画各式菜肴或亲友家人。

3. 团圆饭开吃喽

（1）组合集体作品。

师：团圆饭开始喽！上菜！（幼儿一边报菜名一边将剪好的各盘菜肴粘贴到大圆桌上）

师：我们的团圆饭真丰富，请爷爷奶奶先就座，爸爸妈妈叔叔阿姨快来坐，哥哥姐姐弟弟妹妹一起来！（幼儿将剪下的人像粘贴在大圆桌周围）

（2）自由欣赏集体作品，体会节日的欢乐气氛和创作成功的成就感。

活动五：马灯调（音乐游戏）

【活动目标】

1. 听一听，看一看，初步感知《马灯调》热闹、喜庆、欢快的曲调风格

2. 初步了解民族乐器鼓、钹、笛的不同音色

【活动准备】

《马灯调》音乐、视频，二胡图片，实物乐器（鼓、钹、笛）

【活动过程】

1. 语言导入

（1）欣赏《马灯调》。

师：今天老师带来一首好听的曲子叫《马灯调》。它是我们宁波人特别喜欢的一首曲子，我们一起来听一听吧！听的时候可以想想这首曲子听起来有什么感觉？

（2）播放《马灯调》音乐。

师：听了这首曲子你们有什么感觉呢？（热闹）

师：为什么会觉得热闹呢？

（3）小结。

师：这些声音是很多种乐器一起演奏的结果，我们一起来看看爷爷们为我们演奏的《马灯调》。

2. 认识几种乐器

（1）一起来听听爷爷们演奏的《马灯调》（播放视频）。

（2）介绍爷爷们手中的民乐乐器。

师：爷爷演奏《马灯调》时用到了哪几种乐器?（鼓、笛等）

（3）小结。

师：这些乐器可都是我们中国特有的，它们有一个共同的名字叫民族乐器。

（4）再次欣赏《马灯调》。

师：现在我们认识了演奏《马灯调》的乐器，我们一起再来听听吧!

【活动延伸】

欣赏幼儿《马灯调》表演。

活动六：绘本《团圆》(语言)

【活动目标】

1. 阅读绘本，感受父母、家人之间浓浓的亲情

2. 细致观察画面，体会"我"的心理变化

3. 乐意在讨论、猜测中大胆表述自己的理解

【活动准备】

绘本《团圆》、幻灯片、背景音乐

【活动过程】

1. 封面里的秘密

（1）看封面图画部分。

师：这一家人正在睡觉，他们是怎样睡的? 你们有没有在爸爸妈妈的中间睡过? 那是怎样的感觉?（幼儿读图，产生生活联想，并大胆地表达自己的内心感受）

师小结：爸爸妈妈的共同陪伴，让我们感到浓浓的爱。一家人在一起是最幸福美好的。

（2）赏读完整封面。

这是这本图画书的封面，书名叫《团圆》，书中小朋友的名字叫毛毛。我

们一起来看看吧!

2. 图画里的故事

（1）爸爸回来了（同时出示前三个页面）。

师：你们看出家里有了什么变化？爸爸回来抱起毛毛，爸爸和毛毛的表情怎样？（从爸爸和毛毛的表情分别解读他俩的内心感受）你们觉得为什么毛毛和爸爸不亲近？（根据图意体会人物的心情，大胆发表自己的想法）

师小结：原来是因为爸爸很久没有回家了，毛毛觉得爸爸很陌生。

（2）和爸爸在一起（同时出示堆雪人的页面）。

师：毛毛和爸爸一起做了哪些事？（读懂图意并回答）包汤圆时爸爸放了什么？吃到包着钱币的汤圆，毛毛心情怎样？（引导幼儿体会人物的心情变化）

师：（出示丢失硬币的页面）打完雪仗后发生了什么事？"我"的心情怎样？为什么"我"这么在乎这枚硬币？（大胆表达自己的想法，探寻心情变化的原因）

（3）爸爸要走了（同时出示剩余页面）。

师：毛毛看起来心情怎样？为什么？

师：爸爸在毛毛的耳边说悄悄话，你们觉得爸爸会说什么？（调动自己的经验，大胆猜想爸爸的话）

3. 读一读美好的故事

（1）集体逐页阅读，听教师念绘本。

师：为什么毛毛要把硬币给爸爸？

教师小结：因为这是一枚代表好运的硬币，毛毛希望它能给爸爸带来好运，保佑爸爸早日平安归来。

（2）画一画温情的时光。

师：说说爸爸妈妈在一起的欢乐时光，并用绘画的形式表现出来（感受合家团圆的幸福与美好）。

（3）与同伴交流自己的画面内容。

【活动延伸】

1. 将幼儿的作品装订成一本画册，供幼儿翻阅、交流

2. 寻找周围常年在外工作的人，鼓励幼儿多关心他们

3. 在区域活动中把幸运币包进用彩泥做成的"饺子"里，玩猜猜幸运饺子的游戏

活动七：礼物清单（社会）

【活动目标】

1. 有意识地观察了解周围人的需要，选择恰当的礼物表达心意

2. 愿意用大方、真诚的方式向爱的人表达情感

【活动准备】

教师记录用纸，幼儿人手一张彩色纸、水彩笔。

【活动过程】

1. 帮助幼儿回忆接受礼物时的感受

师：你们收到过礼物吗？哪些人给你们送过礼物？你们收到礼物的时候心里有什么感觉？什么样的礼物让你们特别开心、特别惊喜？

2. 激发幼儿赠送礼物的愿望

师：你们有没有送过别人礼物？怎样的礼物才能让别人感到惊喜？（引导幼儿从自身的经验出发，或从故事《平安夜》中青蛙送台钟的情节迁移学习根据朋友的特殊需要选择适当的礼物）

3. 讨论关于送礼物的话题

师：我们可以送礼物给谁？（幼儿回答，教师做记录，帮助幼儿归类：家人、朋友、老师）

师：我们可以送什么样的礼物？（帮助幼儿拓展"礼物"的内涵：礼物不

局限于某一实物而是其中蕴含的一份心意,一首歌、一段话都可以是礼物)

师:这些礼物可以送给谁?为什么?(把幼儿说出的礼物和接受礼物的人一一对应起来,并请幼儿尝试说出理由。如:奶瓶送给小宝宝,希望他健康成长)

4. 设计礼物清单

师:新年就快到了,赶紧计划一下给你爱的人送一份礼物吧!我们需要准备一份礼物清单,提醒自己要送给谁,送什么礼物,为什么。

(1)鼓励幼儿用自己的方式和符号加以记录。(教师可以及时了解幼儿的想法,并在礼物清单旁加上注解)

5. 布置任务及要求

(1)请幼儿用一周的时间去准备和赠送各自的礼物。

(2)提醒幼儿在礼物清单的每份礼物旁,留出一个小空格。送出这份礼物后,幼儿可以在空格里填上自己在送礼物过程中的感受。

活动八:买年货(数学)

【活动目标】

1. 感知货币与货物的等价交换,初步练习简单的加法

2. 体验买年货的快乐,萌生对新年的期盼

【活动准备】

1. 收集和自制各种年货商品,贴好价格标签,布置成货架

2. 每人一个购物篮,一元代币纸若干,奖品小星星

3. 幼儿用书第6册第24页

【活动过程】

1. 准备买年货

(1)教师提问。

师：快过年了,爸爸妈妈会准备哪些年货呢？今年过年请你来当家买年货,想一想，要做哪些准备呢？（幼儿交流自己的想法，教师可以进行种类归纳，帮助幼儿有方向地思考）

（2）幼儿从抽屉(筐)里取出同样数量的钱,相互交换,检查数量是否正确。

师：在商场里怎样找到需要的年货？怎样计算总价？

（3）小结。

师：按照货架的分类找到需要的年货，看清楚年货的价格，再支付同样数量的钱。

2. 买喜欢的年货

（1）幼儿任意买两样年货。

师：商场里，年货大促销每人限购两件哦！请赶紧去买年货吧！（幼儿自由寻找自己需要的年货）

师：你买了哪两样年货？一共用了多少钱？（幼儿表述，说说几和几合起来是几）

（2）教师将幼儿的表述用分合式的方法记录下来。

3. 打包买年货

（1）幼儿购买几样年货，使总价正好凑成6元。

师：这回商场推出打包卖的活动，正好凑成6元的有奖品，快去试试吧！

师：你们买了几样年货？价格分别是多少？打包成功了吗？（幼儿表述自己买的年货，合计是6元，请其他幼儿验证是否正确）

（2）幼儿选择数字卡张贴在黑板上，师幼共同验证是否正确。

（3）同组内的幼儿互相进行验证和辨析。

4. 预订新年货

师：年货都卖完了，还有需要的可以填写订货单，每单可以选购总价9元的年货。

师：请在幼儿用书第 6 册第 24 页中填写订货单。

活动九：装扮教室（实践）

【活动目标】

1. 自己动手写春联，做鞭炮，制作过年的装饰材料

2. 自己装扮活动室，享受和同伴一起装扮的乐趣

【活动准备】

春联、卡纸、红包等

【活动过程】

1. 导入活动

师：快过年了，你们打算怎么装扮自己的活动室呢？

2. 制作装饰品

（1）制作窗花。

（2）制作春联。

3. 装饰活动室

（1）一起装饰活动室。

（2）说说装饰后的活动室带给你的感受。

活动十：阿拉来除尘（实践）

【活动目标】

1. 知道除尘是春节的习俗之一，具有悠久的历史

2. 进行除尘活动，愿意参加教室的大扫除

【活动准备】

抹布若干、水桶

【活动过程】

1. 看视频，了解除尘的意思

师：想一想，为什么春节前要进行除尘活动？除尘有什么寓意？

2. 说说除尘要怎么做

师：讨论一下，除尘要做哪些准备工作，具体要怎么做。

3. 除尘活动

（1）分组。

（2）进行除尘活动。

（3）说说活动心得。

活动十一：新年联欢会（实践）

【活动目标】

1. 能够自己编排节目，准备服饰，并进行彩排

2. 喜欢和同伴一起参加新年联欢会

【活动准备】

背景音乐

【活动过程】

1. 主持人报节目单

2. 请幼儿一一上台表演

3. 说说你最喜欢的节目，并说出理由

4. 将春节联欢会的精彩瞬间展出在表演区

四、巧时节，酝"食"趣

《指南》指出，要"创设丰富的教育环境，合理安排一日生活，最大限度地支持和满足幼儿通过直接感知、实际操作和亲身体验获取经验的需求"。孩子对食育内容的学习与理解也需要在一定的活动中进行实操，结合幼儿园的食育主题内容，开发和组织幼儿喜欢的食育主题活动，让孩子们亦玩亦学；结合食育的四季主题内容，在幼儿园内开展春耕、夏摘、秋收、冬藏的四季食育活动，真正将食育内容以孩子们能够接受的形式教给他们。

"春来耕种忙"开锄节活动

活动背景

"一九二九不出手，三九四九冰上走，五九六九河边插柳，七九冰冻开，八九燕子来，九九加一耕牛遍地走。"漫长的冬九已经过去，3月"惊蛰"时节，天气转暖，是"九九艳阳天"了，"耕牛遍地"也是呼唤我们开锄的最佳时机到了。开锄，意味着一年劳动的开始；举办开锄节，是唤醒我们对土地、对劳动的尊重，期盼通过一年的辛勤劳动和新型生活方式的践行，收获快乐、收获健康、收获希望。4月20日适逢谷雨，古人有"雨生百谷"之说，这也是播种移苗、掩瓜点豆的最佳时节。将二十四节气的教育意义蕴含在耕种活动中，让孩子们感受耕牛精神，体验耕种活动的快乐，热爱自然、尊重自然，传承二十四节气文化。

活动主题

春来耕种忙

🎯 **活动目标**

1. 在"春来耕种忙"等主题活动中了解传统农耕文化，感受传统诗词、艺术作品中的农耕美

2. 亲身参与农耕活动，与同伴合作完成翻地、播种、栽种秧苗的耕作任务，体验植物生长的奇妙（活动实录见图 5.13 ）

图 5.13　开锄节节日活动二维码

3. 知道谷雨前后是春天播种移苗的最佳时节，激发幼儿热爱自然、尊重自然，传承二十四节气文化

👥 **参加对象及形式**

1. 全园幼儿

2. 各班幼儿开锄耕种

🕐 **活动时间**

4 月 20 日 8 : 30—10 : 00。

⬚ **前期准备**

1. 经验准备

（1）开展"春来耕种忙""福泉山"等主题活动，了解各类农耕工具的用处和使用方法。

（2）欣赏临摹的传统农耕艺术作品，对农耕美、农耕乐有初步了解。

2. 物质准备

（1）教师及幼儿了解班级耕种农作物生长特点，以及班级耕种农作物的耕种要求。

（2）每班自备开锄工具。

（3）耕犁两套、鼓两架。

（4）各班种植物介绍板块（见图5.14）。

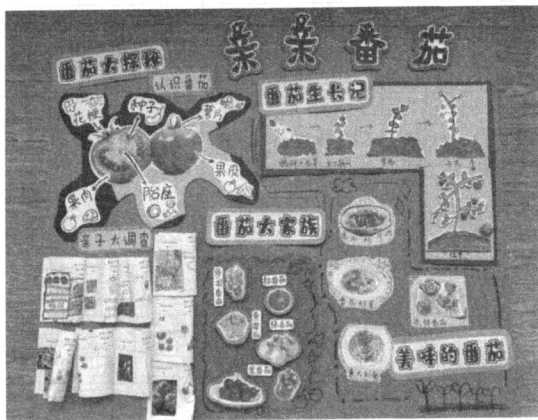

图5.14 种植物"番茄"介绍板块

活动流程

开锄节活动开展安排如表5.20、表5.21所示。

表5.20 开锄节活动前准备内容

活动内容	班级	备注	完成时间
农耕图、悯农欣赏	中一班	美术作品展示 幼儿朗诵表演视频	
种植板块介绍	中二班	板块制作幼儿介绍	4月6～10日
农耕舞学习	中三班	舞蹈展示	
认识开锄工具 了解谷雨与开锄的关系	中四班	主题版块制作	
开锄仪式场地布置	中班段		活动当天早上或前一天晚上

表 5.21　开锄节展示活动安排

序号	时间	具体内容	具体安排
1	4月19日	红舒种水稻	中、大班15名幼儿（车辆安排）
2	4月20日 8：30—8：40	开锄舞开场	中三班挑选12名幼儿表演（校园音箱）
3	4月20日 8：40—8：45	中大班各一名幼儿介绍班级作物	两组幼儿介绍，板块前期班级幼儿集体完成（版块大小：60×45）（中二班、大一班）
4	4月20日 8：45—9：00	领导致辞、授锄、授牌、幼儿鸣鼓	园长（祝福词）、（大二、大三各一名幼儿打鼓）
5	4月20日 9：00—9：10	幼儿开耕	大四班、中三班每班各选四名幼儿耕犁
6	4月20日 9：30—10：00	各班耕种	各班种植园地预设内容
7	4月20日 10：15—11：00	大班每班4名幼儿	红舒园小小稻田插秧

📝 **活动人员安排**

活动人员安排如表 5.22 所示。

表 5.22　开锄节活动人员安排

人员	具体负责	备注
陆老师	总负责	背景板制作、耕种苑牌子制作
每班教师	耕种苑牌子（电子扫描文件）	中大班幼儿设计，小班幼儿口头设计，教师绘画
王老师	主持	主持稿和现场主持
费老师	活动方案制定、信息稿撰写	
胡老师、周老师	舞蹈编排	悯农韵律操、主持词 购买舞蹈衣服（耕种服）

续　表

人员	具体负责	备注
陆老师、费老师	采购	绿色地毯（已有） 背景布：2×4 米 耕犁、鼓、架子
园长	开锄致辞、授锄	祝福词内容
童老师	电子屏幕	活动前电子屏的宣传"乐春耕·喜开锄" 东钱湖镇中心幼儿园开锄节活动
蔡老师	活动宣传、拍摄	活动当天拍摄照片、微信公众号编辑
王老师	媒体宣传	文旅集团跟随拍摄
中班段教师	开锄节过程性板块制作	

"夏日采摘，演绎一夏"采摘节活动

活动背景

夏季，耕种苑种植的蔬果已逐渐成熟，孩子们对充满生机的田野有着太多太多的渴望。渴望通过采摘体验收获的喜悦，感受劳动的快乐；渴望将田园里收获的蔬果制作成一道道美食，品味分享亲手种植、养护的果蔬带来的幸福。感知植物根、茎、叶、果的用途，奇思妙想，巧用自然物进行艺创活动。

活动主题

夏日采摘，演绎一夏

活动目的

1. 能选择与使用工具，学习采摘蔬果的一些基本方法，体验采摘活动的

快乐和劳动的艰辛

2. 能用植物的根、茎、叶、果进行艺术创造，发挥想象力、创造力及动手能力，感知自然物的妙用

3. 相互合作，体验收获与分享的幸福感，萌生亲近大自然的情感

参加对象

全园幼儿

活动时间

2019 年 6 月 25 日

图 5.15　采摘节
节日活动二维码

活动准备及人员安排

1. 活动准备（活动实录见图 5.15）

（1）做好采摘前幼儿前期经验的铺垫工作。

（2）活动海报及关于采摘节的相关板块（见图 5.16）。

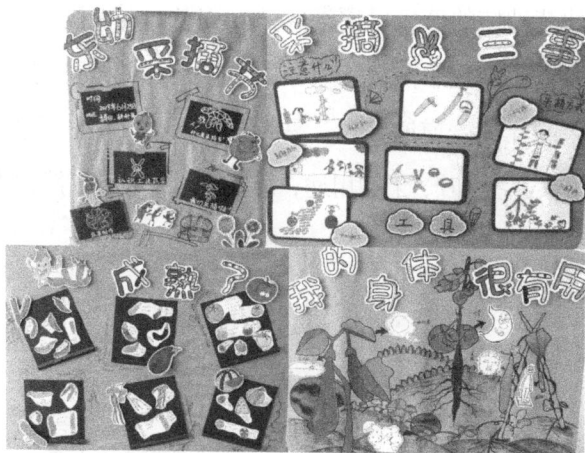

图 5.16　采摘节学习板块

（3）与香草园负责人联系，确定要采摘的农作物种类。

（4）剪刀、小锄头、小铲子等采摘工具若干，篮子、箩筐及草帽若干。

（5）做好中班幼儿外出交通工具的联系及出行工作。

2. 人员安排

（1）方案、信息撰写：周老师。

（2）活动拍照：李老师、童老师、班级教师。

（3）公众号编辑：李老师。

（4）安全负责：蔡老师、陆老师、行政值周教师。

📅 活动安排

活动安排，如表 5.23 所示。

表 5.23 采摘节活动安排

时间	具体内容		具体形式	人员安排
6月12—24日	"夏日采摘"主题教学	什么是采摘节	晨间谈话	中班段教师
		如何辨识蔬果是否成熟	调查表	中班段教师
		认识蔬果（结构、吃哪个部分，其他部分有何用处）	集体教学	中班段教师
		采摘后的蔬果如何处理	晨间谈话	中班段教师
		采摘工具、方式及注意事项	晨间谈话	中班段教师
6月25日 8：30—10：00	采摘活动（桃子、葡萄、豆荚、西瓜、秋葵、青瓜等）		中班16名幼儿以小组采摘的方式去高钱香草园采摘蔬果	章老师负责中班段幼儿采摘，李老师负责拍照，蔡老师、陆老师、周老师随机协助
			大班8名幼儿带领小班8名弟弟妹妹采取以大带小方式采摘蔬果	戴老师负责大班段幼儿采摘，童老师负责拍照

续　表

时间	具体内容	具体形式	人员安排
6月25日 14：40—15：40	蔬果艺创	以手工制作、蔬果拼盘等方式进行艺创活动	中二班、中四班教师负责艺创及拍照
	食物制作	以糖渍、凉拌、榨汁等方式制作美食	中一班、中三班教师负责制作美食及拍照
	品尝分享	美食小达人分送亲手制作的美食	美食小达人送美食，李老师拍照

"田间香悠悠　萌娃庆丰收"秋收节活动

活动背景

秋天就像一把钥匙，打开了丰收的大门。走进耕种苑，绿油油的生菜、鲜嫩嫩的青菜、水灵灵的萝卜映入眼帘……而在农博实践基地，那一株株饱满的稻穗满含着成熟的喜悦，正弯着腰、躬着背、低着头，等待着丰收时刻。

"春种一粒粟，秋收万颗子。"秋末，正值收割晚稻的时期，"香草园"正召唤着幼儿去领略深秋的金黄。"小农夫们"将开启一场"金秋割稻，体验秋收"的劳动之旅。

活动主题

田间香悠悠　萌娃庆丰收

♪ 活动时间

2019 年 11 月 13 日

8R 活动对象

大班幼儿

📋 具体内容

具体内容如表 5.24 所示。

表 5.24 秋收节活动安排

时间	活动名称	具体安排	负责人
11 月 9—20 日	食趣课堂 揭秘水稻	"我和米粒去旅行 1"： 米的来历、多种多样的米、创意米粒画 "我和米粒去旅行 2"： 米的发展、米粒营养多、制作米醋	各班老师
11 月 13 日 8：45—9：45	授镰仪式	王老师给大班幼儿颁发镰头，敲锣开镰	张老师 陆老师
	金秋割稻 体验秋收	大班每班五个小朋友（农服 20 套） 进行收割	各班老师 陆老师
	稻田写生 定格秋景	画稻谷和稻田（画板、记号笔）	各班老师
11 月 13 日 14：30—15：40	稻谷创意 玩转秋趣	食艺馆：制作手环、花环、稻草人等 食味馆：制作米制品	各班老师

备注：

1. 活动当天，杜老师、胡老师、陆老师、李老师开车带小朋友前往香草园

2. 各班老师带好画板、画纸和记号笔

3. 活动当天参与幼儿穿班服和农服

"阿拉逛集市"年味节活动

活动背景

一到腊月年关，大街小巷热闹非凡，年味浓浓。过年的氛围都体现在了琳琅满目的商品、熙熙攘攘的人群中。男男女女高高兴兴逛集市，大呼小叫快乐购物，老老少少不亦乐乎地忙活，手上提的、背上背的，大包小包，满载而归，老幼妇孺喜气洋洋、其乐融融。满街红灯笼、到处报春花，处处洋溢着浓浓的过年味，这就是过年逛集市！

为营造喜庆、文明、和谐的节日氛围，宣扬中华传统习俗，营造地方特色和文化的"年味"，幼儿园开展具有浓郁"年味"文化的新年集市活动（见图 5.17）。小朋友们除了体验制作各种年关用品，还可以根据自己的喜好购买各种"年货"，幼儿在体验家乡浓郁年味的同时，还可以感受到传统文化带来的乐趣。

活动主题

阿拉逛集市

图 5.17　新年集市节日活动二维码

参加对象及形式

全园幼儿（小班：家长带领。中大班：自主结伴）

活动时间

1 月 7 日 13：45—16：00。

前期准备

1. 各食育馆做好售卖物品和体验项目准备

2. 小中大班幼儿收集新年物品进行义卖

3. 幼儿自备零钱包一个，每人20元现金（中班10元硬币、两张5元，大班两张5元、一张10元）

活动流程

活动流程详见表5.25。

表5.25 新年集市活动安排

时间	具体内容	具体安排	
12月30日中午	讨论并确定各馆售卖和体验内容	建构室、彩虹阅读室、科技馆不需要介绍，创意美工室、陶泥坊只需要介绍体验项目	
1月7日13：50—14：15	园长妈妈送新年祝福和新年礼物	王老师（祝福词）、陆老师（准备新年礼物）	
1月7日14：30—15：40	"阿拉逛集市"新年活动（食育馆体验和售卖，新年跳蚤市场）	农博馆	售卖：农作物，蔬菜。体验：收割
		食研馆	售卖：腌萝卜。体验：磨豆浆
		木工坊	售卖：木质工艺品；体验：切割
		编织室	售卖：新年包、新年帽、新年小人。体验：穿线板
		食礼馆	售卖：新年福袋、扎染布。体验：扎染
		食味馆	售卖：刀切馒头。体验：搓圆子
		宝贝厨房	售卖：香蕉酥。体验：新年饼干
		陶泥室（操场：走跑跨跳区）	体验：拉胚，瓷板画
		美工室（操场：走跑跨跳区）	体验：制作福字，鼠年吉祥物
		义卖店1（黄凌峰）操场：绿色草坪	大一班幼儿负责义卖小一、中一、大一收集的物品（贴好价格标签）
		义卖店2（史美君）操场：绿色草坪	大二班负幼儿义卖小二、中二、大二收集的物品（贴好价格标签）
		义卖店3（王佩君）、操场：绿色草坪	大三班幼儿负责义卖小三、中三、大三收集的物品（贴好价格标签）
		义卖店4（薛超燕）操场：绿色草坪	大四班幼儿负责义卖小四、中四、大四收集的物品（贴好价格标签）

✏️ **活动人员安排**

活动人员安排如表 5.26 所示。

表 5.26　新年集市活动安排

人员	具体负责	备注
费老师	活动方案制定、信息稿撰写	
李老师	新年布置、物品采购	大厅布置材料
薛老师姜老师	环境布置总负责、新年集市活动任务卡制作	
园长	新年祝福致辞	祝福词内容
俞老师、李老师	活动电子宣传、拍摄	活动当天拍摄照片、电视台
费老师、李老师	信息编辑	微信公众号编辑
王颖嫣	媒体宣传	
各个食育馆老师及保育员	集市海报制作（60×90cm）食育馆环境布置	1. 1月2—7日进行"阿拉逛集市"义卖售卖体验项目的准备工作，1月3日前完成大厅环境布置 2. 1月6日前完成各个食育馆和班级新年环境的布置 3. 1月6日前完成各个食育馆海报和跳蚤市场海报，6日离园前放置于门厅前展示 4. 活动当天每个馆内进行体验活动（设置等候区，馆外设置售卖点（长桌一张，进行摆台布置） 5. 每个馆安排一名幼儿售卖（前10分钟，后由保育员代替，准备好放钱的盒子） 6. 活动当天班级幼儿、参与家长及教师穿着红色的衣服 7. 幼儿自备零钱包一个，每人20元现金（中班10元硬币、两张5元，大班两张5元、一张10元）
户外操场摊位	薛老师、黄老师、史老师、王老师	1. 活动当天早晨布置 2. 跳蚤市场每个摊位一张桌子（会议室）、一顶帐篷（年味布置） 3. 创意美工室、陶泥坊一顶帐篷、幼儿桌子若干
唐老师、张老师、周老师等	安全负责、帮助引导	现场安全负责、维持秩序、引导幼儿参与活动 北面木屋：张老师、唐老师 操场：周老师、蔡老师 南面木屋：童医生、孙医生

第六章

食之农——走进农耕馆

SHI ZHI NONG——ZOUJIN NONGGENGGUAN

2020年3月，中共中央、国务院印发《关于全面加强新时代大中小学劳动教育的意见》，对不同阶段的劳动教育提出了具体要求。

在各种劳动形式中，农耕劳动的价值无可替代。仓廪实而知礼节，衣食足而知荣辱。农耕劳动将课堂与大自然、生活联系在一起，让孩子将日常生活中的所见所闻付诸实践，手脑并用。大自然是知识的源泉，是孩子探索的乐土，在丰富生动的实际情境中激发孩子的好奇心与探索欲，才能提升孩子的创新意识和能力。

农耕是勤劳勇敢、艰苦奋斗、勤俭节约等美好精神的载体。引导和鼓励孩子们积极参与并体验农耕劳动，弥补孩子特别是城市幼儿园的孩子对农事接触不多、对农耕知之甚少的缺憾。升展农耕劳动体验活动，就是引导孩子们在增长农耕知识的同时，切身感受劳动本身的价值，真正形成尊重劳动、珍惜食物的思想观念，并逐渐继承吃苦耐劳、坚韧不拔、团结协作等优秀品质。

袁隆平曾寄语年轻人："我希望更多青年从事现代农业。现代农业是高科技的农业，不是过去面朝黄土背朝天的农业。希望广大知识青年投身农业研究！"在幼儿园设立耕种苑，并设置专门的"农耕馆"，让孩子参加农耕活动，体验传统农事农作，感受传统农耕文化，体验完整的农耕劳作，认识农耕农具，亲手撒播种子、栽种幼苗……孩子们不仅收获了知识，更切身体会到了"一粥一饭来之不易"。

农耕馆的活动主要是让幼儿在与自然、田园接触的过程中参与体验栽种，在"种—养—收—享"系列活动中了解农作物的生长特点，学会分辨不同种类的蔬果，分享丰收的喜悦，体验劳动的艰辛、食物的来之不易（见图6.1）。在农耕馆活动中，幼儿了解到植物的栽种、养护、采摘等方式及植物的生长规律，感受劳动的艰辛与快乐，同时也能了解自己家乡的农耕文化，提升亲家乡、爱家乡的情感。

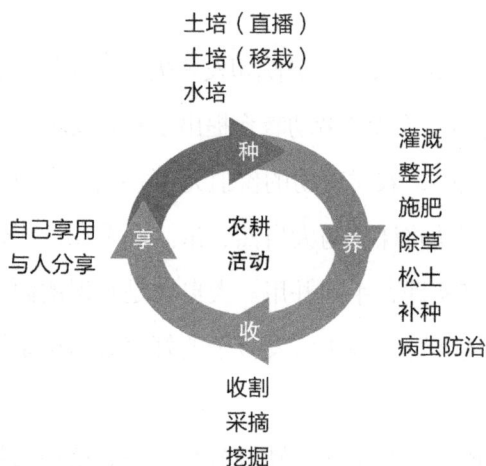

土培（直播）
土培（移栽）
水培

灌溉
整形
施肥
除草
松土
补种
病虫防治

种
养
收
享
农耕
活动

自己享用
与人分享

收割
采摘
挖掘

图 6.1　农耕馆活动模式

　　农耕馆的活动包括日常田间地头的栽种、养护、收割等，更重要的是系统化耕种、养护、收割等内容学习。除了老师进行集体教学，还有专家指导活动。幼儿园邀请专业人士为孩子介绍每种植物的栽种、养护方式，并请专家指导幼儿，引导他们规范化、专业化的行为进行实践操作。

一、农耕馆活动主题与内容

　　花生、大豆、玉米是三种常见的农作物，也是我国农民主要的经济类作物。但是这三种作物的种植、养护与采摘方式各异，生长规律各不相同，如何让孩子们分辨这三种农作物的基本特性，需要教师在活动中进行专门的指导，让孩子在活动前进行有针对性的主题内容学习，他们在实践过程中才能更有针对性地进行观察，进而有更多、更深入的认识。

（一）花生主题

花生是常见的一种食物，但它长在哪里，它的植株是怎样的，它会开花吗，这些都是孩子们需要认知的内容。春天刚好是种植花生的季节，带着种种问题，我们开展了"花生的故事"主题活动，与孩子一起探究花生成长的秘密。

在这个主题中，我们和孩子们一起培育花生，一起开垦播种，一起期待花生幼苗破土而出，一起探讨养护花生的小常识，一起见证花生开花结果……在养护花生的过程中，孩子们观察、比较并记录不同时期花生的生长变化，掌握花生的生长规律；在收获花生的过程中，真切感知花生"落花生"名称的由来。"花生的故事"不只是让孩子们认识花生，掌握花生种植、养护的技能，更为重要的是让幼儿在亲近自然的过程中，萌发热爱大自然、珍惜一切劳动成果的美好情感，同时培养幼儿的劳动意识及提高幼儿观察、探究事物的能力。

🎯 主题目标

1. 认识花生，感知花生的特征及生长过程，理解"落花生"的含义

2. 学习种植、养护花生的方法，能用多种方式记录养护花生的全过程

3. 在种植、养护花生的过程中，形成爱劳动、乐合作、会珍惜、懂感恩的良好品质

⏱ 主题活动

活动一：认识花生

【活动目标】

1. 了解花生的组成结构及生长过程，学习从内向外有序的观察方式

2. 愿意在集体面前大胆表达自己对花生的认知

【活动准备】

1. 每组准备一些花生

2. 花生的生长过程图片（发芽、长大开花、结果）

【活动流程】

1. 导入活动，激发幼儿兴趣

师（出示布袋）：我的袋子里有一样东西，你们来摸摸，看看你们能不能猜出是什么？

（1）个别幼儿上台隔着布袋摸一摸并说出自己的猜测，引导幼儿说出自己的猜测及理由。

（2）教师倒出布袋中的东西证实幼儿的猜测结果。根据幼儿猜测的理由初步印证花生的外部特征，如硬硬的、糙糙的、不光滑，等等。

2. 探索花生，感知花生的特征

（1）观察花生的外部特征。

每桌发放一筐花生，提出观察花生外部特征的要求：看一看花生长得什么模样，摸一摸有什么感觉，闻一闻是什么味道。

师：花生长得什么模样？摸上去有什么感觉？闻起来是什么味道的？

师：花生的外壳是乳白色的，样子像麻花，摸起来硬硬的、糙糙的、不光滑。

（2）观察花生的内部特征。

师：刚才我们看到的、摸到的都是花生外面的样子，那么，花生壳里面的花生米又是什么样子呢？（幼儿猜测）

师：怎样打开花生？（幼儿说出自己的方法）

幼儿剥花生并观察花生米。

师：花生米外面包着一层什么？（幼儿：胞衣）去掉外面的胞衣，里面是什么颜色？

小结。

教师由外向内小结花生的特征。

（3）看图感知花生的生长过程。

师：花生生长在哪里？（幼儿猜想）

教师借助图片向幼儿介绍花生的生长过程，以及根据花生结果实时的特点，告诉幼儿花生又叫"落花生"。

【延伸活动】讨论花生的用途

师：你们知道花生的食用方法吗？你们看到或吃过哪些花生制品？

教师介绍花生的药用价值。如：花生红皮可治疗贫血，胃不好的人常吃花生可以养胃，等等。

活动二：养护花生

【活动目标】

1. 观察花生的生长过程，了解不同时期养护花生的小知识

2. 与同伴一起参与拔草、捉虫、浇水等养护花生的工作，感受劳动的辛苦与快乐

【活动准备】

铲子、喷壶、锄头、铁锹等工具，花生养护图

【活动流程】

1. 谈话引题

小朋友，你们种的花生发芽了吗？怎样照顾花生才能让它快快长大？

2. 了解不同时期花生的养护方法

结合图片教师逐一介绍不同时期花生养护的方法。

（1）种子播种。

3～4月份是花生播种时期。先将没有任何病虫害的花生种子，在清水

里浸泡10小时左右，再将种子播种到深厚疏松的土壤里，土壤上适当浇点水，然后覆盖一层塑料薄膜保持空气的湿润度，并将环境温度控制在23℃左右。

（2）发芽管理。

在花生的生长过程中，种子发芽后的管理十分重要。土壤里的花生种子一般经过7～15天就会生根发芽，要将它放在通风良好、阳光充足处细心养护，并保持土壤湿润。

（3）幼苗期养护。

至5月时花生就会成苗，需要大量的水分。但每次浇水也不宜过量，避免幼苗积水烂根，影响花生幼苗正常生长，可以隔3～5天浇一次水，每隔20天补充一次营养（氮磷钾肥）。

（4）开花期养护。

6～8月时花生就会开花。此时正是夏季，是最炎热的季节，最好用遮阴网给花生防晒，还要每隔1～2天浇一次水，还要定期处理周边杂草。

（5）结果期养护。

花生的果期也在6～8月，此时需格外注意，除了需要及时给它浇水遮阴防晒之外，还要每月喷洒一次杀虫药剂，防止虫害影响花生结果。

（6）成熟期采摘。

等到了8～9月花生就成熟了。这时花生叶株会逐渐衰落，我们就可以采摘成熟的花生了，不过最好避免在阴雨天采摘，不然会降低花生的产量。

（7）小结。

3～4月份是花生播种期，播种后半个月左右，花生就会生根发芽。要让花生幼苗吸收充足的阳光，并保持土壤湿润，至6～8月开花结果时需停止施肥，到8～9月就可以采摘成熟的花生啦。

3. 实践活动

幼儿拿着工具在老师的指导下进行养护活动。

（二）大豆主题

俗话说：春风雨多，有利春播。春天是开锄播种的好季节，也意味着一年劳动的开始。清明是播种移苗、掩瓜点豆的最佳时节，耕种苑也将迎来第一季的开锄播种。

4月正是种植大豆的好时节。大豆易种植、好管理，恰逢孩子们暑假来临之际便可收获，利于孩子们观察、探究其整个生长过程。为此，大豆的探究之旅开始啦！在探究大豆生长奥秘的旅途中，我们带领孩子一起培育大豆苗，感知发芽的大豆比未发芽的大豆生长快；一起播种、养护，在照顾、管理中观察并记录大豆发芽、生长、开花、结果的全过程；在亲身实践中，感悟耕种的辛苦、劳动的快乐；在采摘、分享、品尝中，体验收获的喜悦，学会珍惜食物。一系列的农耕活动，不仅能让幼儿融入自然，亲近泥土，萌发热爱大自然的情感，还能让幼儿对生命科学有初步的认识。

主题目标

1. 了解大豆的生长过程，感知农作物生长与节气的关系

2. 学习种植、养护大豆的方式，感知其外形特征、习性及生长周期

3. 能用多种方式表达、记录观察、探究大豆的生长过程

4. 在种植、养护大豆的过程中，形成爱劳动、乐合作、会珍惜、懂感恩的良好品质

主题活动

活动一：认识大豆

【活动目标】

1. 能运用多种感官感知大豆的特征，能用完整语言讲述观察的结果

2. 学会由外及内地观察事物，对生活中常见蔬菜产生兴趣

3. 初步了解大豆的生长过程，引起幼儿探究大豆生长秘密的兴趣

【活动准备】

大豆植株图片、大豆生长过程图、大豆若干

【活动流程】

1. 观察大豆

（1）出示大豆，提出观察要求。

师：看一看，豆荚长得怎么样；摸一摸，豆荚上面有什么；剥一剥，豆荚里面藏着什么。

（2）幼儿分组自主观察大豆。

（3）提问。

师：你们看到的毛豆是什么样子的？你们发现了什么？

（4）小结。

师：大豆豆荚外面有毛，所以又叫毛豆。豆荚大小不一，里面的豆豆数量也不一样，有三粒的、二粒的，也有一粒的；豆豆是绿色的，形状是圆圆的。

2. 观察大豆植株

（1）出示大豆植株图。

师：大豆长在哪里？

（2）观察大豆。

师：植株是独立生长还是有许多分支，它的叶子长得怎样。一颗植株上长了多少豆荚?

（3）小结。

师：一棵大豆植株有许多分支，分支上长着许多豆荚，有的是一颗，有的是几颗长在一起，植株的叶子形状是圆形。

3. 了解大豆生长过程

（1）出示大豆生长图，引导幼儿观察并提问。

师：大豆从一颗种子到长大结果要经历几个过程?

（2）请小朋友用动作演一演大豆从一颗埋在泥土里的种子到发芽、在阳光下长大、开花、结果的成长过程。

（3）教师介绍大豆生长环境。

师：种植大豆时气温不能过低，否则会影响其生长，最适宜的气温是10℃～25℃；它的生长周期较长，种下 70～80 天才能收获；播种季节有两次，春天和秋天。种下后不用天天浇水施肥，等到开花时施点肥，平时只要除除杂草就可以了。

活动二：种植大豆

【活动目标】

1. 认识大豆的种子，知道大豆的播种方法

2. 会正确使用一些简单的工具，如铲子、喷壶等

3. 播种大豆，感受劳动的快乐

【活动准备】

1. 收集大豆种子

2. 铲子、喷壶、锄头、铁锨等工具

3. 事先翻晒好的一块种植园地

【活动流程】

1. 观察大豆种子

（1）出示大豆种子。

师：豆宝宝是什么形状的？

（2）引导幼儿挑选颗粒饱满的种子备用。

师：什么样的种子才是好种子？

（3）介绍大豆的生长环境。

师：大豆宝宝适合在什么季节播种？

2. 师幼共同整理园地

（1）请幼儿观察种植园地的泥土。

师：这块地适合播种吗？为什么？

（2）引导幼儿认识并挑选铲子、锄头等工具。

师：播种前先要干什么？用什么工具翻地？

（3）幼儿交流讨论铲子、锄头的使用方法。

师：你们会用铲子、锄头翻地吗？

（4）演示铲子、锄头翻地的使用技能，并领着幼儿一起翻地。

3. 种大豆

（1）幼儿讨论。

师：整好地块后，小朋友们，你们知道播种时还要做哪些事吗？

（2）分组指导幼儿播种：挖坑、播种、填土、浇水（用铲子或锄头挖一个深浅合适的坑，每个坑放 2 ～ 3 颗豆种，盖上土，浇水）。提醒幼儿操作时正确使用铲子，注意安全。

（3）指导幼儿做好种植日期和种植人等记录。

（4）种植后谈话。

师：大豆宝宝已经躲在小坑里了，我们要经常到种植园地照顾大豆宝宝，看看它们什么时候发芽，是怎样长大的，并把它们的生长过程用自己喜欢的方式记录下来。

活动三：采摘毛豆

【活动目标】

1. 能区分成熟和不成熟的大豆，学习用摘、剪的方法采摘毛豆

2. 体验丰收的喜悦和劳动的辛苦，懂得劳动果实来之不易，珍惜粮食

【活动准备】

剪刀、篮子、手套，高压锅、盐，碗、筷子若干

【活动流程】

1. 区分大豆的成熟度

采摘前的提示：如何区分成熟和不成熟的大豆。

（1）带领幼儿来到种植园地，观察植株上的豆荚。

（2）分辨哪些是已经成熟可以采摘的豆荚，并说明判断理由。

（3）小结。

师：成熟的豆荚摸起来鼓鼓的，豆子很饱满，可以把它从植株上摘下来，煮着吃；那些个头小、扁扁的豆荚还没成熟，不能采摘。

2. 采摘的方法

（1）摘大豆。

师幼一起将成熟的整株大豆连根拔起。幼儿们一手拿植株，一手拿着豆荚，把豆荚从植株上摘下来，放入篮子，看谁摘的豆荚多。

（2）剪大豆荚。

指导幼儿用手搓的方法把豆荚冲洗干净，讲解豆荚的修剪方法：用剪刀将大豆两头尖尖的角修剪平整。提醒孩子多修剪一点，但注意不要剪到豆子，让大豆煮起来更入味。

3. 品尝毛豆

（1）教师煮大豆。

（2）大家一起品尝大豆。

（3）说说大豆的味道和营养。

（三）玉米主题

春天是万物复苏的季节。此时大地回暖，土壤解冻，农民开始忙着做春耕的准备，沉默了一冬的耕种苑也将迎来第一季的农耕。清明时节正是播种春季农作物的好节气，也是孩子们亲近自然、体验农耕、了解农作物生长规律、感知节气与农作物生长关系的好时机。

玉米作为一种粗粮，是餐桌上常见的副食，是孩子们熟悉并喜欢吃的食物，但是孩子们对玉米的认知往往只停留在外观及口味方面。"玉米的故事"这个主题将带领孩子们走进田园，参与玉米的种植，观察玉米的外形特征、习性与生存环境的适应关系，感知植物生长的整个过程。开展主题活动过程中，我们将围绕"种—养—收—享"这一条线，激发幼儿对玉米生长过程的探究欲望，培养幼儿观察、探究玉米生长秘密的能力。活动中，幼儿通过说一说、画一画、记一记等方式表达观察、探究的过程。同时，在种植、养护玉米的过程中，培养幼儿劳动意识，引导其体验劳动的艰辛与不易；在品尝、分享劳动果实中，引导其感受劳动的快乐与成就感。

主题目标

1. 了解玉米的生长过程，感知农作物生长与节气的关系

2. 学习种植、养护玉米的方式，感知其外形特征、习性及生长环境，能用多种方式记录观察探究玉米生长的全过程

3. 在种植、养护玉米的过程中，形成爱劳动、乐合作、会珍惜、懂感恩的良好品质

主题活动

活动一：认识玉米

【活动目标】

1. 通过看、摸、剥、比较等方法认识不同品种的玉米

2. 学习有序观察的方法，能用语言表述玉米的基本特征，了解玉米的用途

3. 知道玉米是粗粮，对身体有益，愿意吃玉米

【活动准备】

带苞叶的甜玉米和糯玉米、玉米图片

【活动流程】

1. 猜谜引导，激发兴趣

师：小朋友们，今天老师带来了一则谜语，请你们猜一猜是什么：有个老头子，头顶长胡子，脱下绿袍子，满身是珠子。

师：小朋友们都很聪明，猜出谜底是玉米。那你们喜欢吃玉米吗？玉米长得怎么样？今天，我们来认识一下玉米吧！

2. 认识玉米，感知玉米特征

（1）观察玉米。

幼儿人手一根玉米，摸、看、剥，观察玉米的特征。（由外向内观察玉米）

（2）提问。

师：玉米是什么样子的？最上面的是什么？（玉米须）像什么？（胡子）玉米外面包着的是什么？（苞叶）长得怎么样？（一层层）剥开苞叶，

里面有什么？（玉米籽）玉米籽像什么？是怎样排列的？（整整齐齐排列着，就像牙齿）

（3）认识不同品种的玉米。

师：看看，你们手中的玉米籽有哪些颜色？（黄、白、紫、黄中带红）为什么不同？你们知道有哪些品种的玉米吗？（引导幼儿认识甜玉米和糯玉米）

（4）小结。

师：玉米外面长着苞叶，一层层的，像笋皮，顶部长着玉米须，就像老爷爷的胡子。剥开苞叶，玉米的里面长着玉米籽，有黄色的，有紫色的，整整齐齐排列着，就像我们的牙齿。

3. 了解玉米的营养及作用

师：玉米是蔬菜吗？它的吃法有哪些？玉米有什么营养价值？吃玉米对身体有什么益处？玉米浑身都是宝，除了玉米粒可以吃，玉米须、苞叶等有什么用处？（幼儿自由交流）

（1）出示图片介绍玉米的其他用途。

师：玉米粒主要供食用和饲料，可用来烧煮、磨粉或制膨化食品，还可用来制酒精、啤酒。玉米淀粉可制成糖果、糕点、面包、果酱及饮料。苞叶可以编制手工艺品等。

（2）以儿歌形式小结玉米的形状及价值。

小玉米，金黄黄，粒粒种子排成行；

维生素与核黄素，开脾健胃身体棒；

玉米龙须也是宝，纤维蛋白加多糖；

强壮身体营养好，主食里面它最佳。

活动二：养护玉米

【活动目标】

1. 观察玉米的生长过程，学习防虫害、浇水、间苗、中耕等养护玉米的小知识

2. 合作参与拔草、捉虫、浇水等养护玉米的工作，感受劳动的辛苦与收获的不易

【活动准备】

铲子、喷壶、锄头、铁锨等工具、玉米养护图片或PPT

【活动流程】

1. 谈话引题

师：我们学习了花生和大豆的养护方法，你们觉得每种植物的养护方法是一样的吗？（幼儿相互交流）

师小结：每种植物的养护方法有所不同，有的喜欢水，有的不喜欢水，有的植物容易长虫子，有的却不招虫子……

2. 了解玉米的养护方法

师：我们应该怎样养护玉米，让它结出更多的玉米棒？（结合图片或PPT介绍幼苗期玉米养护知识）

（1）防止病害。

想要结出更多的玉米棒，提高玉米的产量，幼苗期的养护很重要。因为在这个时间段，玉米生长得特别快，所以一定要防止病害。

（2）间苗。

这是必须要做的一项工作，另外如果有缺苗的地方一定要及时补苗。

（3）中耕。

在玉米生长的幼苗期，就要对土地进行中耕。这样就可以让土层特别松软，

有利于玉米根部的正常生长，可以保证泥土里面的营养（肥力）均匀。

（4）浇水。

天气炎热时，及时浇水也特别重要。但是高温浇水，土地很容易形成板结，还有可能出现裂痕，严重影响玉米的生长。因此，要避免在高温时浇水。

师：玉米的抵抗力强，和其他的农作物相比，只要正确种植，产量肯定不会低。

3. 实践活动

幼儿在老师的指导下观察玉米，进行拔草、浇水、除虫害等养护玉米的劳作。

二、农耕馆活动观察与指导

农耕馆的活动更注重孩子们日常在耕种苑的实际操作，在活动中以孩子们的自主探索、亲身劳作为主要形式。在这一过程中，教师需要多关注孩子们在实践活动中的劳动兴趣和对劳动技能的掌握。对活动中突发的各种状况，教师需要及时进行记录反思，为后期活动提供参考和改进的依据（见表6.1、表6.2）。

表 6.1　幼儿园功能室观察情况

功能室名 称	农耕馆	观察对象	晨晨、宇宇、赫赫等	观察时间	3 月 25 日	观察教师	周老师

观察实录

今天农耕馆的劳作内容之一是拔草。只见小朋友们三五成群蹲在玉米地里拔草，没一会儿，晨晨就趁老师不注意，开溜跑到小山坡处玩起了滑梯，而宇宇、赫赫则东荡荡、西晃晃，一副无所事事的样子，再看其他小朋友，有的东拔一下，西拔一下，不时走动着换地儿拔；有的则聚在一起找小昆虫，只有个别孩子跟着老师在认真拔草

游戏照片

发现问题
（兴趣、材料、内容、能力等方面）

1. 拔草的积极性不高，被动接受任务
2. 拔草时毫无目的性，东拔拔、西拔拔
3. 对农田里的昆虫表现出浓厚的兴趣

分析与调整

　　从孩子们在拔草活动中的种种表现来看，他们的劳动意识比较薄弱，容易受其他事物的干扰，比如小昆虫。对于每天有 3～4 个成人围着为其服务的孩子们来说，他们鲜少主动参与劳动。加之活动前老师只是交代了拔草的任务，没有明确在哪个地块拔，拔到什么程度才算完成任务。因此，孩子们才会在拔草时毫无目的性，比较随意。

　　针对此种现象，在下次劳作时，以小组形式分地块拔草，并指派一位能力强又爱劳动的孩子当小组长，带领小组成员拔光自己组负责地块的杂草，增强目的性。另外，采取小组竞赛的方式开展拔草比赛，比一比，哪一组拔的草又多又快，为获胜小组成员颁发"劳动小能手"奖章，以此调动幼儿劳动积极性。同时，针对幼儿探究昆虫的兴趣，在劳动结束后，给予幼儿寻找昆虫、探究昆虫的机会，满足幼儿的好奇心及探究欲

表 6.2　幼儿园功能室观察情况

功能室名称	农耕馆	观察对象	凡凡、赫赫	观察时间	2021 年 4 月 15 日	观察教师	胡老师

观察实录	这是孩子们的第一次施肥活动。凡凡和赫赫组队一起施肥，凡凡负责挖一个小洞，赫赫负责放肥料。第一次，凡凡等赫赫拿来了肥料才开始挖洞，但是赫赫拿来的肥料太少了，只够一个洞，然后赫赫又走过去拿肥料。来回两三次以后，他们发现这样的速度太慢了，就商量可以多拿一点肥料。于是，赫赫这次往手上多放了几粒。就这样，他们配合得越来越好，从农田的这一边一直施肥到了那一边，成为施肥最快的小组
游戏照片	
发现问题 （兴趣、材料、内容、能力等方面）	凡凡和赫赫都是能力比较好的幼儿，这次的合作施肥总体来说比较成功。但是，一开始也存在一些问题。首先分工明确是非常好的，不像有些孩子又想挖洞又想施肥。其次，两个人如何高效配合是这次活动的关键。但这也难不倒他们，三次以后，他们就发现了这个问题，并且一起商量，决定每次多拿一点肥料，而且是在前一次的基础之上每次多加几粒，不是一下子抓一大把。可见他们也是有自己的思考在行动里面的
分析与调整	对于孩子来说施肥存在一定的危险，以前孩子们只有看着大人施肥的经验而没有自己施肥的经历。在活动开始之前，教师讲了许多安全事项，例如每次只能抓几粒，千万不能掉在地上，拿肥料需要戴手套等等。凡凡和赫赫牢牢记住了老师的话，但这也成为限制他们高效施肥的因素。还好，两人的问题解决能力较好，能够一起合作分工，并且一同商量出了好办法，拿的时候也量力而行。这次施肥活动结束后，教师对全体幼儿进行了详细的再次教育，特别针对他们两个人的表现进行了详细分析，让孩子们明白老师的限制是为了安全，而不是完全不可打破的，只要做到不掉在地上，都是可以多拿一些的

三、农耕馆课程故事分享

班本课程一：萝卜课程的一咏三叹

在课改的大背景下，出现了以班级为单位的课程实施形式，也就是班本课程。以往我听过的一些平铺直叙的课程故事，就像语文老师常说的作文写得像流水账。我在听完别人的课程故事分享后，常在思考收获了什么。当我要撰写课程故事的时候，我想将我的思考、孩子们的思考展示出来。班本课程需要教师的细心分析、精心预设、巧心利用、用心调整、耐心反思，在这个过程中我们会收获小确幸、小美好。

如果把田园课程故事比作一首委婉曲折的诗，那在这首萝卜课程（见图6.2）中的一波三折、一咏三叹一定是最值得我们品味的美妙时刻。下面，我就以"一咏"和"三叹"来具体展开。

1. 一咏：课程总体介绍

以"种—养—收—享"为课程行进线索，以田园劳作、田园探究、田园艺创、田园故事四大形式展开探究之旅。

（1）田园劳作之"种"：种什么。

在前期调查的基础上形成调查表，并进行民主投票（见图6.3），将萝卜作为本次的种植内容。

图 6.2 萝卜课程的思维导图

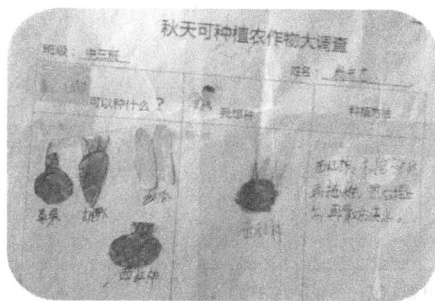

图6.3　幼儿调查表与民主投票

那么，怎么种呢？我们一起学习了种植方法。

（2）田园探究之"养"：确立养护内容。

植物成长需要什么呢？我们阅读绘本《动植物生长需要什么》，制定了养护手册，将除草、浇水、除虫等作为养护内容（见图6.4），并随时记录自己的观察发现。

除草（a）

挖洞（b）

点播（c）

掩埋（d）

浇水（e）

图6.4　养护内容（a）（b）（c）（d）（e）

难题一：除草

皮亚杰认为，认知的发展就是已有经验与新知识之间的相互冲突、组合、替换、平衡、重构的过程。在现实中，很多教师都会遇到这样一个问题：明明知道孩子们这样做是错的，可是我们却毫无办法。这和皮亚杰的理论是共通的，错误是否具有价值，就要看教师能否进行有效引导，让错误引起幼儿的思维冲突，进而捕捉矛盾点，从而更新已有认知结构。在萝卜课程的初期，幼儿了解养护萝卜的要点，知道要定期浇水、除草。就是看似简单的除草其实也蕴含玄机。

除草的方法：孩子们拔草的时候只是把叶子拔除，可是根仍然留在泥土中。这样的除草方式是错误的，如何让孩子们了解正确的除草方式呢？我的思考是：孩子们不会拔是因为不知道植物生长的原理，不知道根对植物的重要性，认为把露在外面的叶子拔掉就可以了。所以，我们从了解一株植物着手，借助绘本《一粒小种子的成长》，认识根茎叶、花果实种子（详见图 6.5）。"哇，那要把根拔掉才可以。"孩子们在理解后恍然大悟，原来除草要除去根，而不是叶子。可是我们的手拔不出来根，这时候就可以用到我们的传统农耕工具——锄头。在了解了安全使用须知后，孩子们拎着篮筐，收获了满满一筐杂草。让人惊喜的是孩子们还对浇水有了新的认识。原本他们认为是叶子在喝水，所以总是将水浇到叶子上，这次对植物有了深入了解后，才恍然大悟，原来根才是"小嘴巴"，纷纷发出了"以后浇水要往泥土里浇"的感叹。

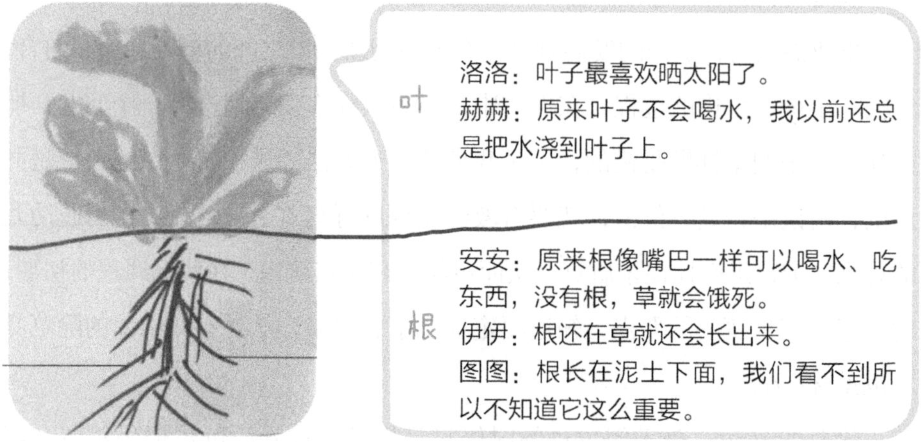

洛洛：叶子最喜欢晒太阳了。
赫赫：原来叶子不会喝水，我以前还总是把水浇到叶子上。

安安：原来根像嘴巴一样可以喝水、吃东西，没有根，草就会饿死。
伊伊：根还在草就还会长出来。
图图：根长在泥土下面，我们看不到所以不知道它这么重要。

图 6.5　植株作用分解（幼儿理解内容）

教师需要抓住每一次错误，以正面的态度看待错误，将错误当作引导幼儿学习的好时机。卡普尔提出的有效失败就是教师需要特别重视的一个学习事件类型，意味着利用失败作为后续教学的准备。教师需要转变观念，再多的无效成功也是没有意义的，不要把正确作为唯一目标。知是行之始，茫然无知难免犯错，而纠正错误就是重建与进化知识结构，教师强行灌输的知识和幼儿主动学习的知识是有本质区别的。教师会观察到许多现象，最重要的是如何将观察到的现象经过思考后转化为隐形的指导，为幼儿提供自我纠错、自发学习的机会，将主动权还给孩子。

难题二：浇水

关于浇水孩子们有自己的疑问。每天都要浇水吗？土地干涸要浇水，湿土地就不用。可是有些地方浇不到，怎么办？原来要用一种叫作抛洒式的方式来浇水。那要注意什么呢？要注意力度，不要洒到小朋友身上。

难题三：捉虫

有一天，小朋友们发现叶子上有洞洞。原来是小虫子在吃萝卜叶，这可怎么办呢？这些都是什么虫子呢？"我们要把害虫都赶走。"孩子们在田地里用各种工具捕捉虫子，并且进行了详细地记录（见图 6.6）。

图 6.6　捉虫实况与记录

（3）田园探究之"收"：丰收啦。

蒙台梭利认为，教师应该创设"有准备的环境"。但是，教师习惯从教育经验出发进行思考，容易将成人思维强加于幼儿行为，往往脱离幼儿的真实情境，让自身的观察陷入被动。事实上，幼儿的想法、行为、情感表现等都具有儿童特征。教师在观察幼儿时，应该借由幼儿的视角来了解他们的身心意识，透过幼儿行为正确地解读他们的想法。

例如，在收获萝卜的过程中，教师追随孩子的脚步，和孩子一起走出经验的牢笼，形成真正的成长型思维。

有一天散步时，小舒发现有些萝卜露出来了。"好大呀！白白的，还有一点红红的。"种下的第一批白萝卜丰收啦！孩子们迫不及待地将萝卜拔了出来。可是嘎哒一声，萝卜断了，为什么呢？我们应该怎么拔萝卜呢？印象中拔萝卜不就是拉着叶子往外拔吗？难道这样不对？

难题四：怎么收

回到教室，我们开始了讨论，并且进行了模拟。如果两个人分别朝两个方向拉一个东西，这个东西就会断。那么萝卜下面有什么在拉它呢？原来是泥土。是不是要把泥土先拨开呢？心动不如行动，去试一试吧！在多次尝试以后，孩子们有了自己的经验。

> **双双说：原来我们的萝卜也被泥土紧紧拉着呀！**

在尝试之后，一个个大萝卜被顺利拔了出来，孩子们有了自己的经验。这就是幼儿思维的进阶过程（见图 6.7）。

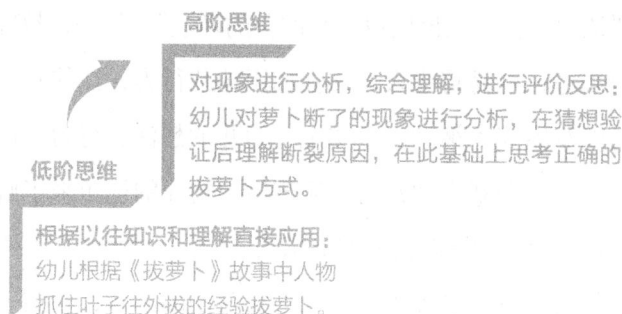

高阶思维

对现象进行分析，综合理解，进行评价反思：幼儿对萝卜断了的现象进行分析，在猜想验证后理解断裂原因，在此基础上思考正确的拔萝卜方式。

低阶思维

根据以往知识和理解直接应用：幼儿根据《拔萝卜》故事中人物抓住叶子往外拔的经验拔萝卜。

图 6.7　幼儿思维进阶过程

这很好地展示了认知模式的形成过程，知识就是在一次次的否定—形成—再否定—再形成的过程中逐渐接近真理。思维的进阶亦是如此，幼儿的思维由低阶向高阶转变，不只是对知识进行简单应用，而是要对其进行分析判断，结合真实情景进行综合理解后行动。

（4）田园探究之"享"：怎么吃。

萝卜美食：孩子们争先恐后地品尝着原汁原味的萝卜美食。

萝卜艺创：孩子们用萝卜及辅助材料制作小蛇、鼠小弟、刺猬等动物模型。

萝卜故事：孩子们以绘画、讲述等形式表达种萝卜、养萝卜、拔萝卜等田园故事（见图6.8）。

图 6.8　幼儿田园故事画

2. 二叹：孩子的困惑感叹

在进行萝卜课程的过程中，孩子们还有许多感叹和疑惑。我们一起来看一看孩子们是怎么解决的。

一叹：为什么萝卜长不大呀

孩子是天生的科学家，永远对世界充满了疑问。因此，教师需要珍惜孩子每一次的自发提问，不仅要听到，更要用心"看"到他们的疑惑。将问题作为进一步活动的生发动力，让活动成为探索问题成因及解决方式的过程，真正促进幼儿知识的增长和应用。

在漫长的养护过程中，孩子们从一开始的"萝卜长大了吗"的期待慢慢变成了"萝卜怎么还没长大！为什么萝卜长不大呀"的困惑。我们带着问题一起进行了讨论和探索。幼儿根据自己的已有经验进行了大胆猜想：是不是萝卜没吃饭，没有营养了？是不是我们忘记浇水了？可能杂草太多了，把萝卜的营养吸走了？

孩子们的猜想五花八门，但他们的想法是对的。萝卜和人一样需要营养，没有营养，吃不饱，就长不大，所以我们要给它们施肥，还要经常除草，防止杂草和萝卜抢营养。

这是"萝卜长不大"疑问的幼儿行动记录表（见表6.3），我们首先将猜想一一记录，并且通过实地考察、咨询专家等方式进行验证，最后形成《萝卜养护手册》，用施肥、移植的方法来解决萝卜长不大的问题。

表6.3　"萝卜长不大"疑问的幼儿行动记录

遇到的困难	萝卜为什么长不大了？
猜想征集	1. 杂草太多了；　　　　　2. 萝卜种得太近了； 3. 没有营养，没有施肥；　4. 萝卜生病了。
幼儿反馈	
验证方式	1. 实地考察：长了很多杂草，没有施肥，萝卜种得很近。 2. 咨询专家：萝卜没有生病。
实际解决	制定《萝卜养护手册》：每星期一、三、五除草；邀请门卫伯伯帮助我们为萝卜施肥；移植萝卜，扩大间距。

可是，当幼儿收获萝卜时，拔出来的萝卜有的大，有的还是很小，很多都是三四个连在一起的。于是我和孩子们再一次进行了讨论和反思，最后找到了原因。原来是孩子们在播种时往一个坑里撒了太多种子，导致后期萝卜的生长空间不足。正确的撒种子方式是一个坑里撒一两颗。

每一个问题的出现都是幼儿进行深度学习的好时机。让问题成为有效问题，产生正面的教育意义。有问题不可怕，可怕的是不敢正视问题。教师需要观察、了解幼儿问题产生的原因及难题无法突破的根源才能对症下药，抓住问题的关键，支持幼儿借助问题的解决推动学习的不断深化，从而实现深度学习。

二叹：这都是什么萝卜？

首先将完整的萝卜植株拔出来进行观察比较，然后利用双气泡图（见图6.9）将萝卜两两比较，从叶子形状、外皮颜色、内里颜色、口感等方面将思维予以可视化呈现。

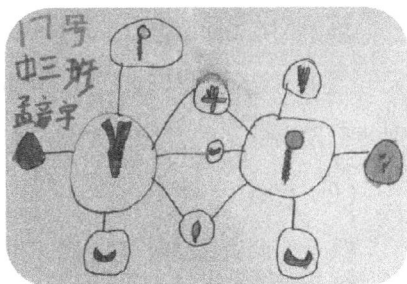

图6.9　萝卜比较气泡

三叹：这么多萝卜吃不完怎么办呀！

幼儿介绍萝卜的储存方式（见图6.10），然后投票选出三种进行尝试。

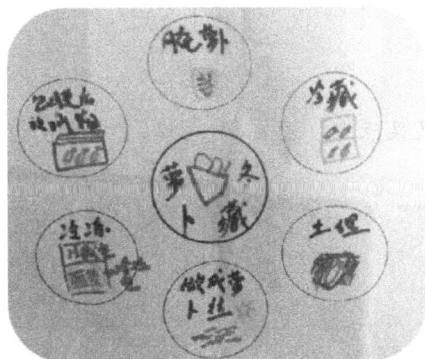

图6.10　萝卜储藏方式幼儿记录

（1）风干。

第一次失败，分析原因

> 妍妍：一定是太阳不够大，萝卜还是湿的。
>
> 思思：我吃过的水果干都是薄薄的，我们的萝卜太厚了。
>
> 迪迪：奶奶把鱼挂起来可以晒得很干，我们把萝卜挂起来晒更合适。

第二次成功，分享过程

孩子们自己进行反思，吸取经验，然后进行了第二次尝试。首先，查看天气预报，选了连续晴天的一个星期。然后，切水果的小朋友把萝卜切得特别薄，用串珠子的方式把萝卜串起来挂在阳台上晾晒。

（2）窖藏。

孩子们调查设计了流程图（见图6.11）。

> 双双说：萝卜藏在泥土下面看不到，小朋友们会不会把它踩坏？

那该怎么办呢？立一个牌子，画上什么？

> 安安：打个叉叉点点，还要画一个人。赫赫：也可以画一只脚。

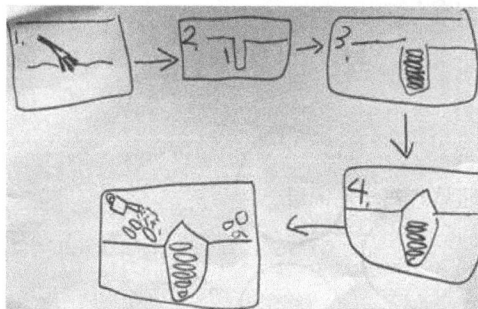

图 6.11　窖藏活动流程与实况

（3）腌制。

这是孩子们呼声最高的一种储藏方式，腌制萝卜的过程中充满了孩子们的欢声笑语。

> 安安：我最爱吃奶奶做的腌萝卜了，爸爸妈妈也很喜欢吃。

赫赫：我外婆还会做臭冬瓜，可是我不喜欢，臭臭的，腌萝卜不会也是臭的吧！

双双：我还吃过酱黄瓜，可是它长得和黄瓜一点儿也不像，腌萝卜也会变样吗？

孩子们纷纷表达自己对腌制的看法，想要腌萝卜的渴望和自己的疑惑。教师通过谈话、讨论、调查等多种方式，了解幼儿的已有经验，进而挖掘分析关键经验与其中蕴含的教育价值（见表6.4）。

表6.4 幼儿讨论内容的价值分析

讨论内容	关键经验提取	教育价值分析
腌萝卜需要准备的东西	了解腌制需要准备的物品，例如必备的盐、糖、醋、罐子等	提前准备好所需物品，对腌制有一个前期的了解
腌萝卜的步骤	通过视频、绘本等方式了解腌萝卜的步骤、做法、时间等	幼儿积累经验学习腌制方法，为后续具头的操作奠定基础
还有什么也可以腌制？	从腌萝卜进行延伸，了解生活中的腌制品	链接生活经验，回忆见过、吃过的腌制品，还可以通过家园合作调查、走访等方式了解腌制品

在制作腌萝卜的过程中，许多事情孩子们都是第一次接触，引起了他们深层的探究兴趣。在这一过程中，孩子们不断提出各种问题，进而生发出新的探索内容（见表6.5）。

表6.5 幼儿问题的价值分析

幼儿提出的问题	生发的内容	价值分析
问题一：放多少盐	利用量杯、电子秤等工具测量盐的克数	初步学习科学的测量方式
问题二：腌制多久	小组观察记录萝卜每天的变化	学会简单的记录方式，能够进行前后对比
问题三：怎么密封	了解中华传统的"水封"方式	了解传统的密封方式，感受古人的智慧

孩子们的想法总是能够冲破成人的思维定式。我们用同样的配方、测量

工具调出来的味道都是一样的，那么在无形中教师又变成了"主人"，这样的课程缺少了孩子的味道，忽略了孩子的感受。改变课程观不是要教师全然放手，而是退一步，等一下，多看多听，给幼儿自主发展，表达自我的机会。在时间的作用下，他们会变成什么味道？我们静静等待……

在最后放调料环节中，第五腌制组内发生了这样的对话：

> 盂盂：等一下，还要放一点盐。
>
> 双双：一点是多少呢？是一勺吗？
>
> 心心：我喜欢咸一点，我要放两勺。
>
> 洛洛：那我要少放点盐，我想吃有点甜的萝卜，可以放糖吗？
>
> 老师：其实每个人的"一点"都不一样，我们可以根据自己的口味来添加。

3. 反思与小结

（1）善于观察细节。

教师需要善于观察幼儿的兴趣点、探究难点、思维亮点。

（2）不要害怕错误。

孩子是在试误中不断成长的，失败不可怕，请允许孩子失败，在失败中吸取经验才是最重要的。

（3）促进深度学习。

将探究内容深入下去，而不是浮于表面；促进幼儿的深度学习，课程才有价值。班本课程的意义也在于此。

（4）不断质疑、创新。

教师和孩子都要学会反思，教师反思如何引导孩子探究、如何支持孩子的探究，而孩子要学会反思自己失败的原因。

总之，田园班本课程的尝试突破了以往"重结果轻过程""重形式轻反思""重成功轻失败"的教育现象，逐步形成以发展性眼光观察，以成长型思维对待幼儿学习行为的绿色教育理念。我们借助大自然这个活教材，通过萝卜班本课程的实践，用有心的眼睛、有爱的耳朵、有思的头脑充分"观察"，从而促进幼儿在不断的体验、实践、试误、分析、反思中深度学习，活力成长。

班本课程二："玉"见你，真"米"人

1. 课程源起

春天是万物复苏、生长的季节，耕种苑又迎来了"小农夫"。面对荒草丛生的"风车园"，孩子们开启了一场关于春天种什么的讨论。典典说："种萝卜吧，上次我们种的萝卜太小了，这次种大一点。"安安说："不对，不对，萝卜是秋天种的，现在是春天，应该种春天的蔬果。"……春天到底适合种什么呢？经过一番讨论与调查后，孩子们决定种玉米。

从幼儿角度来说，孩子们亲历过养护萝卜的全过程，已积累了一些关于农作物种植养护等方面的经验；另外，在种萝卜的过程中，我们发现孩子们对田园里的一切事物充满了探究的欲望。

从教师层面来讲，首先我们的老师有过多年参与、指导幼儿种植养护蔬果的经历；其次已有过一次田园课程的实践，课程框架已初具雏形。我们希望通过第二次的探究，进一步完善我们的课程内容。

从课程价值来说，田园课程不光涵盖健康、语言、社会、科学、艺术五大领域的内容，还包含劳动、感恩等优良品质的养成教育。

从课程资源来讲，幼儿的祖辈有着丰富的农作物种植经验，可以为我们的田园课程提供指导和帮助。另外，幼儿园耕种苑有一大块可供幼儿实践课程的农田。

2. 课程总体介绍

将"亲自然、爱劳动、乐探究、善表达、会创美"作为我们田园课程目标，并根据五大目标在原有基础上重构课程内容、课程脉络如图 6.12 所示。在课程实施中，围绕"种—养—收—享"，以田园劳作、田园探究、田园艺创、田园故事四大形式展开玉米探究之旅。

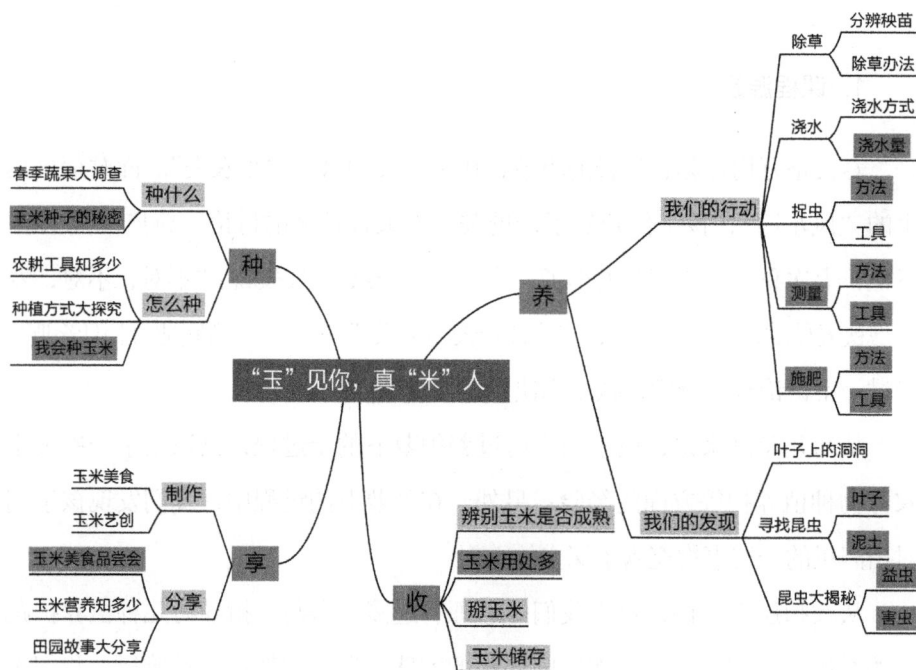

图 6.12 "'玉'见你，真'米'人"主题脉络

3. 课程探究之旅

（1）田园劳作之"种"。

在确定种玉米后，孩子们围绕玉米品种进行讨论：

> 涵涵说：我吃过黄玉米、紫色玉米，有的吃起来有点硬，有的吃起来有点软。
>
> 颖颖说：我吃过有点白的玉米，还吃过黄色、紫色的彩色玉米，很漂亮。
>
> 孟孟说：我知道有一种可以放在汤里的玉米，吃起来脆脆的。妈妈说，那是水果玉米，很好吃，甜甜的。

从上述孩子们的话语中不难看出，幼儿对玉米有一定的认知，但对玉米的品种不甚了解。于是我们通过课堂认知让幼儿了解玉米品种，并通过投票方式选出最受幼儿欢迎的水果玉米和黑珍珠玉米，种植方式调查如图 6.13 所示。

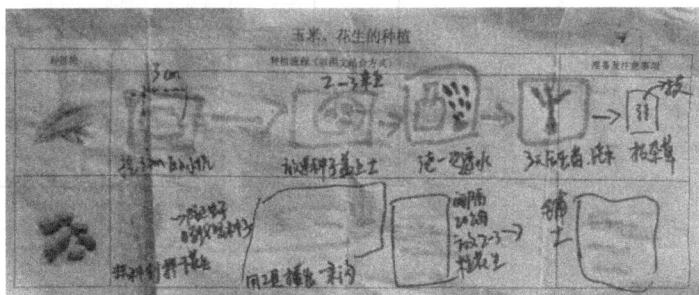

图 6.13　玉米与花生种植方式记录

①种前准备：不会种怎么办？孩子们有的说查手机，有的说查电脑，也有的说自己的爷爷种过玉米，可以问爷爷。于是我们让幼儿以组为单位，把获取信息的不同方式以思维导图的形式呈现出来，并下发调查表，让幼儿用

流程图及气泡图记录玉米种植方法及种前的准备事项。如，土地的开垦、种子的购买、农耕工具的准备，等等。

②种植方法齐分享。在分享种植方法时，孩子们就一个坑里放几颗种子产生了分歧。有的说放一颗种子，有的说要多放几颗，因为地里的蚂蚁、小虫子会把种子吃掉……

③经验回顾：萝卜长不大的原因。针对幼儿的分歧，我们引导孩子回顾萝卜长不大的原因：一个坑里有三四个萝卜，种子放太多了，生长空间不够，萝卜没了营养才长不大……

最终，孩子们决定每一个坑里放 1～2 颗种子。

做好各项准备工作后，孩子们在忻睿爷爷的指导下开始了除草、开垦、松土、挖坑、点播、掩埋、浇水等一系列玉米种植大行动。

（2）田园探究之"养"。

首先是确立除草、浇水、捉虫、施肥、测量五件养护内容，并根据养护内容制订养护手册，让幼儿记录养护玉米过程中的所做及所察（见图 6.14）。

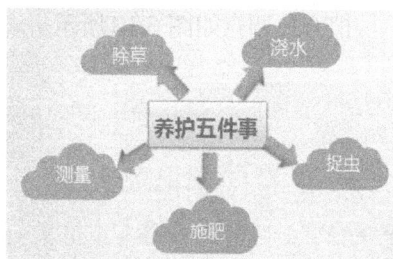

图 6.14　养护内容与记录

（1）除草。

困惑一：玉米秧苗长什么样？

一周后，孩子们再次走进"风车园"，发现土里钻出了各种嫩绿的幼苗。好多小草呀，赶紧拔掉！不然它会抢泥土里的营养，玉米没了营养就长不大了。可是，哪些才是杂草呢？孩子们犯难了。

为了让幼儿识别玉米苗和杂草，我们运用"递进式四策略"（见图6.15）提高他们辨识玉米苗的能力。

观察记录
强化认知

交流分享
梳理归纳

实地观察
加深认知

课堂认知
初步感知

图6.15 "递进式四策略"进阶

策略1：课堂认知，初步感知玉米秧苗。老师借助玉米生长图，让幼儿观察图片感知玉米苗的外形特征。

策略2：实地观察，加深对玉米秧苗的认知。在初步感知玉米苗的基础上，孩子们走进农田实地观察玉米苗，在参与拔草的实践中区分玉米苗与杂草。

策略3：交流分享，梳理归纳玉米苗特征。在拔草的过程中，孩子们时不时会问老师："老师，我拔得对不对？""老师，小宇把玉米苗拔掉了。"针对此种状况，活动结束后我们组织幼儿分享、交流观察结果，帮助幼儿进一步梳理玉米苗的特征：刚从土里钻出来的玉米苗叶子是卷起来的，像小棒；而发了芽的玉米苗是舒展开来的，像竹叶。

策略4：观察记录，强化对玉米苗的认知。经过交流，孩子们把自己观察认知后的玉米苗以绘画的形式记录在"玉米养护手册"中，从而强化对玉米苗的认知。

（2）浇水。

困惑二：浇多少水？

在浇水的过程中，经常有孩子问：老师，今天要浇水吗？这样够了吗？……针对幼儿的问题，我们用一盆马上要干枯的盆栽进行导入教学：为什么每天浇水，但是这株植物还是干枯了？于是，我们请两位孩子上来演示浇水。我们发现孩子浇水存在两种情况：一种是滴几滴水就认为浇好了，一种是猛浇猛灌，水直接从盆底漏出来。显然，这两种浇水方式都是错误的。于是，我们引导孩子们探究花盆底部洞洞的作用，最终了解浇水的正确方法：当浇在泥土里的水不再快速渗下去的时候，说明泥土已经被浇透了，不需要再浇水了。

我们和孩子一起商讨、确定浇水时间段：引导孩子用手触摸和用温度计测量两种方法记录早、中、晚三个时间段的土壤温度，从而判断出哪个时间段适合浇水。经过实践认定，孩子们发现早上和傍晚最适合浇水。

一天要浇几次水？我们设计"种植日历"（见图 6.16），引导幼儿从观察一天的天气、阳光照射情况、雨水情况、温度变化四个要素入手，通过实践、观察、记录"三部曲"判断浇水时间、次数及浇水量。

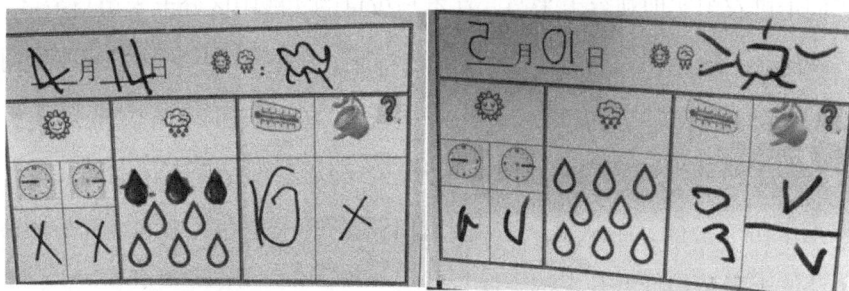

图 6.16　种植日历记录

浇水时，孩子们发现一天只浇一次水的小苗有点蔫蔫的，一看就是缺水了。为什么用同样的方法浇水会出现不同情况？带着问题，我们引导孩子对比五月和四月的天气情况后发现是因为温度变高，雨水变少了。显然一天一次的浇水量已经不够了，所以我们在原表格的基础上进行了改进，将浇水一栏改成了上午和下午两个时段。

（3）施肥。

困惑三：怎么施肥，要注意什么？

在养护玉米的过程中，孩子们发现有的玉米苗长得很大很高，有的很小很矮。孩子们觉得长得矮矮、黄黄的玉米苗没营养了，需要施肥。于是，关于如何施肥的话题就此产生。我们请来了养护经验丰富的费老师为大家传授施肥小妙招：施肥前要戴上一次性手套，不能用手直接拿肥料；先挖洞，肥料应放在离秧苗一指宽的位置，不要靠得太近；每棵玉米只需放 3 ~ 4 粒，等等。掌握了施肥小知识后，孩子们两两合作，一个挖洞，一个放肥料，开始了第一次施肥。

（4）捉虫。

困惑四：蜘蛛是好虫，还是坏虫？

在拔草时，峰峰在风车下发现了一只蜘蛛。于是，孩子们围成一圈议论起来，有的说蜘蛛是好虫，会吃虫子；有的说蜘蛛是坏虫，会破坏秧苗……大家各抒己见，谁也不服谁。"我们问老师去。"峰峰说。可是老师也不清楚，怎么办呢？我们把问题抛给了孩子们。妮妮说："没关系，可以上网查一查。"经过一番查询（见图 6.17），孩子们知道蜘蛛虽然长得很丑陋，但会捕食害虫，是益虫。

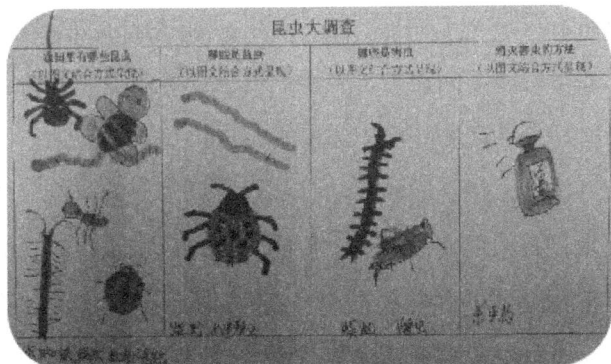

图 6.17 "昆虫大调查"记录

那瓢虫、蚂蚁是益虫还是害虫？田野里还有哪些昆虫？孩子们对农田里的昆虫充满了探究的欲望。于是，追随儿童的兴趣，我们开展了"虫虫大调查"，并通过"虫虫齐分享""课堂认知昆虫"等策略进一步加深幼儿对益虫与害虫的认知。

天气逐渐变热，农田里的虫类也越来越多。在一次养护玉米的过程中，孩子们发现玉米叶子上出现了好多洞洞，是谁咬的？该如何消灭害虫？

孩子们以组为单位，把消灭害虫的想法画在了气泡图上，并分享了自己组的好办法：有的用杀虫剂消灭害虫，有的用有毒的食物引诱毒死害虫，也有的用网捕捉害虫……最终，在消灭害虫大行动中，我们选择了适合孩子们操作的、安全的消灭害虫的工具：网兜、手套、用来刷叶子上虫卵的刷子。

（5）测量。

困惑五：玉米太高啦，尺子不够长怎么办？怎么测量？

玉米苗逐渐长高，进入拔节期，孩子们原先制作的尺子已不够测量，于是一场关于"尺子不够长，怎么办"的话题讨论由此产生。有的孩子说，可以把两把尺子加在一起测量；有的说，可以制作一把更长的尺子；有的说，可以用卷尺测量，农耕馆有好几把卷尺，我见我爸爸用过，很长，可以用它测量玉米……孩子们你一言，我一语，很快商量出解决的办法。

看来，只要相信孩子的能力，为他们提供思考问题的平台，他们就能很好地根据自己原有的经验找到解决问题的办法。

找到解决办法后，孩子们两两结对开始行动，有的用卷尺测量，有的用加长版尺子测量，有的用两把尺子连接测量。在记录测量结果时，问题随之而来，同一组幼儿测量出的玉米植株的结果相差甚远。这是怎么回事？带着疑问，两组的孩子分别上来介绍，共同寻找原因：原来是其中一组的孩子们用两把尺子连接测量时，只看了一把尺子的刻度，而忘了加上下面一把尺子的高度。找到原因后，我问孩子们，那应该怎么加？这时，孟孟说可以一格一格地往上数，数到玉米植株的最高处，就知道玉米多高了。有了孟孟的演示，测量的问题随之解决。后来的几次测量再未出现类似的问题。

（6）养护中的小意外。

周四的"风车园"又迎来了"小农夫"的回归，孩子们提着竹筐走进玉米地，发现有一棵玉米植株倒在了地上。

峰峰见了马上说："老师，我们把它扶起来吧，否则它会死的。"

"好呀，那怎么让它站立起来呢？"

"我知道，可以用树枝把它绑在一起，这样玉米就不会倒下去了。"说完，峰峰就忙着去田埂找树枝。

舒舒和凡凡见了，也加入寻找树枝的队伍。不一会儿，大家就找来了几根小树枝，小伙伴们扶的扶，插树枝的插树枝。

在帮助玉米植株重新站立的过程中，孩子们虽然知道可以借助外力，也尝试着将自己的设想付诸行动，但在实际操作中受条件、知识储备等方面的限制，碰到了两种难题。一是树枝应插在哪个方位？二是树枝太细，又没有绳子帮助其固定。

"你们看，玉米植株是朝哪个方向倒的？要让玉米植株站立起来，我们应该把树枝插在哪里，才能支撑住它？"经我的提示，孩子们把四散插着的树枝拔出来，插在了玉米植株倒下去的那一面。可是树枝太细，看起来不够稳，没有绳子绑怎么办？孩子们有点担心，有什么办法可以让它站立得更稳一点？"可以用石头帮忙，石头力气大，就不会倒了。"舒舒说。于是，大家找来了石头，靠在树枝旁，这下玉米植株稳稳地站立起来。第二天，我又带孩子们去看，发现玉米植株好好地挺立在田野里，这下孩子们终于放心了，脸上都露出了开心的笑容。

从孩子们发现玉米倒地，到想方设法让其重新站立这一过程中，可以看出孩子们对自己养护的玉米有着深厚的感情，也可以看出孩子们对生命有了初步的敬畏之意，他们不希望自己辛苦种下的玉米就这么死掉。另外，孩子们一系列的行动及对话反映出中班孩子发现、探究及解决问题的意识逐渐萌芽，能力逐渐提升，他们试图自己解决玉米倒地的问题。孩子们身上所表现出的爱护植物，合作、探究解决问题的意识是难能可贵的。因此，作为活动支持者及引导者的教师应抓住孩子的每一闪光点，支持孩子的每一次探究，并在适当的时候给予孩子适宜的支持与指导，让孩子知道除了借助外力的支撑，还要考虑支撑物的适宜性及植株的朝向，帮助幼儿建构新的认知，在满足幼儿探究欲的同时，提升其解决问题的能力。

（3）田园探究之"收"。

①问题讨论：如何采摘。在孩子们的精心养护下，"风车园"里的玉米开始抽穗，长出玉米棒。孩子们的问题也随之而来：什么时候采摘？如何判断玉米已经成熟？为进一步培养幼儿收集信息及解决问题的能力，我们引导幼儿围绕"玉米采摘"这件事设想相关问题并设计，如图6.18所示。

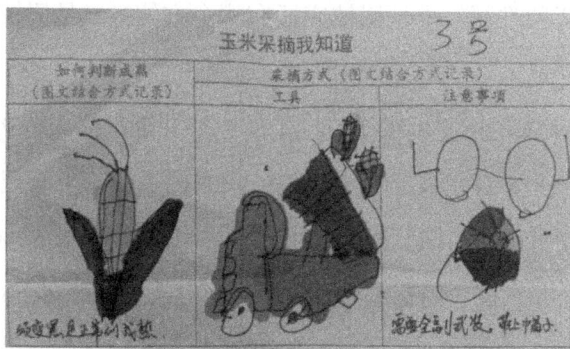

图6.18　"玉米采摘我知道"调查

②交流分享：绘图汇总调查结果。经过一番调查，通过交流分享调查结果，孩子们以单气泡图形式汇总辨别玉米成熟的各种方式及采摘注意事项。

③实践体验：掰玉米。有了前期的经验铺垫，到了验证调查结果的时候，

孩子们迫不及待地想亲临"风车园"实地查看一番。在老师的带领下，孩子们来到玉米地，开始结对掰玉米。大家在玉米地里穿梭，一会儿抬头看看玉米穗、低头看看玉米须的颜色，一会儿伸手摸摸玉米棒，还不时地与小伙伴探讨一番自己的发现：这根玉米棒摸上去硬硬的、胖胖的，玉米须变褐色了，应该成熟了，可以掰了……经过一番查找，孩子们两两结对一个扶玉米秆，一个掰玉米，不一会儿，就掰了满满两篮紫玉米和黄玉米。

看着满满两篮玉米棒，孩子们迫不及待地掰开玉米苞叶，看谁摘的玉米已成熟。经过一番比较，大家发现要判断玉米是否成熟除了看玉米棒的大小、玉米须的颜色是否变深，还要摸一摸玉米须是否变干，只有玉米须颜色变深又变干的才是完全成熟的玉米。

（4）田园劳作之"享"。

丰收季来临，也给予了孩子进一步了解玉米的机会。玉米可以吃，那么玉米的苞叶、玉米须、玉米秆有什么用处？带着思考，孩子们又开启了一场调查行动（见图6.19）。

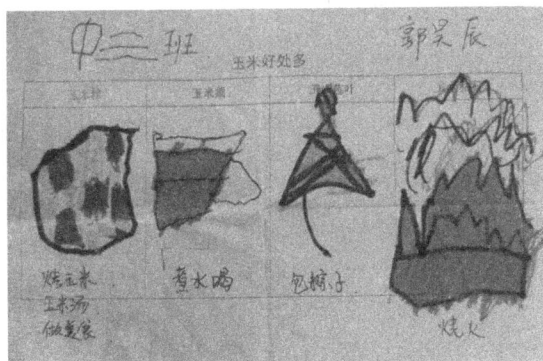

图 6.19　"玉米好处多"调查

经过一番查询，孩子们才知道玉米全身都是宝。除了玉米粒可以做各种美食，玉米苞叶、玉米须煮水喝是一剂食疗良药，可以预防痛风，对高血压、高血脂等都有益处。

了解了玉米的各种用处后，孩子们齐动手，有的掰玉米叶，有的整理、打包玉米叶、玉米须，带回家给爷爷奶奶煮水喝，有的清洗玉米，有的在老师的帮助下蒸煮玉米及玉米须水。一番忙碌后，孩子们边喝带有一丝甜味的玉米须水，边品尝香香甜甜的玉米，别提有多满足、多开心啦！

4. 课程反思与小结

玉米课程来自幼儿身边的自然，贴近幼儿的生活。在种玉米、养玉米、收玉米、享玉米系列活动中，孩子们通过发现、观察、实践认识了玉米，掌握了玉米的生长过程、形态、果实等知识。在集体、家庭等多元形式的探究活动中，孩子们更加主动，更加独立，更加会思考、会交流、会分享！因此，作为老师的我们要有一颗善察、善思、善学、善研之心，支持、引发孩子的探究，为孩子创造一个适合其能力均衡发展、提升的学习平台。

教师要有一双善于发现幼儿兴趣点、探究点及思维亮点的眼睛。

在洞察幼儿内心渴望的同时，教师要追随儿童的兴趣，为其提供实践、探究的机会，支持儿童的深度学习。

在课程实施中，我们要做个善察、善思、善学、善研的"四善"教师，根据幼儿兴趣及需要，引导幼儿主动探索，亲身体验，改造原有经验，获得新认知，在不断的实践、探究、反思中引领孩子活力成长。

第七章

食之味——走进食味馆

SHI ZHI WEI——ZOUJIN SHIWEIGUAN

食对人而言非常重要。食，每一个人都不能拒绝它带来的满足。食物从最初的充饥作用到带给人美好的感受，已经成为生活中必不可缺的一部分。

于每个人而言，食物不仅能够饱腹充饥，更能够带来满足和享受。若一个人从小便喜欢美味，喜欢厨房，喜欢烹饪，那他大抵会成为一名热爱生活的食客。在油盐酱醋和蒸煮煎炒中体验成长，感受愉悦，为自己的人生带来美好的饮食体验。

每一种食物都有其独特的味道。一千个读者就有一千个哈姆雷特，每个人对味道的理解也是这样的，一千个厨师能做出一千种味道，哪怕是同一碗饭、同一盘菜甚至同一个简简单单的白馒头都能被不同的品尝者品味出不同的味道。每一个人在制作美食、享用美食的过程中都会带上自己独有的情感，这情感会汇入味蕾，融入肠胃，令人回味无穷。

食味馆，是一个让孩子感知食物味道的场所，是一个能够放手让孩子制作美食的厨房。当然，一个中国娃娃的胃早已刻上中国食物的印迹，选择中国传统的食物，学习传统美食制作就成了食味馆的主要功能。食味馆的活动更多的是让孩子在制作、品尝的过程中感受每种食物的变化，体验煎炸蒸炒各种烹饪方式对食物味道的影响，领略中国各具地方特色的美食的魅力。

让幼儿园的孩子学习制作美食，不仅是要追求简单的烹饪方式，更重要的是要挖掘食物中蕴含的学习价值。如何让孩子在柴米油盐酱醋茶的浸润下感受食物的魅力，是富有挑战性的。食味馆主要是让孩子在与锅碗瓢盆接触的过程中亲近食物，参与体验制作，了解各种食物特有的口感和最适合的制作方式，体验自己动手、丰衣足食的乐趣，活动模式如图7.1所示。

食味馆的活动能让幼儿了解食物的清洗、切配、烹饪等过程，感受劳动的
艰辛与快乐。

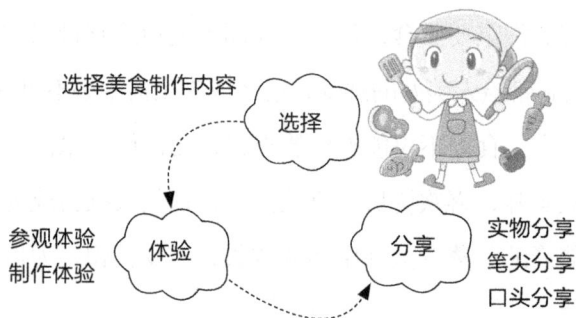

图 7.1　食味馆活动模式

　　在日常活动中，孩子通过调查、走访了解各种时令美食或者东钱湖各村
落特有的小吃，在食味馆与老师、同伴一起了解这些美食制作所需的食材、
所用的制作方式等，并通过自己喜欢的方式将之记录、固化。在此过程中，
教师需要注重孩子的亲身体验，让孩子自己调查美食、准备食材、制作美食，
并让孩子尽可能地参与清洗、切配、制作、分享等过程，让孩子在品味食物
的过程中感受自己劳动、自己享用的快乐。

一、食味馆活动主题与内容

　　中国人的饮食因时而异，不同的时节有不同的食物，不同的时节也要
品尝不同的美味。以时间为线、以面食制作为主题，让孩子了解不同时节
的食材，制作融入了春夏时节特有蔬果的面食，感受不同食物碰撞产生的
味觉变化。

（一）"春之味"主题

春天是万物复苏的季节，一切生物都悄然醒来；春天也是幼儿健康成长的关键时期。食味馆是了解中国传统美食、制作传统面食的馆室。在春天这个季节，教师结合季节特点和幼儿营养需求，以"春之味"为主题（见图7.2），让幼儿在系列活动中了解中国传统面食的由来和特点，对传统面食产生兴趣。之后根据时令变化，让幼儿认识各种各样的野菜，在体验、制作中掌握揉面团、切菜等技能，学习制作各式简单的中式面点。

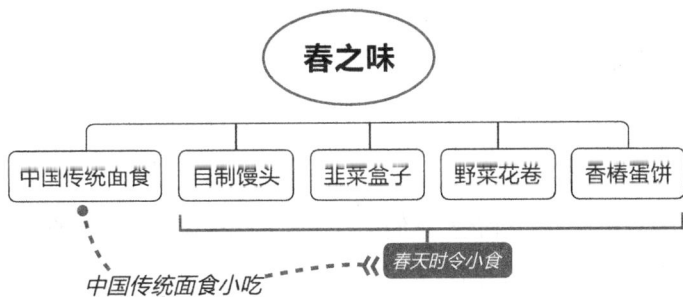

图 7.2 "春之味"主题脉络

《指南》中提到："能感知和发现不同季节的特点，体验季节对动植物和人的影响。"因此，在本主题中，幼儿在制作美食的同时也能进一步感知春天的变化和特点，了解春天有许多代表性的食物。

主题目标

1. 知道小麦属于三色食物中的黄色食物，能增强运动能力和思考能力；蔬菜属于绿色食物，含有大量维生素，可以增加抵抗力

2. 能制作简单的食物（主要指面点），乐意参与择菜、洗菜等工作

3. 知道面食的由来，了解中国传统的饮食文化

主题活动

活动一：中国传统面食

【活动目标】

1. 通过观看视频、谈话等方式了解面食是中国传统美食之一

2. 发现面粉遇水后的基本特征，了解水、面粉比例的奥秘

3. 在和面中感受面粉的奇妙变化及动手操作带来的快乐

【活动准备】

面粉、视频、人手一个不锈钢盆、围裙等。

【活动流程】

1. 观看视频，了解中国传统面食

（1）出示中式面点图片。

师：图片中的美食是什么？它们都是用什么东西做的？你们吃过什么面食？

（2）播放视频，问题前置。

师：面食是怎么来的？有多少年的历史了？我们一起到视频中寻找答案。

（3）播放视频，提问小结。

2. 师幼交流，了解面食营养

（1）提问。

师：为什么我们生活中有那么多用面粉做的食物？它们有什么营养？

（2）幼儿回答，教师播放视频小结。

（3）小结。

师：面食是由面粉做成的，而面粉是一种由小麦磨出的粉状物。小麦的主要成分是碳水化合物、脂肪、蛋白质、粗纤维、钙、磷、钾、维生素 B1、维生素 B2 等；面食易于消化吸收，有改善贫血、降低血脂、增强免疫力、平

衡营养吸收等功效。而发酵后的馒头则比面条、大饼这些没发酵的食品营养更为丰富。

3. 学习揉面团

（1）播放视频，问题前置。

师：看一看视频中的馒头是怎么做的？

（2）幼儿回答，教师小结。

师：想不想自己尝试揉一下面团？

（3）幼儿人手一个盆、一碗水、少许面粉。

（4）教师示范，幼儿跟着步骤学习。

4. 整理工作

请幼儿将操作盆、工具洗净。

活动二：制作馒头

【活动目标】

1. 继续学习揉面团的技巧，发现面粉的变化，能根据面粉干湿情况，加入适当的水、面粉

2. 观察发酵后的面团与未发酵前的差别，知道发酵粉的作用

3. 了解馒头制作的过程，能大胆尝试制作，感受动手带来的快乐

【活动准备】

视频、面粉、鸡蛋、人手一个不锈钢盆、围裙等

【活动流程】

1. 出示图片，激发兴趣

（1）出示图片。

师：这是什么（馒头）？馒头是用什么东西做的？揉面粉有什么技巧？

（2）幼儿回答，教师小结，再次巩固揉面团的技巧。

2. 揉面团练习

（1）幼儿人手一个盆、一碗水、少许面粉。

（2）教师示范，幼儿跟着步骤学习。

①将面粉倒入面盆中，中间挖一个洞。②在洞中倒入少量的水，用手搅拌、揉、搓。③如果发现手太黏，需要再倒入少许面粉；发现面粉没有成型，需要再加点水。此过程中，一名教师示范，另外一名教师巡回指导。

（3）请面团揉得比较成功的幼儿回想并说一说自己揉面团的好办法。

3. 制作馒头，发现发酵的秘密

（1）提问。

师：早上的面团和现在的面团看上去有什么不一样?

（2）幼儿回答，教师小结。

（3）将醒好的面团切好并分发给幼儿。

（4）幼儿根据教师的示范揉捏面团，将其定型。

4. 成果分享，互相交流

活动三：制作韭菜盒子

【活动目标】

1. 通过用眼睛看、用鼻子闻了解韭菜的外形和特殊气味，知道其主要营养

2. 学习切、揉、搓三种动作技能，敢于独立尝试

【活动准备】

韭菜、韭菜盒子制作视频、面粉、操作板等

【活动流程】

1. 出示韭菜，了解韭菜

（1）教师出示韭菜。

师：这是什么？

（2）幼儿用眼睛观察韭菜，用鼻子闻韭菜。

师：韭菜长什么样？它有什么特别的地方？韭菜为什么有特殊的味道？它有什么营养？

（3）播放视频，了解韭菜的营养。

师小结：韭菜具有补肾、健胃、提神、止汗固涩等功效。在中医里，韭菜被称为"洗肠草"。

2. 揉面团练习

师：韭菜是春天的蔬菜，用它可以做出许多美味的面食，比如韭菜盒子。

（1）提问。

师：你们觉得什么是韭菜盒子？它用什么东西做的？

（2）幼儿揉面团学习。（此过程，一位教师示范，另一名教师巡回指导）

3. 制作韭菜盒子

教师示范，分步操作：

（1）先将韭菜洗净、切碎备用。

（2）揪一小份面团揉搓成圆，再用擀面杖压成面片。

（3）放入韭菜把面片折叠成盒。

（4）油煎韭菜盒子。

4. 幼儿操作，品尝分享

幼儿人手一份材料自主操作（两位教师巡回指导）。

活动四：野菜花卷

【活动目标】

1. 了解野菜马兰的外形特征及营养价值

2. 继续练习揉面团，尝试独立制作野菜花卷

3. 学习切、揉、搓、卷四种动作技能，感受动手带来的快乐

【活动准备】

马兰、道具、操作板、面粉、筷子等

【活动流程】

1. 谈话导入，激发兴趣

（1）提问。

师：什么是野菜？

（2）出示 PPT 介绍常见的野菜种类。

师：可以吃的野菜有马兰、荠菜……我们今天就要用野菜来制作野菜花卷。

2. 出示马兰，了解马兰

（1）出示马兰。

师：这是什么？马兰有什么特别的地方？它有什么营养？

（2）小结。

师：马兰有清热解毒、消食积、利小便、散瘀止血之效。

3. 制作野菜花卷

（1）播放视频，了解制作过程。

（2）提问。

师：花卷是怎么做的？花卷上一点一点的菜是怎么变进去的？

（3）向幼儿讲述并学习制作。（一名教师示范，另一名教师巡回指导）

①先将野菜洗净、切碎备用。②将面粉倒入碗中舀水揉搓成面团。③揪一小份面团揉搓成长条并加入野菜。④两个长条上下叠加并用筷子一压、一卷。

4. 品尝分享

活动五：香椿蛋饼

【活动目标】

1. 尝试独立完成香椿蛋饼，体验制作带来的乐趣

2. 继续学习揉面团技能，能较熟练地将面粉揉成面团

【活动准备】

香椿、鸡蛋、面粉、筷子、刀具、盆、操作板等

【活动流程】

1. 经验回忆，激发兴趣

师：还记得上周我们做了什么美味的食物？香椿有什么营养？

2. 制作香椿蛋饼

（1）提问。

师：香椿蛋饼怎么做的？

（2）幼儿回答，教师出示相应图片，帮助幼儿回忆已有的制作经验。

（3）幼儿制作，教师指导。

①先将香椿洗净、切碎备用。②将面粉倒入碗中舀水搅拌。③加入鸡蛋、香椿再次搅拌。④放入锅中进行煎炸至金黄色出锅。

3. 品尝分享

（二）"夏之味"主题

春去夏又来，夏天意味着气温逐渐升高，天气越来越炎热，了解各种各样的避暑食物，特别是夏季特有的各种传统小食等能够帮助幼儿认识生活，了解传统食物的特点。食味馆作为幼儿学习传统食物的馆室，活动内容都是以春—夏—秋—冬四时节气为主线。因此教师结合季节特点和幼儿营养需求，

以"夏之味"为主题，让幼儿在系列活动中了解中国各式时令面食，知道如何利用各种应季蔬菜、水果等来制作五颜六色、营养丰富的传统面食，让幼儿知道我们餐桌上的面条、花卷、蔬菜饼等都可以因为节气的不同而富有时间的味道，主题脉络如图7.3所示。

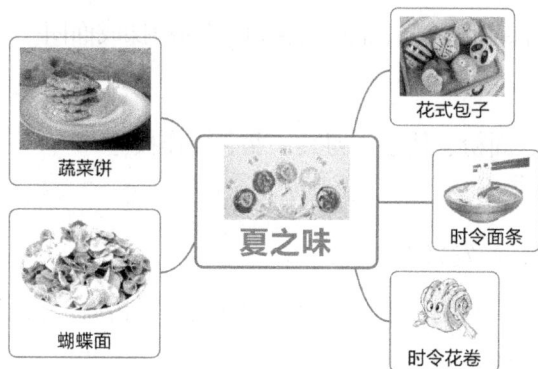

图7.3 "夏之味"主题脉络

🎯 主题目标

1. 了解夏季成熟的各种各样的蔬菜水果，并尝试进行简单的榨汁、榨果泥等活动，感受夏天食物的多样性

2. 乐意参与各式时令面食的制作，知道各种各样的蔬果能使面制品变色

3. 能够大胆地向他人介绍自己的制作成品，感受自我劳动的快乐

⏱ 主题活动

活动一：时令菜包

【活动目标】

1. 了解时令蔬菜（卷心菜）的营养价值

2. 了解菜包的制作过程，掌握切、剥、揉、捏四个动作技能

3. 积极参与制作，体验劳动带来的快乐

【活动准备】

面粉、卷心菜、操作板等

【活动流程】

1. 出示蔬菜，了解营养

师：你们吃过包子吗？吃过什么馅的包子？

（1）出示卷心菜。

师：这是什么蔬菜？它有什么营养？

（2）小结。

师：卷心菜中维生素 C、β – 胡萝卜素、维生素 E 的含量比较高。

师：今天要用营养丰富的卷心菜做包子馅。

2. 教师示范，分步操作

（1）先将蔬菜洗净，切碎，放入盆中。

（2）将面粉倒入碗中舀水搅拌。

（3）将面粉揉搓成面团，再用擀面杖擀成面片。

（4）加入切好的卷心菜。

3. 幼儿操作，教师个别指导

4. 品尝分享

活动二：时令蝴蝶面

【活动目标】

1. 了解制作蝴蝶面所需的食材和工具

2. 知道蝴蝶面的颜色是由于面粉中加入了各种不同颜色的蔬菜汁

3. 感受动手操作带来的快乐，体验自制蝴蝶面的乐趣

【活动准备】

视频、面粉、模具、时令蔬菜汁等材料。

【活动流程】

1. 学做蝴蝶面

（1）提问导入，引出主题。

师（出示图片）：图片中的面食像什么？叫什么名字？你们知道蝴蝶面是怎么做出来的吗？蝴蝶面有各种各样的颜色，它们是怎么来的呢？

（2）出示材料，示范讲解。

师：绿色的面需要用什么来做？橙色的面要用什么做？

师（出示制作材料：面粉、胡萝卜、菠菜）：绿色的面需要用到菠菜汁、橙色的面需要用到胡萝卜汁。

幼儿在教师的指导下榨蔬菜汁。

（3）播放视频，了解步骤。

（播放蝴蝶面的制作过程）

师：面粉要变成蝴蝶面需要经过哪些步骤？制作蝴蝶面的面团与制作包子、花卷等食物的面团有什么区别呢？需要加发酵粉吗？

（4）动手操作，制作蝴蝶面。

教师示范揉面团的方法并讲解擀压的步骤。

幼儿将揉好的面团进行擀压并利用模具按压出形状。

师：小朋友们把面团擀压成面饼的形状后，可以拿花边模具把面饼按压出我们需要的形状。

教师指导幼儿将面皮对折按压，压成蝴蝶结的形状。

（5）作品展示，交流技巧。

2. 自制蝴蝶面，品尝蝴蝶面

（1）引导幼儿将切好的时令蔬菜放入锅中翻炒片刻，加水。

（2）在水开后将自制的蝴蝶面放入，加盐。

（3）在面条煮制的过程中，适时引导幼儿观察蝴蝶面在锅中的变化。

（4）品尝分享。

活动三：时令面条

【活动目标】

1. 了解火龙果、生菜的营养价值

2. 基本掌握切、榨汁、揉搓、擀四个动作技能

3. 愿意动手操作，感受制作带来的乐趣

【活动准备】

火龙果、生菜、面粉、操作板等

【活动流程】

1. 提问导入，引出主题

（1）出示图片。

师：面条为什么会有各种各样的颜色？

（2）幼儿回答，教师小结。

2. 出示材料，示范讲解

师：今天我们要做五彩面条。老师带来了火龙果和生菜，它们有什么营养？

（1）小结。

师：火龙果含铁、维生素 E，能增加抵抗力；生菜有改善睡眠的作用。

（2）幼儿在教师的指导下榨蔬菜汁。

3. 观看视频，了解操作步骤

（1）先将水果、蔬菜剥皮榨汁备用。

（2）将面粉倒入碗中加汁搅拌。

（3）面粉揉搓成面团再用擀面杖擀成面片。

（4）将面片用刀切成细长的面条。

（5）将切好的面条煮熟。

4. 幼儿操作，教师个别指导

5. 品尝、分享

活动四：蔬菜饼

【活动目标】

1. 了解常见蔬菜（大白菜、胡萝卜）的营养价值

2. 继续练习如何揉面团，并尝试学习切、搅拌、揉等动作技能

3. 愿意参与制作活动，感受操作带来的乐趣

【活动准备】

蔬菜（大白菜、胡萝卜）若干、面粉、筷子、操作板、刀具等

【活动流程】

1. 出示蔬菜，了解营养

（1）出示大白菜和胡萝卜。

师：这些是什么？它们有什么营养？

（2）播放视频幼儿自主观看。

（3）小结。

师：大白菜有润肠、排毒作用，胡萝卜中含有胡萝卜素，是维生素 A 的主要来源，而维生素 A 可以促进生长，防止细菌感染，具有保护表皮组织、保护呼吸道、消化道的功能与作用。

2. 播放视频，了解步骤

师：蔬菜中有那么多的营养，今天我们就来做一道和蔬菜有关的面食——蔬菜饼。

（1）提问。

师：蔬菜饼怎么做（幼儿猜测回答）？

（2）播放视频。

师：视频中的蔬菜饼是怎么做的？

（3）幼儿回答，教师小结。

3. 教师示范，幼儿操作

（1）先将蔬菜洗净、切碎备用（学习切菜的技能）。

（2）将面粉倒入碗中加水搅拌（继续学习揉面团的技能）。

（3）加入各种蔬菜汁再次搅拌（学习搅拌技能）。

（4）将搅拌好的蔬菜面团擀成小饼。

此过程中，一名教师示范，另一名教师巡回指导。

4. 品尝分享

二、食味馆活动观察与指导

观察是为了更好地了解幼儿的能力发展水平。在食味馆的活动中，教师通过日常活动的观察不仅能够了解幼儿在家庭中的生活习惯、平时的饮食特点、在家参与家务劳动情况等，还能够了解幼儿生活技能的掌握程度，从而把握幼儿发展状况。随着活动的逐渐深入，掌握每个幼儿前后期能力的发展水平，便于对其进行针对性地、深入地发展分析，并为后期的活动开展提供指导。每次的观察可以是有针对性的个案追踪观察，也可以是面向全体的重点技能、教学难点的观察分析，观察记录可参考表7.1、表7.2。

表7.1　幼儿园功能室观察情况

功能室名　称	食味馆	观察对象	婷婷	观察时间	3月12日	观察教师	胡老师
观察实录							

功能室名　称	食味馆	**观察对象**	婷婷	**观察时间**	3月12日	**观察教师**	胡老师
观察实录	这次的活动内容是制作饺子，擀饺子皮是活动难点。幼儿已经有了一次使用擀面杖的经验，因此个别幼儿已经能用擀面杖擀出饺子皮，比如婷婷。婷婷在揉面的时候，顺着一个方向揉，并少量加水，很快揉出了软硬适中的面团。在擀饺子皮的过程中，她知道如何使用擀面杖，但是不能擀出很圆的形状，导致包的时候捏不拢，馅料漏了出来						
游戏照片							
发现问题（兴趣、材料、内容、能力等方面）	这次活动要求孩子们自己动手擀出圆形的饺子皮。我们为孩子们准备了面粉、擀面杖等材料，孩子的操作兴趣很浓，也愿意尝试，不过遇到的困难比较多。一是擀面杖使用不熟练，无法将饺子皮擀得又圆又薄；二是擀不好饺子皮，后面包不起馅。在老师的指导下，情况才有所好转						
分析与调整	孩子们在擀饺子皮的过程中，学会了擀面的方法，经验得到了提升，知道要把饺子皮擀的又圆又薄才能够包饺子。不过，由于对擀面杖不熟练，擀出的饺子皮不均匀，导致后面包不起馅来。所以，在班级区域活动时，可以投放相应的材料，平时多练习，才能学会新技能						

表7.2　幼儿园功能室观察情况

功能室名　称	食味馆	**观察对象**	可可	**观察时间**	4月8日	**观察教师**	俞老师
观察实录	这次的活动内容是制作野菜花卷。我们先让幼儿认识野菜，闻一闻、看一看，了解野菜是春天的独特美食。接着，我们进行了和面活动。和面时，孩子的能力已经有了显著提高。可可很快就和好了面团，而且软硬适中，非常成功。然后，她开始在面团中包入野菜，这一步刚开始遇到了一点困难，没有掌握好野菜的量，经过生活老师的指导，包入了适量的野菜。最后，将搓好的两个面团叠加，再用筷子压一压、卷一卷，花卷就做好了						

续　表

游戏照片	
发现问题	用筷子压来做花卷的方法很好。孩子刚开始搓的面团大小不一，所以压出来不像花卷，经过生活老师指导后，搓出来的面团均匀了很多，压出来也像花卷了。这次活动，孩子们的兴趣很浓。最后大家都品尝到了美味的花卷
分析与调整	这次的制作花卷活动，用筷子压花卷还是有点难度的，个别动手能力强的小朋友掌握得比较快，还有很多小朋友没有掌握方法。因此，我们在家庭群里下发了指导视频，让家长们在家教孩子正确制作面点。我们也鼓励家长将孩子遇到的问题发在面点制作群里，大家互相讨论、解决，这样能够帮助孩子提高动手能力

三、食味馆课程故事分享

班本课程一：春日里的那抹绿

1. 课程缘起

　　东钱湖"春天的味道"有来自大山的味道——笋；有来自田间的味道——马兰、艾草；有来自树上的味道——香椿；还有来自湖水的味道——河虾、螺蛳。不管这些食物的生长在哪，都离不开春天的味道和东钱湖本土特色美食这两个关键点。

围绕这两个关键点，教师在食味馆同幼儿进行了一次有关东钱湖春日美食谈话。谈话中，孩子们都会提到东钱湖的麻糍。麻糍不仅是春天里独特的一道美食，更是东钱湖的特色美食，其独特的味道和颜色都来自一种叫"艾草"的植物。因此，根据幼儿已有经验，3月、4月食味馆进行了麻糍系列探索和制作。

2. 行动调查

凡事预则立，不预则废。在开展"春天里的那抹绿"这一课程前，教师对各类资源、幼儿经验、教育价值等内容进行了调查和分析（见图7.4）。

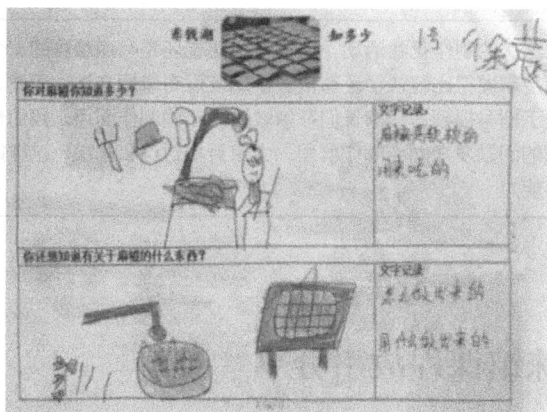

图7.4 "春天里的那抹绿"主题经验调查

（1）幼儿经验调查。

在课程开展前，了解幼儿的已知经验及其真正想知道的问题十分重要。因此，教师下发调查表，从"对麻糍你知道什么"和"关于麻糍你还想知道什么"这两个问题入手，了解幼儿的现有经验及想法。孩子们的图画和家长的注解显示，大多数孩子对麻糍的外形、颜色有了一定的了解，并且知道清明节有做麻糍的习俗。而在"还想知道的问题"中，孩子们的问题可谓五花八门。面对孩子提出的这些问题，作为课程开展的支持者，我们对问题进行罗列和筛选，将那些同麻糍关联不大的问题张贴在教室的问题墙上，每天由一名幼儿选择一个问题带回家，同父母合作寻找资料，第二天进行分享。这样的方式，既让每个孩子都得到尊重，也让孩子知道自己是整个活动的参与者，还能培养他们解决问题的能力，同时可以让家长了解班级正在开展的活动（见表7.3）。而那些同麻糍有直接关联且幼儿能从中得到较为丰富经验的问题就可作为后期课程实施的内容。让课程活动基于幼儿的问题，成为课程的起点和归宿。

表7.3 课程活动关键问题及价值

问题	价值	实施途径（预设）
有哪些关于麻糍的故事？为什么要吃麻糍？	知道麻糍的由来及文化	家园合作、小组分享
麻糍是怎么做的？	了解麻糍的制作方法，尝试解决问题	教学活动、实操、区域活动等
为什么大家都会提"下水麻糍"？麻糍只有东钱湖才有吗？	爱家乡的美食，为家乡代言	走访参观、售卖麻糍

（2）各类资源调查。

有效的资源是课程实施的重要保障。通过调查我们发现，有较为丰富的人力、社区、园所资源可以帮助本次课程的开展（见表7.4）。

表7.4 麻糍课程资源调查情况

类型	可利用的资源
地域资源	1. 幼儿园附近有东钱湖特产店，幼儿可前往观看制作流程 2. 东钱湖下水村盛产麻糍，有很多麻糍作坊
园所资源	幼儿园的田间种植了一片艾草，可供幼儿观察、采摘
人力资源	班级的生活老师有丰富的麻糍制作经验

3. 基于儿童视角的课程目标和框架

（1）课程目标。

为了使课程在开展中更有目标和方向，教师围绕麻糍的由来、麻糍是怎么做的、为什么会提"下水麻糍"这三个关键问题，制定了本次课程活动的主要目标。

一是搜集、调查、分享麻糍的由来，并能大胆向同伴介绍有关麻糍的故事

二是在看看、做做中知道麻糍的制作方法和技巧，能和同伴一起制作一份香香的麻糍

三是知道下水麻糍是东钱湖春季特有的美食，对家乡的美食产生喜爱之情，愿意推销家乡的美食

（2）课程框架。

结合行动前的调查结果，以幼儿为课程主体，预设本次课程活动框架（见图7.5）。

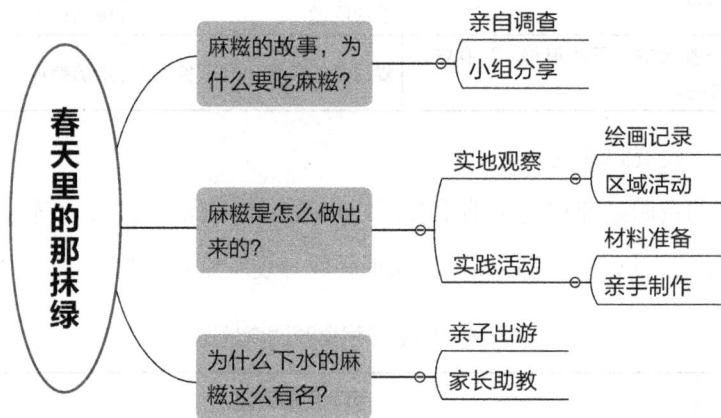

图7.5 "春天里的那抹绿"课程活动预设框架

4. 基于关键问题的课程实践

（1）麻糍有什么故事？为什么要吃麻糍？

有哪些关于麻糍的传说故事？为什么要吃麻糍呢？小小的脑袋里，装满了大大的问题，孩子们围坐在一起，说着心中的问题。

"怎样才可以得到这些问题的答案呢？"教师把问题抛给了孩子们。

文文：可以买书，从书中找答案。

安安：可以问"小度"，它很聪明，什么都知道的。

蒙蒙：可以找爸爸妈妈帮忙，一起上网查资料。

瑞瑞：我去问我的奶奶，她很喜欢吃麻糍，应该知道答案。

《指南》："支持和鼓励幼儿在探究的过程中积极动手动脑寻找答案或解决问题。"因此，在一番交流后，我们决定把寻找答案的机会交给孩子们，让他们用自己能想到的方式去寻找问题的答案。第二天，孩子们纷纷拿着自己的调查结果，三五成群地说着自己找到的答案。看到孩子们脸上的喜悦之情，教师决定开展一场"圆桌讨论会"（见图7.6），以沙龙的形式让孩子们在轻松的氛围中知道有关麻糍的故事及要吃麻糍的原因。就这样，孩子们合力找到了第一个问题的答案。为了让孩子们获得成就感、自豪感，教师将孩子们分享故事的过程和讲述的故事制作成了二维码视频和音频，作为成果放置在语言区，让孩子们可以随时观看和倾听。

图7.6 圆桌讨论会

（2）麻糍是怎么做的？

①走进麻糍店铺，观看、体验制作麻糍。读万卷书不如行万里路，实践才能出真知，麻糍到底是怎么做出来的呢？孩子们迫不及待地想知道答案。于是，有了下面的对话。

安安：麻糍是怎么做的，你知道吗？

天天：下水有做麻糍的，我看到过，就是在一个石头里面捣啊捣。

行行：最后要把它切开，切成一块一块的，才可以吃。

翩翩：我们去麻糍店看一看，这样不就知道是怎么做出来的吗？

听着孩子们的对话，教师了解到孩子们对麻糍的制作已经有了一些片段式了解。顺应孩子的兴趣，教师带着孩子来到之前在资源盘点中的东钱湖食品特产店。

孩子们看到正在售卖的一张大麻糍，兴奋不已。经叔叔阿姨的讲解，他们纷纷卷起袖子，跃跃欲试，加入到清洗艾草，撒松花粉，擀麻糍等劳作中。

"阿姨擀出来的麻糍，好大一张呀！真的和被子一样呢！怪不得有麻糍被的传说。""原来麻糍要用尺量过，再用剪刀剪，这样才会四四方方的。"孩子们一边观看劳作一边感叹着。

经过实地查看，孩子们亲身体验了制作麻糍的过程，并在体验中将碎片化的经验和画面进行了梳理。《指南》提到："能有序、连贯、清楚地讲述一件事情""愿意用图画和符号表现事物或故事"。教师引导孩子们将所见所闻、体验用绘画的方式记录下来，一本本《麻糍故事之麻糍观看记》就这样诞生了。教师将其投放在语言区，方便孩子们进一步了解麻糍的制作步骤和方法，并能连贯讲述。

"看"是学习过程中的一个重要环节。幼儿在参观麻糍作坊中，看食材，看工具，看制作流程，不仅仅停留在"看"这个动作，而且会将已有经验同看到的新事物进行联系，并记录看到的事物。这才是有意义的"看"，也能更好地支持幼儿的下一步学习（见表7.5）。

表7.5 走进麻糍作坊实录及获得的经验

内容	照片	获得的经验
清理艾草		认识了艾草，知道其特征 择艾草的方法，去除根部
捣糯米		知道艾草蒸熟后，放入捣具和糯米一起用石锤子凿
撒松花		知道了撒松花的方法
量麻糍		知道平整的麻糍缘于尺子
剪麻糍		一只手拿麻糍，一只手拿剪刀，剪成方形

②准备工具和食材，做好制作准备。"胡老师，我们也好想自己做麻糍。""自己做的麻糍一定很好吃的！""我力气很大，我想举锄头！"在回来的路上，孩子们兴奋地表达着自己的想法，想亲自动手制作麻糍的愿望已露出萌芽。

在看到孩子们对制作麻糍有着十足的兴趣和愿望后，教师开始思考：

一是如何将五大领域的内容融入制作麻糍的过程，让活动更加多元；

二是如何放手让幼儿在体验中学会用不同方式解决问题。

带着两个问题，麻糍制作之旅就开始了。《指南》提到："支持幼儿与同伴合作探究与交流分享，引导他们在交流中尝试整理、概括自己的探究成果，体验合作探究和发现的乐趣。"

教师在抛出"制作麻糍需要哪些工具和食材"的问题后，以《指南》作精神，支持幼儿以小组合作的方式，一起整理出需要的制作工具和食材。孩子们听到指令后，快速组合完成。他们一边讨论，一边记录（见图7.7），不一会儿就相继完成了。在之后的分享中，孩子们发现每一组整理的东西都不齐全。

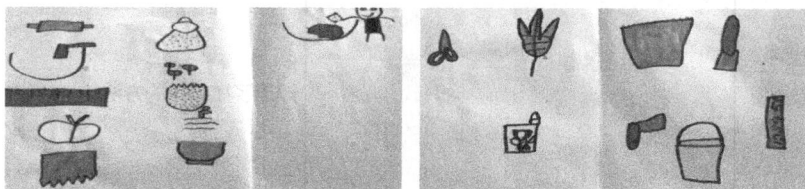

图 7.7　活动工具记录

师：为什么每一组的工具和食材都不齐全呢？

沛沛：因为我们想到什么就画什么了。

岚岚：我们太粗心了。

檬檬：我们应该按照做麻糍的步骤，一个个画下来，这样就不会落下了。

孩子们你一言，我一语地表达着自己的想法。"胡老师，我们可以用气泡图来画。"璐璐在一旁说道。（孩子们在之前的春天主题中接触过气泡图等其他类型的思维导图，并在区角材料中投放使用过）

能不能用我们之前使用过的思维导图来进行归纳和整理呢？孩子们再次进行尝试。这一次，在教师的引导下，他们把材料分成"食材类"和"工具类"（见图7.8）。

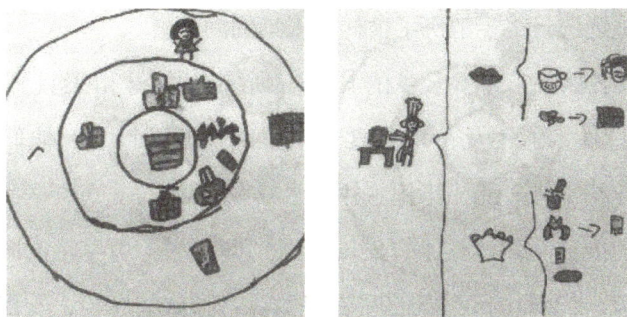

图7.8　工具分类思维导图

从合作—整理工具和食材—使用思维导图梳理这一过程中，孩子们不仅感受到合作的力量，更懂得要将生活中好的东西进行分享。

③自主行动，寻找食材和工具。用思维导图梳理完需要的工具和食材后，孩子们犯了难："老师，东西都罗列好了，那我们到哪里去找这些东西呢？"安宁说完后，孩子们也开始纷纷讨论起来。

在制作麻糍前，教师思考的一个问题是：如何放手，让幼儿在亲身体验中学会解决问题？因此，当孩子们为食材和工具犯难时，教师没有第一时间将解决方法告诉他们，而是引导幼儿大胆询问身边的老师，提升自信、自主及与人交往的能力（见图7.9）。

图7.9　求助解答

在寻找糯米粉、粳米粉的过程中，孩子们走进食堂，询问食堂伯伯。在了解到需要向后勤周老师申请后，孩子们拿着清单向周老师寻求帮助。得知能提供食材时，孩子们的脸上露出了灿烂的笑容。食材解决了，那工具呢？不一会儿，小朋友按照思维导图的指示，在教室和食育区找到了剪刀、尺子和小石臼。看着只有巴掌大的石臼，孩子们纷纷说道："太小了，太小了，麻糍都放不进去，要买一个大一点的。"就这样，在教师的帮助下，孩子们在购物软件中挑挑选选，终于解决了食材和工具的问题。

④走进食味馆，制作家乡的味道。所需的食材和工具到位后，孩子们马上分工合作，迫不及待地在食味馆里制作起了麻糍。他们"择""和""揉""捣""擀""剪"，挺像回事呢！

我们真的能成功吗？这不，安安就遇到问题了：剪麻糍的时候，麻糍又黏又难剪。孩子们对比自己做的麻糍和生活老师做的麻糍，发现生活老师做的麻糍比孩子们薄很多。"是不是因为我们把麻糍擀得太厚了，所以才这么难剪？""如果像生活老师一样，把麻糍擀薄一点，会不会比较好剪呢？"那么，生活老师擀的麻糍到底有多薄呢？经过一系列的思考和询问，孩子们用尺子量了量生活老师制作的麻糍，发现是1厘米（见图7.10）。

图 7.10　制作麻糍与测量厚度

1厘米到底有多薄？教师决定通过数学活动"用尺量一量"、益智区"寻找一厘米"，让孩子了解1厘米的概念，并寻找生活中的1厘米物品。

再次回到食味馆做麻糍时，孩子们带上找到的"1厘米"，再次尝试剪已经擀的很薄的麻糍。这次，孩子们发现真的比上次好剪了很多。

（3）为什么大家都会提"下水麻糍"？

①亲子出游，寻找下水麻糍的秘密。为什么说到麻糍，大家都会提到"下水"呢？面对这个问题，教师决定以亲子自行出游的方式，让孩子体验感受下水的美食和美景，在热闹的集市中了解下水村家家户户都会制作传统麻糍。同时，还邀请班级中常住下水村的小朋友的奶奶给小朋友讲述麻糍与"下水"的故事。在奶奶的讲述和观看《舌尖上的东钱湖下水麻糍》后，孩子们终于知道下水麻糍之所以有名，是因为下水村人杰地灵，周边有着丰富的湖山资源，种植出来的艾草色泽碧绿，香味浓厚，除此之外，配上上等的糯米后，麻糍的品相和味道都格外出众。因此，麻糍成为下水村的著名特产，更成为东钱湖的一张美食名片。

②售卖麻糍，宣扬家乡特有美食。亲手制作的麻糍再一次成功出炉，孩子们还将麻糍分享给中班、小班的弟弟妹妹品尝。可是，麻糍还剩下好多，怎么办呢？尧尧提议："我们像植树节卖绿植一样，摆摊卖出去吧！""像下水村的奶奶们一样，卖出去好了。"这不，说干就干，孩子们有了植树节义卖的经验后，开始有条不紊地拿出原先的收款码，布置场地，准备包装盒了。

"下水麻糍的包装是透明的，我们的包装看不到麻糍，万一吸引不到顾客怎么办？"圆圆问道。"设计一个代表我们班级的标志吧！"就这样，"logo设计小队"诞生了。大家通过介绍、投票，最终选出了独属大二班的logo，并将其贴在麻糍包装袋上。

"快来买啊！刚刚做好的麻糍！"麻糍售卖在孩子们的吆喝声中拉开了帷幕，有的热情地请爷爷奶奶来试吃，有的大声吆喝叫卖："没有现金也可以扫付款码哦！""东钱湖麻糍，很有名的，快来买啊！"在孩子们热情的吆喝声中，不一会儿麻糍就售罄了（见图7.11）！

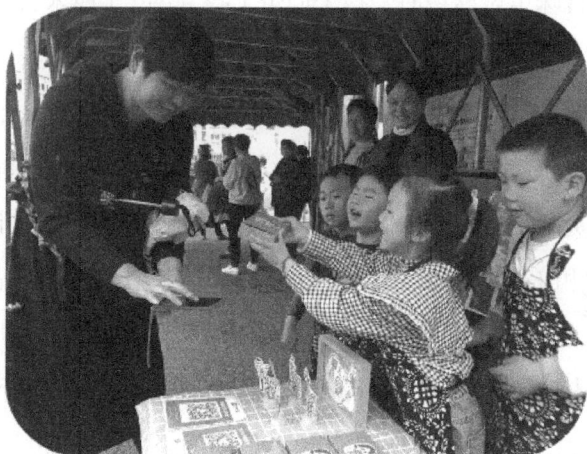

图 7.11　幼儿售卖麻糍

5. 活动反思及收获

在整个麻糍课程活动中，新内容不断生成，整个活动越来越丰满（见图 7.12）。

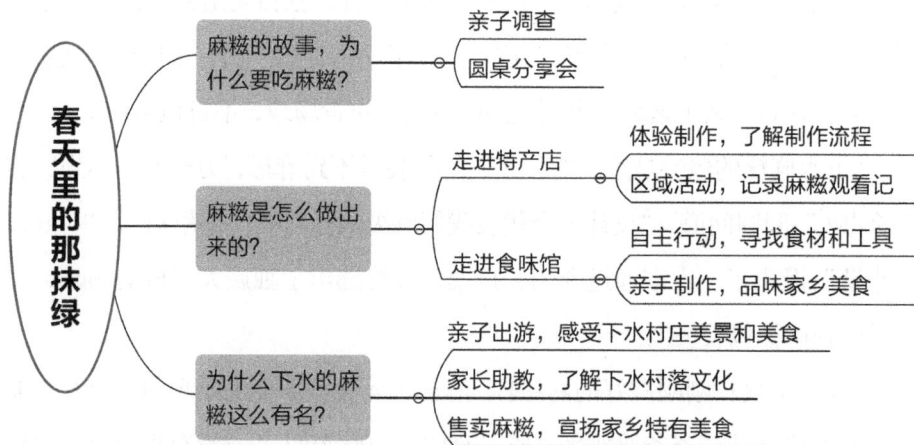

图 7.12　"春天里的那抹绿"课程活动调整后框架

观看麻糍制作的活动，培养了幼儿用写写、画画的方式表达自己对事物看法的习惯；做麻糍的实践操作，让幼儿感知了测量工具在生活中的应用，掌握了揉、擀、剪等美食制作技能；麻糍售卖的活动，给幼儿创造了充分表达自我的机会。

活动前，教师进行了充分的预设，使得活动有条理、有针对性。在遇到问题时，幼儿习惯向老师求助。因此，教师多次支持幼儿自主寻求帮助，解决问题，提升大班幼儿解决问题的能力。而在后续班本化活动中，教师还需要继续加强，给予更多的手段支持幼儿，使其真正具有解决问题的能力。

班本课程二：青团的故事

5 月，春天已悄然过去，关于麻糍的课程活动快接近尾声了，可孩子们仍然保持着十足的新鲜感。这一切都源于家长助教，孩子们了解到原来其他地方也有麻糍，只不过每个地方的麻糍都不一样，有的跟东钱湖一样没有馅料，有的地方却加了馅料。这时班中的瑶瑶马上说道："我吃过有馅的麻糍，我奶奶说叫青团！"瑶瑶的说法马上引起了班级孩子的共鸣，很多东钱湖本地的孩子也都附和道："对对对，我也吃过！""我外婆还会自己做呢！"……那么，我们能不能尝试做有馅的麻糍呢？想不如做，孩子们马上决定自己动手做"升级版"麻糍——青团。

1. 课程调查

（1）幼儿经验调查。

同麻糍课程一样，在课程开展前，教师围绕"关于青团你知道什么"以及"关于麻糍你还想知道什么"的问题进行了一次谈话。根据孩子们的回答，教师提取关键问题进行了价值分析，设计了下一步的实施途径（见表 7.6）。

表 7.6　课程活动关键问题及价值

问题	价值	实施途径（预设）
麻糍有麻糍被的故事，青团有什么故事？	知道青团的由来及文化	家园合作、小组分享
青团是怎么做的？和麻糍的做法一样吗？	了解青团的制作方法，尝试解决问题	教学活动、实操
青团是什么味道的？	制作创新青团	观看视频，制作青团

（2）各类资源调查。

有效的资源是课程实施的重要保障。本次青团课程，有较为丰富的人力、社区、园所资源支撑（见表 7.7）。

表 7.7　青团课程资源调查情况

类型	可利用的资源
地域资源	宁波的南塘老街、鼓楼、欧文蛋糕店等会售卖特色青团
园所资源	幼儿园的田间种植了一片艾草，可供幼儿观察、采摘
人力资源	班级生活老师有丰富的青团制作经验

2. 课程目标

为了课程开展更有目标和方向，教师围绕制作青团的由来、青团的材料、制作青团的方法和青团的馅料这四个关键问题，制定了本次课程活动的主要目标。

（1）查询资料，了解青团的历史典故及营养价值，并能大胆清楚地讲述出来。

（2）通过调查对比，了解新鲜艾草同冷藏艾草的区别，并知道常见的食品保存方法，如风干、晾晒、冰冻等。

（3）在操作中尝试使用不同的制作方法，了解不同的制作方法带来的食材变化。

（4）喜欢动手制作美食，并敢于发挥想象力和创作力，对食物的口味进行不同的创新尝试。

3. 预设课程框架

结合调查结果和关键问题，预设了本次课程活动框架（见图7.13）。

4. 课程活动

（1）了解青团的典故。

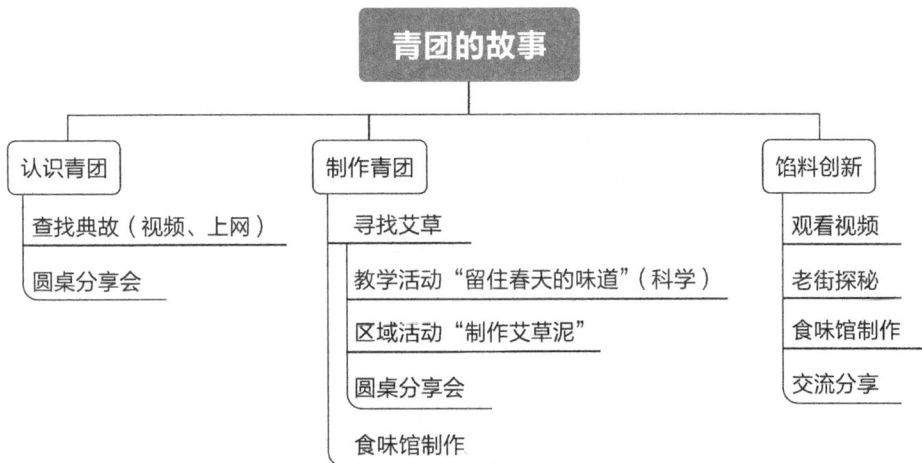

图 7.13 "青团的故事"课程活动框架

"胡老师，麻糍有麻糍被的故事，那青团有什么故事呢？"萌萌的一个问题，顿时引起了孩子们的共鸣，一个个小脑袋都抬了起来，等待着老师的解答。基于上一次的麻糍课程反思，我们决定将更多的问题交给孩子们去解决。

于是，教师也无奈地摇摇头，"谎称"不知道。下课后，几个孩子跑到我身边："胡老师，你打开喜马拉雅，这里面一定有青团的故事。"（由于班级特色是讲故事，因此孩子们每周都会在喜马拉雅 App 中讲故事录音，对里面的功能有一定的了解）

打开后，果然找到了青团的故事，孩子们都兴奋地跑了过来。认真倾听后，他们终于知道青团的典故源自太平天国年间，还知道青团是江南一带的传统特色小吃，也是外出郊游时常带的一种小吃。知道故事的孩子兴奋不已，纷纷表示要做好吃的青团。

（2）寻找食材——艾草。

①发现问题：耕种苑没有艾草了，怎么办？在青团和麻糍的对比中，孩子们发现这两种食物都用到了艾草。这不，中午散步时间，孩子们三五成群来到耕种苑，径直走向了艾草种植区。"老师，这个艾草怎么长成这样了？"奇奇大声问道，孩子们也惊奇地围了过来。

> 瑶瑶：这个艾草应该不能吃了吧。
>
> 璐璐：胡老师，你说这个艾草长那么高了还能吃吗？
>
> 嘟嘟：如果不能吃就太浪费，本来还可以做很多青团的。

"可以的。""不可以吃的，会中毒的！""才不会中毒呢，可以吃的！"孩子们七嘴八舌。此刻，面对孩子们的质疑，看着他们一个个充满疑惑的眼神，我突然心头一想：艾草长高以后，不就是端午节习俗中要挂的艾草吗，于是决定将这个问题交由孩子们来解决，引导他们通过查阅资料、翻阅绘本、询问身边人等方式寻找答案，然后通过圆桌分享会（见表7.8）的方式分享问题的答案。

表7.8　圆桌分享会之艾草知多少

获得的信息	价值	教育措施
艾草最佳采摘的时间是4月、5月初	农作物都是有采摘的时节和时间的	投放相关绘本
艾草长高以后会变老，影响口感，要提早采摘新鲜的放在冰箱里冷藏	食物的储存方式	教学活动
端午节到来的时候，挂长高的艾草是一种习俗	了解中国传统节日的习俗	投放相关绘本，后期制作艾草菖蒲

通过表 7.8 可以了解到，孩子们通过本次圆桌分享会清楚地知道了艾草的最佳采摘时间、艾草长高后的作用以及新鲜艾草采摘后可以低温储存，留住"春天的味道"。

> 小小：储存过的艾草是什么样的呢？味道会不会怪怪的？
>
> 欣欣：我妈妈上次在冰箱里放了一些菜，拿出来的时候都坏了。

"胡老师，我看到大一班门口的食育区，每周都在做麻糍，他们用的艾草是不是就是冷藏的？"孩子们去询问了大一班的王老师，得知原来他们用的是从网上买来的冷藏艾草。"我们也去网上买吧！"在之前的麻糍课程中，孩子们已经有了初步的网购经验，于是马上请求班里的俞老师网购了艾草。

②比较艾草：新鲜艾草 vs 网购艾草。新鲜的艾草和我们从网上购买的艾草是不是一样的呢？为什么在耕种苑没有艾草的情况下，我们还能从网上买到艾草呢？孩子们进行了各种各样的猜测。

> 丢丢：网络很神奇，任何东西网上都能买到。
>
> 璐璐：因为有人把艾草摘下来，晒干之后就能继续用了。
>
> 尧尧：是不是像茶叶一样，把艾草摘下来，晒干后再用呢？

《指南》："能通过观察、比较与分析，发现并描述不同种类物体的特征或某个事物前后的变化。"为此，网购的艾草到货后，教师决定让孩子们先到田地里采摘一些新鲜的艾草，然后同冷藏的艾草进行比较。孩子们一边拿着刚从田地里摘来的艾草，一边又睁大眼睛看着冷藏过的艾草，并借助双气泡图，记录下相同点和不同点。通过自主观察，孩子们发现它们的相同点是：都有清香的气味；不同点是：新鲜艾草颜色更绿，是干燥的、冷藏的艾草变成了泥状，颜色更深，很湿。

③了解食物的保存方法：风干、晾晒、冷冻等。网上买来的艾草泥是怎么做出来的？于是，一节科学活动"留住春天的味道——艾草"就生成了。课堂上，孩子们了解到将食物进行冷藏的原因。同时，通过观看视频了解到，艾草泥是把新鲜的艾草蒸过后，再用捣臼捣成泥状，再进行冷冻，冷冻的作用就是长时间保存。课后，教师在科学区投放了制作艾草泥的材料和工具，让孩子们在直接体验、亲身感知中进一步对食物的储存方法有一定的认识。

冷冻能让食品保存得更长久，这个方法可真不错。生活中，还有哪些方法可以长久地保留食品呢？教师下发了有关食物储存办法的调查表，通过家园配合＋分享会，孩子们知道了更多食物储存的好方法，比如风干、冰冻等。原来，生活中有各种各样的食材保存方法，比如茶叶晾晒后烘炒，鱼虾在速冻箱中冰冻，鸡鸭鱼肉风干晾晒后可以保存更久……

（3）制作青团。

①研究青团的制作方法：需不需要用捣臼？有了原材料，我们可以动手做青团了。孩子们又提出了疑问："青团怎么做？也跟麻糍一样，用捣臼捣吗？""我觉得跟做包子一样，把粉和好后，包馅就可以了。"到底用什么方法做青团好呢？我们一起来试一试吧！我们将幼儿分为"捣臼组"和"和面组"，开始探索不一样的青团做法。

捣臼组：用做麻糍的方法，先把粉弄湿，蒸熟，再加入艾草泥，在捣臼中用力将其捣成绿色的面团。将捣好的面团搓成一个个圆球，再加入豆沙或者芝麻馅，这样青团就做好了。

和面组：直接在生的粉里加入艾草泥，和成均匀的绿色面团，搓成一个个圆球，加入豆沙或者芝麻馅，上锅蒸熟。

两个制作小组的作品出炉后，我们进行了简单的"青团品尝会"，让孩子们观察两种青团的外观，品尝味道，比较其中的差异。

②经验升华：比较不同制作方法。比一比，用不同方法做出来的青团有什么区别？哪种味道好？孩子们表达了自己的想法。

> **丢丢**：捣臼组做出来的青团，颜色更绿。
>
> **点点**：和面组做的青团，还能吃出一丝丝艾青，捣臼组做的吃不出来。

原来，用不同的方法也能做出青团，只不过外观、口味会有差别。不同的制作方法会让同样的食材变化出不同的味道。大家品尝后，一致决定采用捣臼的方法制作青团，这样的口感更加细腻、爽滑。

③查询资料，了解艾草的营养价值及功效。看到孩子们能熟练制作青团后，教师开始反思：在了解家乡传统小吃的基础上，也应该知道食物本身的营养价值。为此，教师提出麻糍和青团两者的共同点是什么，为什么要用艾草这种植物而不用芹菜、青菜，它有什么营养，为什么要用它做小吃等问题。

一连串的问题，让孩子们陷入了思考。教师将这些问题贴在教室的问题墙上，等待孩子们的解答。

第二天，就有好多孩子拿着答案贴在问题下面。两天后，教师根据孩子们搜集到的答案开展了一节科学活动课"艾草的营养"，通过闻闻、看看和分享，孩子们知道把艾草加入食材中，有平喘、消火、抗菌、除湿的作用，它还可做成艾草窝窝、艾草饺子、艾草糍粑，等等。同时，艾草不光可以变成食材，还可以制成艾灸贴、艾灸条来调理身体，晒干的艾草还可以用来泡脚驱寒。原来小小的艾草有那么大的功效，孩子们对此感叹不已。

（4）馅料创新——不一样地青团。

①遇到问题：我不爱吃甜的，怎么办？在青团品尝会上，我们发现小朋友杰杰一口青团都没有吃，怎么回事呢？通过询问得知，他不爱吃甜食。有

多少小朋友不爱吃甜食呢？我们进行了一场小小的"口味调查会"。通过统计调查，我们发现班上有 12 名小朋友不喜欢吃甜食，以男生为主。那他们就没法尝到青团的味道了吗？

②解决问题：有没有办法满足所有孩子的味蕾需求？孩子们开动起了小脑筋。

> 圆圆：豆沙馅很好吃，你们吃一口试试看呀。
>
> 诺诺：你们可以只吃皮，不要吃里面的馅就好了。
>
> 丢丢：那你们爱吃咸的吗？我们能不能做咸的青团？

这个想法可真不错！是呀，为什么我们不能做咸的青团呢？孩子们纷纷掀起头脑风暴，想出了各种咸口的青团馅料，比如：笋丝味、咸菜肉末味、咸蛋黄味，等等。最后，我们通过商量，根据实际情况（材料的购买是否便捷，操作是否方便，小朋友的口味等综合因素），决定尝试做咸菜肉末味的青团。

在生活老师的帮助下，我们先炒咸菜肉丝，然后用小勺子把炒熟后的咸菜肉丝包进青团里，再上锅蒸熟。味道怎么样呢？那些不爱吃甜食的孩子反映，这种口味的青团，既有艾青的清香，又有咸菜肉丝的鲜味，味道非常不错！终于，不爱吃甜食小朋友也能尝到青团的味道了！

③动手尝试：旧瓶装新酒，咸口、甜口，滋味大不同！青团一定是豆沙馅或者芝麻馅的吗？孩子们用实际行动证明：青团也能有各种各样不同的馅料。对于传统青团馅料的变革，彻底激发了孩子们的创作热情。

> "老师，我可以做巧克力味道的青团吗？"
>
> "老师，我想吃水果味的青团，我们一起试一试吧！"

"老师，我在酒店吃过油炸冰激凌，我们可以做油炸青团冰激凌吗？"

……

各种各样的想法出现在孩子们的脑海里，我们趁势下发了一张"新奇的青团"调查表，让孩子们将他们天马行空的想法用文字和图画记录下来。

接着，我们在食味馆一一实践了孩子们新奇又富有想象力的想法。巧克力味的青团制作方法很简单，吃起来和豆沙馅、芝麻馅差不多；水果味的青团味道有点怪，水果蒸过后有点酸；冰淇淋味的青团，在包馅的过程中遇到了很大的困难，冰淇淋很容易化，也不容易包进面团里，蒸熟后，冰激凌都化掉了，吃的时候都流到了手上，体验并不好……

虽然传统青团都是甜口的，但是我们也可以因时制宜，创造出不同口味的美食，以满足不同个体的需求。同时，我们也可以将两种完全不同的食材进行重新搭配、组合，让它们产生不一样的效果。

在一次次的探索、发现中，孩子们了解了食物的常见保存方法，知道了制作方法不同，食物的口感也会发生变化，用创新的思维赋予传统青团不一样的味道，从中收获了知识、技能和思维。

第八章

食之研——走进食研馆

SHI ZHI YAN——ZOUJIN SHIYANGUAN

食育，作为一种与生活密切相关的课程内容，如果忽略对科学素养的培养，那这绝不是科学的、全面的食育。

将美食和科学相结合，绝对少不了花样繁多、趣味无穷的厨房小实验，这也正是食研馆的存在基础。用孩子的语言来说就是食物研究室，这个实验室里不单单有食物的观察比较，更多的是食物与食物碰撞下的科学"魔术"，孩子在食研馆进行科学小实验，比如经典的爆炸火山蛋糕、唱歌的蛋糕、有弹性的鸡蛋等。这些实验用的都是最常见的食材，却能激发出孩子科学探究的兴趣，让他们了解到科学的知识。

幼儿期的科学启蒙是幼儿日后科学素养提升的起点，有效地设计和组织科学教育活动是科学教育质量提高的关键。在食育活动中教师应在幼儿年龄发展特点和班级幼儿现有发展水平的基础上，选择合理的科学教育内容，这些内容在逻辑上应该是连续的并富有层次的，而不是随意的或者盲目安排的。不同的活动，教师确定的重点也应该各不相同。如观察醋与小苏打的酸碱中和反应，应该重点引导幼儿观察实验现象，并进行简单的记录；有些活动则更应该关注对科学方法的认识，如工字形支架重心的寻找、腌制食物时盐的称取等。

好奇心是幼儿参与活动的内驱力，及时发现幼儿的好奇心应合理利用幼儿的好奇心激发其对科学的强烈的探究欲望；活动内容则应该选取幼儿最感兴趣的科学问题，尽可能地采用幼儿参与的方式帮助、引导幼儿了解、掌握最基本的科学知识和方法。教师还可以创设适宜的情景、条件，方便幼儿感受科学探究的过程和方法，体验探索和发现的快乐，活动模式如图8.1所示。

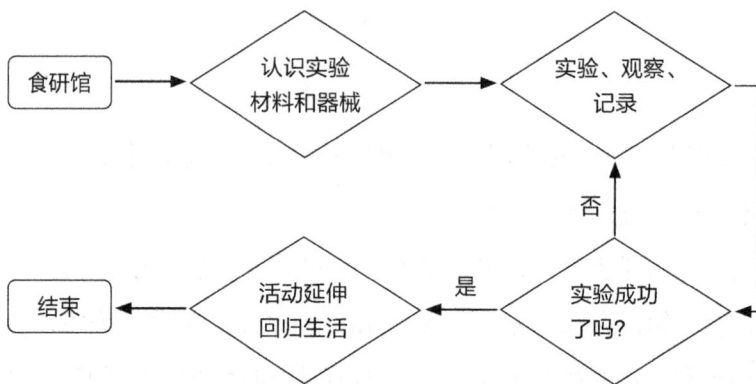

图 8.1　食研馆活动模式

　　食研馆，顾名思义，就是做食物研究的地方，主要是让幼儿在与食物接触、进行实验的过程中了解食物实验中蕴含的科学道理。参与食研馆的活动，不单纯是为了进行各种科学小实验，更多的是让幼儿探索生活中的科学现象，了解生活中的科学道理。在自己尝试和观看同伴、观看老师甚至是观看影视频资料的过程中了解科学实验常用的方法，认识各种常见食物的原料和实验所用器械，在实验的过程中能够汲取失败的教训，分享成功的喜悦，体验科学探究的不易。

　　食研馆的日常活动包括对常规的实验器械的认识和对实验方法的介绍等，这些内容的学习主要隐含在以各式各样的幼儿经常接触到的以食物为原料的科学实验中。活动中有老师前期预设的学习内容，也有深挖幼儿兴趣而生成的活动，活动组织的变动性较大。除了日常老师进行集体教学，还邀请小学或者初高中的科学老师，或者通过班级家长的资源等邀请专业人士向孩子们介绍各种有趣的科学小实验，让他们在专家的指导下进行更科学地学习，更深入地探究。

一、食研馆活动主题与内容

在中国人的厨房里，各式各样的调料是激发食物味道的神奇材料，而利用时间、温度、湿度等自然因素而进行的食物转化更是让食物魅力无穷。一菜一汤的制作、一朝一夕的等待中无不显示了中国人独有的科学智慧，如何让孩子了解调料里的科学秘密和食物贮存所包含的科学现象，就需要带领孩子走进调料的世界，让他们尝试自己腌制食物，贮存食物，在自我探索的过程中感受生活里的科学。

（一）"奇妙的调（配）料"主题

众所周知，我国传统菜肴有咸、甜、酸、辣、麻、香这些口感，这些口感离不开调料的使用。用好调料不但可以调出美味，还可以增色、增香，提鲜，成菜。调味料也称佐料，炒菜的时候在菜里加入少量可提升菜品的味道。什么时候放调料、该放什么调料，既要保持烹调后菜的色香味，又要保持菜中营养素不被破坏，的确是一大学问。但是现在的幼儿可能连有哪些调料都不清楚，虽然知道米醋，但是不知道还有白醋、果醋，虽然知道酱油，但是不知道生抽、老抽。因此在幼儿期为幼儿建立一个正确的调料观念对其今后健康饮食至关重要。本次主题旨在通过边认识调料边利用调料进行科学实验的过程，让幼儿更加深入地了解调料及其作用，并且能够对其进行分辨、加工，改变调料形状，体验动手动脑的乐趣，主题脉络如图 8.2 所示。

图 8.2 "奇妙的调（配）料"主题脉络

🎯 **主题目标**

1. 认识几种常见调（配）料的名称、味道的特点和作用

2. 能用嗅觉、味觉、视觉等多种感官对调（配）料进行辨别、组合、加工等

3. 体验食物小实验的乐趣，能够动手动脑解决实验中的难题，并且进行实验记录与分享

⏱ **主题活动**

活动一：认识调（配）料

【活动目标】

1. 通过看、摸、比、尝、闻，幼儿能了解调料的显著特征并能正确区分

2. 能将自己品味调（配）料时的感受和味道用语言表达出来，喜欢探索生活中特别的调（配）料

【活动准备】

1. 适量盐、糖、醋、酱油、料酒、酵母、淀粉

2. 盘、勺每人各一套等

【活动流程】

1. 让幼儿介绍自己知道的味道

师：小朋友，你们知道哪些味道？

2. 引导幼儿通过看、摸、比、尝、闻等手段说出调料的特性

师：今天，老师准备了一些东西，请你们来玩一玩。看看这是什么东西？它们有什么味道？

（1）幼儿操作，教师指导。

鼓励幼儿大胆操作，自由交谈。如："这些东西除了尝（闻、摸……），还可以怎样玩？"

（2）引导幼儿表达操作结果并逐一认识调料。

师：刚才你们玩了什么？怎么玩？发现了什么？

3. 引导幼儿正确分辨调料（糖与盐、醋与酱油）

（1）请幼儿根据自己的经验说说分辨的缘由。

（2）教师小结，可以通过看颜色、摸黏手程度、尝味道等方法来辨别。

4. 请幼儿品尝菜肴，加深对各种调料的认识

师：老师给小朋友做了几道菜，请你们尝一尝是什么味道？

活动二：彩虹棒棒糖

【活动目标】

1. 能够按照步骤进行实验，初步尝试解决实验过程中出现的问题

2. 体验动手动脑进行食物实验的快乐

【活动准备】

适量糖、色素、锅

【活动流程】

1. 激趣导入

师：小朋友，今天我们来做一做彩色棒棒糖。

2. 教师示范，幼儿操作

（1）教师示范实验步骤。

第一步：先将小棒的一端浸在水里，再将其插入白糖杯。让小棒覆盖上5厘米～7.5厘米长的白糖颗粒，然后放置晾干。

第二步：将2杯水和5杯糖放入锅里煮，直到白糖溶解在水中变成糖浆，冷却后待用。

第三步：糖浆不烫后倒入玻璃容器里，加入食用色素并搅拌。

第四步：染色的糖浆冷却至室温，将小棒上沾有白糖的那一端浸入糖浆，放置一段时间，拔出来晾干就是"冰糖宝石"了。

（2）幼儿操作，教师巡回指导。

3. 幼儿记录分享

幼儿记录操作步骤，讨论失败原因与解决方式。

活动三：会爬的盐晶体

【活动目标】

1. 能根据实验步骤进行实验操作，初步了解三种绳子中盐晶体的爬行差异

2. 体验自己动手动脑的快乐

【活动准备】

每人三段15厘米的绳子（麻绳、棉绳、塑料绳）、盐、容器、色素

【活动流程】

1. 激趣导入

师：小朋友们，做菜放的盐竟然会爬行，我们今天来试试吧！

2. 教师示范讲解实验步骤

第一步：准备每人三段 15 厘米的绳子（麻绳、棉绳、塑料绳），在绳的一端各打一个或两个结。

第二步：把水煮开，每次往水里加一勺（18g）盐。一直搅拌直至无法再溶解盐，待其冷却就获得了过饱和盐溶液。

第三步：冷却后，往每个容器里倒入 60ml 盐水和色素。

第四步：将绳子打结的一端放入彩色的盐水里，在绳子的另一端系上一个回形针。放入盐水里的绳子会浮上来，所以要轻轻转动，让绳子浸泡在盐水里。系有回形针的绳子一端一直悬挂在容器的外侧。

3. 记录分享

（1）幼儿用放大镜观察绳子上的盐晶体并且记录变化。

（2）得出三种绳子中盐晶体的不同爬行表现。

活动四：酵母吹气球

【活动目标】

1. 尝试利用酵母加其他物品使袋子变鼓，初步了解酵母的作用原理

2. 愿意参加酵母吹气球实验，有一定的探索精神

【活动准备】

可封口的小塑料袋、笔、活性干酵母、盐、白糖、水、酵母工作原理视频

【活动流程】

1. 谈话导入

师：今天老师要变一个魔术，不吹气但是能让气球自己慢慢变大，一起来看看吧！

2. 教师示范制作

（1）在 4 个可封口的塑料袋上贴上标签。

①酵母＋糖＋温水；②酵母＋糖＋冷水；③酵母＋温水；④酵母＋盐＋温水。

（2）往每个塑料袋里添加两勺（10 克）酵母，再分别向贴"糖"标签的塑料袋内添加两勺糖，向贴"盐"标签的塑料袋里添加两勺盐。

（3）根据塑料袋上的标签，小心地往每个袋子加杯（120 毫升）水。

"温水"指的是不太热的水，否则会破坏酵母；"冷水"指的是常温水，也可以往水里加入冰块让水更凉一些。

（4）挤掉尽可能多的额外空气，把袋子密封起来放在桌子上。酵母在装温水的塑料袋中会比在装冷水的塑料袋中生长得更快。

（5）观察塑料袋，看看会发生什么。

袋中二氧化碳气体增加，含有酵母的袋子会膨胀，这说明袋中的酵母细胞生长得很好。

3. 幼儿操作、记录、分享

（1）幼儿每四个一组进行实验，并且记录下操作过程。

（2）幼儿分享自己在操作过程中的发现、遇到的问题和解决问题的办法。

4. 观看视频，了解原理

幼儿观看酵母工作的视频，初步了解神奇的酵母与酵母在生活中的应用。

活动五：神奇的淀粉

【活动目标】

1. 能根据步骤进行实验操作，体验玉米淀粉与水之间的关系神奇变化

2. 乐意参与实验活动，感受实验带来的快乐和神奇

【活动准备】

每人一支记号笔、一张记录表、一个碗、色素、玉米淀粉 500 克

【活动流程】

1. 谈话导入

师：小朋友们都吃过羹，那你们知道羹为什么很黏稠吗?

师：因为在汤里放了玉米淀粉。今天我们一起来玩一玩玉米淀粉游戏。

2. 教师示范制作，幼儿操作

（1）教师讲解制作步骤：将玉米淀粉放入碗中，再放入适量的水，然后用手搅拌。

（2）幼儿操作，教师巡回指导。

（3）幼儿玩淀粉，尝试加入不同量的水，感受淀粉在手中变化的奇特现象。

3. 记录分享

（1）每个幼儿记录下自己的操作过程。

（2）幼儿分享自己在操作过程中的发现、遇到的问题和解决问题的办法。

活动六：液体彩虹

【活动目标】

1. 通过实验初步了解不同液体的密度

2. 体验自己动手动脑的快乐，初步尝试解决实验过程中出现的问题

【活动准备】

盐、糖、蜂蜜、水、色素、食用油

【活动流程】

1. 谈话导入

师：你们觉得蜂蜜和油倒在一起后会合在一起，成为好朋友吗？

2. 幼儿猜想实验

（1）幼儿猜想并且动手实验，得到结论。

（2）幼儿分享实验结果：油和蜂蜜不会合在一起。

（3）提高难度：加上水以后它们会不会合在一起？（注意顺序是先放蜂蜜，再放水，最后放油）然后把钉子、葡萄、瓶盖扔下去看看它们的沉浮状态。

（4）幼儿操作并且记录实验现象，教师巡回指导。

（5）分享自己在操作过程中的发现、遇到的问题和解决问题的办法。

3. 初步了解密度的秘密

播放视频初步了解密度的概念。

【延伸活动】

继续探索其他液体的密度大小。

活动七：油水烟花、水油熔岩

【活动目标】

1. 积极参与实验，并能尝试记录实验过程，了解油水不融合的原理

2. 能大胆尝试解决实验过程中出现的问题，体验科学探究的乐趣

【活动准备】

色素、油、水、（色素一个先加入油、一个先加入水）

【活动流程】

1. 谈话导入

师：今天老师带小朋友们一起在水里放烟花，我们一起来试一试吧！

2. 教师示范制作，幼儿操作

（1）教师讲解，幼儿操作：往玻璃杯里倒入少量油，选取三种颜色的食

用色素滴加 1～2 滴。幼儿用搅拌棒搅拌，观察现象：油和色素不会融合，而是呈小颗粒状。

（2）教师讲解不会融合的原因，引导幼儿继续实验，将调好的油全部倒入温水中，观察并且记录实验结果。

（3）重复实验，幼儿观察并且记录。

3. 记录分享

（1）每个幼儿记录下自己的操作过程。

（2）幼儿分享自己在操作过程中的发现、遇到的问题和解决问题的办法。

活动八：做米醋

【活动目标】

1. 了解醋的分类及其在日常生活中的用处

2. 尝试自主制作米醋，并能将制作过程进行记录

3. 感受探究米醋的乐趣，尝试用味觉感知食物

【活动准备】

熟米饭、白糖、凉开水、搪瓷缸、记录表、笔、碗、陈醋、米醋、白醋、果醋

【活动流程】

1. 了解米醋及其用处

师：小朋友们你们吃过米醋吗？都是怎么吃的呢？味道是什么样的？

师：米醋是酸酸的，有白醋和黄醋等类别，白醋更酸。醋可以蘸着吃，可以蘸咸蟹、饺子，也可以煮菜，做好吃的糖醋小排就需要用到醋，它还可以凉拌菜，比如我们宁波人经常吃的凉拌海蜇丝。

2. 品尝米醋，感知不同米醋的区别

幼儿品尝陈醋、米醋、白醋、果醋，品尝不同醋的味道，感知颜色上的

细微差别，了解其在日常制作食物时的作用及在日常生活中的小用处：清洁水渍，清洁马桶等。

3. 知道米醋的制作方法

（1）师幼一起观看视频，了解米醋的用处和制作方法。

（2）教师示范制作米醋的简单步骤。

①首先把熟米饭放凉，把器皿洗净晾干。②将1小碗米饭、1小碗凉白开水、2勺糖装入碗中，搅拌均匀直接放入搪瓷保鲜缸。③密封好，室温存放在不见光的地方，放半年。

（3）了解米醋制作成功的标准。

做好的米醋上层是澄清液，下面的就是糟，澄清液有酸味就可以吃了。

4. 幼儿进行记录与分享

（二）"食物的加工和贮存"主题

自古以来，人们就用许多方式储存食物。例如《诗经》中就记录了以冰窖存物的方法。随着现代物质水平的提高、科学技术的发展，贮存食物不仅是为了保存食物，而且可以更广泛地表现为口味的丰富、携带的方便，以及适应现代生活的需要。孩子们在日常生活中也经常能看到各种食物，有的被贮存于真空包装袋中，有的浸泡在各类瓶瓶罐罐中，还有的悬挂在竹竿上。同样，孩子们也常有机会吃到这些经过特殊贮存或加工的食品。然而，为什么要加工、贮存食物？怎么来贮存食物？幼儿对这方面的知识却了解甚少。因此，食物的加工和贮存这一活动旨在让孩子们在操作、谈论、比较中了解粗浅的食物加工和贮存的方法及其给现代生活带来的种种好处，培养他们对生活小科学的探索兴趣，满足他们的好奇心，主题脉络如图8.3所示。

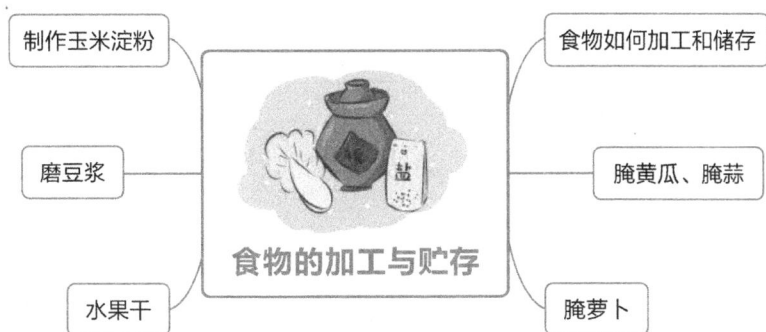

图 8.3 "食物的加工与贮存"主题脉络

🎯 **主题目标**

1. 了解粗浅的食物加工方法，知道食物贮存的几种方式和原理

2. 利用食物加工和贮存的科学小实验，了解食物变化的多样性

3. 知道贮存给现代生活带来的种种好处，培养幼儿探索兴趣，满足好奇心

⏱ **主题活动**

活动一：食物如何加工和储存

【活动目标】

1. 了解各种食物的加工和储藏方式，尝试用绘画的方式记录过程

2. 学会用标签进行记录

【活动准备】

各种加工后的食物

【活动流程】

1. 谈话导入

师：我们平时会吃许许多多的食物，你们知道这些食物都是怎样加工和储存的吗？今天我们就来了解一下都有哪些方法。

2. 介绍加工和贮存方法

（1）教师出示一份加工食品，请幼儿猜猜加工方法。

（2）画一画你见过的方法。

（3）介绍食品安全五要点和食品贮存三要点。

3. 记录分享

尝试自己给食物设计标签，了解标签的要点

活动二：腌制黄瓜、蒜

【活动目标】

1. 能用各种工具将黄瓜切成长条，并进行腌制

2. 喜欢参与洗黄瓜、切黄瓜、腌黄瓜、腌蒜的过程，并能用自己的方式对操作进行记录

【活动准备】

人手一把塑料刀、8 根黄瓜、一斤新鲜蒜、碗、人手一张记录表

【活动流程】

1. 谈话导入

师：这是什么？（教师出示黄瓜和蒜）今天我们要用黄瓜和蒜做一道美食——腌黄瓜、腌蒜。

2. 幼儿猜测、操作

（1）教师介绍材料工具，示范制作的步骤。

（2）幼儿尝试将黄瓜切成粗细均匀的长条，教师巡回指导。

（3）幼儿将切好的黄瓜洗干净，撒上盐并搅拌，观察黄瓜遇盐后的变化（观察水的多少）。

（4）幼儿清洗蒜头，加入调料，密封保存。

3. 记录分享

每个幼儿记录下自己的操作过程和遇到的问题与解决办法。

活动三：腌制萝卜

【活动目标】

1. 能用各种工具将萝卜切成长条，并能用画图记录操作过程

2. 积极参与腌制萝卜的过程，感受食物变化的神奇过程

【活动准备】

人手一把塑料刀、8根萝卜、密封罐、白糖、醋、盐、人手一张记录表

【活动流程】

1. 谈话导入

师：这是什么？（教师出示萝卜）今天我们要用萝卜做一道美食——腌萝卜。

2. 幼儿猜测，幼儿操作

（1）教师介绍材料工具，示范制作的步骤。

（2）幼儿尝试将萝卜切成粗细均匀的长条，教师巡回指导。

（3）幼儿将切好的萝卜洗干净，撒上盐并搅拌，观察萝卜遇盐后的变化（观察水的多少）。

3. 记录分享

每个幼儿记录下自己的操作过程和遇到的问题与解决办法

活动四：制作玉米淀粉

【活动目标】

1. 能合作使用石磨制作玉米淀粉

2. 了解玉米变成玉米淀粉的神奇过程，对食物的变化充满兴趣

【活动准备】

玉米若干、石磨三个，刷子若干、盘子若干、电磁炉一个

【活动流程】

1. 幼儿剥玉米

（1）首先把玉米的外衣一层层剥掉。

（2）将玉米掰成若干段，再将玉米粒剥下来放在盘子里。

2. 幼儿磨玉米

（1）部分幼儿使用石磨磨玉米。

（2）部分幼儿使用捣臼捣玉米，再把玉米倒入外面的石磨进行研磨。

3. 成果显现

将磨好的玉米粉统一放在大盆里。

4. 幼儿尝玉米

（1）老师将磨好的玉米分批倒入锅中加热直至煮沸。

（2）幼儿品尝。

活动五：磨豆浆

【活动目标】

1. 积极参与制作豆浆的过程，了解豆类变豆浆的原理

2. 乐意与同伴分享自己制作的过程，为自己的成功感到自豪

【活动准备】

黄豆黑豆若干、石磨三个，刷子若干、盘子若干、电磁炉一个

【活动流程】

1. 幼儿观察豆子

（1）黄豆和黑豆经过一整晚的浸泡，有褪色的现象。

（2）幼儿发现有的豆子皮是褶皱的，有的豆子皮是光滑的。

（3）教师就幼儿的发现进行小结。

2. 幼儿磨豆子

（1）中班幼儿使用石磨磨豆子。

（2）大班幼儿使用捣臼捣豆子，再把豆子倒入外面的石磨进行研磨。

3. 成果显现

将磨好的豆浆统一放在大盆里。

4. 幼儿尝豆浆

（1）老师将磨好的豆浆分批倒入锅中加热直至煮沸。

（2）幼儿品尝。

活动六：制作水果干

【活动目标】

1. 能熟练使用各种工具将水果切片薄厚适宜

2. 喜欢参与制作水果干的过程，并能将水果干同身边的人分享

【活动准备】

塑料刀、各种水果若干、烤箱、人手一张记录表

【活动流程】

1. 谈话导入

师：今天老师给小朋友们带来了一些好吃的食物，你们知道是什么吗？你们知道这些水果干是怎么做出来的吗？

2. 幼儿猜测，幼儿操作

（1）教师介绍材料工具，示范制作的步骤。

（2）幼儿尝试根据各种水果的特点切水果片，教师巡回指导。

（3）师幼一起将切好的水果片放入烤箱烘烤。

3. 记录分享

每个幼儿记录下自己的操作过程和遇到的问题与解决办法。

二、食研馆活动观察与指导

在食研馆的活动中，教师在观察与指导时不能紧盯着实验的结果，要鼓励幼儿参与、提问、发现与探索，形成幼儿积极探究的活动氛围。

首先，在观察的过程中教师要给予幼儿出错的权利，特别是在实验中切不可生硬地打断幼儿的实验与讨论。幼儿的错误也代表着幼儿当前的认识水平，幼儿眼里的正确认知可能恰巧是成人眼里的错误认知，这两者都有存在的合理性。其次，教师在指导孩子进行探究活动时，不能强行将孩子的实验探究拉入自己预设的内容，不要急着将"脱缰的野马"拉回预定的轨道。教师过多的干涉和强制，实质上已经改变了幼儿自主探究的性质，这样既不尊重幼儿，也伤害了幼儿，时间一长，孩子的探究意识和探究欲望就所剩无几了。最后，教师应该尊重和接纳每一个幼儿的观点和兴趣，给予每个幼儿以激励性的评价，并挖掘每个幼儿的探究活动的独特价值，使其在每一次探究活动中都有所发现，有成功的体验。教师的评价在很大程度上决定了孩子"实验的成败"，食研馆的活动更应该体现幼儿的自主权和差异性，只有让每一个孩子都探索得开心，他们才能更开心地去探索，观察记录可参考表 8.1、表 8.2。

表 8.1　幼儿园功能室观察单

功能室名　称	食研馆	观察对象	妍妍、西西等	观察时间	3月18日	观察教师	费老师

观察实录	今天的食研馆活动中，孩子们都在自主选择合适的材料，观察盐水结晶现象。在挑选材料时，孩子们都认为应该挑选能吸水的材料，这样才能让盐水跑到绳子上去。 　　在挑选的过程中，妍妍和西西都挑选了浅色的毛线绳子，这种绳子上还有一点闪光的装饰。在实验开始后没多久，西西和妍妍就开始叫起来："老师你看，我看到了亮亮的东西！" 　　但是旁边的孩子却说："你的绳子本来就是亮亮的，你不是最先做好实验的。"听到这话，妍妍和西西就不说话了，默默看着自己的实验材料，看它有没有什么变化。 　　过了一会儿，西西拿来记录纸和笔，准备做记录。但是他趴在桌子上念叨着："我的绳子好像还是那个样子，怎么办呢？" 　　旁边的田田提醒他说："那你就看那个麻绳呀。" 　　听到这话，西西就开始观察，准备做记录

游戏照片	

发现问题	实验材料是否会影响实验的结果？自带闪光的绳子确实影响了幼儿的注意力，混乱了实验的观察对象。同时，我们可以看到幼儿解决问题的能力不足，不能及时发现、纠正自己的问题，对实验现象的分析能力不足，选择材料时有盲目的倾向。

分析与调整	从整个对话过程中可以看出，妍妍和西西挑选的毛线绳子自带闪光的装饰，影响了他们后期实验过程中的观察和记录。在这一过程中，教师在准备材料时没有关注到材料的适宜性，在实验前的操作提醒中更没有提及相关的内容。对于中班的孩子而言，他们对食盐水饱和结晶的现象没有前期的相关经验，所以在挑选材料时更不可能知道有哪些注意点。两名幼儿在选择毛线时考虑的是材料的吸水能力，从这一点出发他们选择毛线绳子是比较适宜的。 　　因此，在后期的活动中教师应该更注意细节，尽可能地减少不必要因素对孩子学习的影响。在这次的活动中，孩子们之间的相互对话给予这两名幼儿非常大的帮助，教师在后期的类似活动中还可以通过其他的方式引导幼儿及时更换实验材料等，让孩子的学习不留遗憾

表 8.2　幼儿园功能室观察情况

功能室名　称	食研馆	观察对象	嘟嘟	观察时间	2021 年 4 月 8 日	观察教师	舒老师

观察实录	这次食研馆的活动内容是制作醋。一起观看视频后，孩子们就对制作醋产生了浓厚的兴趣。制作醋的第一步是炒米，需要把米反复翻炒至微微发黄。嘟嘟非常积极地想来炒米，但在炒米的过程中又经常把米炒到锅外面。对此，我们进行了讨论，怎么翻炒米才不会使米掉到外面。经过讨论、学习，再次炒米，嘟嘟就没有把米翻炒到锅外面了。炒完米后，需要把米冷却后才能开始加糖和凉白开。然而，米自然冷却的时间太长，小朋友就想了很多办法，有的说吹一吹，有的说放冰箱，等等。嘟嘟说："教室里面热，外面冷，把米放到外面就会冷了。"小朋友们都赞同她这个说法。于是，她把米放到门口，没过多久米就冷了。小朋友一起把米装进玻璃罐子里，再加入白砂糖和凉开水搅拌。这样就制作好了，发酵后就成为米醋了

游戏照片	

发现问题	幼儿对制作米醋非常感兴趣。通过活动，幼儿对制作醋有了一定的了解，也提高了动手操作的能力。在活动中遇到问题时，幼儿能思考并去解决问题；不足之处是，幼儿对放食材的比例不了解

分析与调整	因为近期食研馆活动都是围绕醋开展的，幼儿对醋已经有了一定的认识和了解，知道不同米醋的区别，所以这次活动直接进入制作醋环节，幼儿兴趣很浓。通过视频和教师讲解，幼儿对如何制作醋有了一定的了解，但是对放食材的比例不了解。可以准备电子秤，告诉幼儿食材的比例，这样米醋制作更容易成功

三、食研馆课程故事分享

班本课程一：酸酸的醋，甜甜的品

今年春学期，中班的孩子们第一次入驻食研馆，这里有着让孩子们着迷的魅力。在"认识调料"的课程中，相较于其他的调料而言，小朋友对酸酸的醋更感兴趣，这不仅仅因为醋的种类多，更在于醋的味道、性质、实验方式多样。这是孩子们感兴趣、熟悉的、经常接触到的内容，我们抓住这一契机，与小朋友们一同探索他们感兴趣、想研究、可操作的"醋"。

有关"醋"的故事分享内容主要分为四个部分：走近·眼看嘴尝、浅析·泡泡王国、深究·醋与玩以及课程反思。

1. 走近·眼看嘴尝

（1）各种各样的醋。

醋的种类很多，我们在活动中为孩子们准备了陈醋、白醋、米醋和苹果醋。每种醋的性状都不尽相同，应该如何分辨呢？在探究的过程中，有的孩子用眼睛看，发现各种醋颜色不同；有的用鼻子闻，发现各种醋的气味不同，陈醋和白醋的味道很冲，苹果醋的味道很香。

在辨认醋的过程中，还有的孩子观察到每种醋的瓶子上的标签并不相同。观察瓶子上的标签就可以判断醋的种类，就像在超市里买零食一样。米醋瓶子的标签上有稻穗的图案，苹果醋瓶子的标签上有青苹果图案，小朋友们通过视觉、嗅觉，仔细观察并结合自身生活经验能够比较准确地辨析每种醋的简单特征。

（2）舌尖上的味道。

醋最为显著的特征就在于其酸酸的口感。孩子们在简单认识后，逐一品尝每种醋。在自己品尝和观看他人品尝时，丰富的面部表情使得孩子们议论纷纷，有的挤眉弄眼，有的眉开眼笑，有的紧皱眉头，活动氛围异常活跃。看到这一情形，我们在活动中抓拍了很多孩子们的表情，并生成了美术活动"各种各样的表情"，让孩子们进行欣赏和作画。

在品醋活动结束后，孩子们对每种醋的酸度也有了自己独特的认识。借助这一话题，我们鼓励孩子根据自身的感受，对醋的酸度进行排序，并记录下自己的品尝感受。

2. 浅析·泡泡王国

认识醋、研究醋，不应该只是看看、尝尝，那么要如何进一步挖掘醋与其他调料的不同，进行深入探究呢？在活动中，我们关注到了孩子们的一段活动场景。

在倒醋、品醋的过程中，小朋友们发现碗里竟然出现了气泡。

安安：你们看醋里有气泡啊！

迪迪：你们看，瓶子上也有气泡。

聪聪：难道是因为这些小气泡醋才会酸酸的？

大家纷纷猜测，这些气泡到底是什么呢？《指南》写到："支持幼儿与同伴合作研究与分享交流，引导他们在交流中尝试整理、概括自己探究的成果，体验合作探究和发现的乐趣。"如一起讨论和分享遇到的问题与自己的发现，一起想办法搜集资料，验证猜想。于是我们带着孩子从"水"出发，开始研究——究竟是什么躲在泡泡里。

（1）水里的气泡。

在探究气泡里有什么时，孩子们自己进行装水、摇水、吹气、倒水等一系列操作（见图8.4）。在这一过程中，孩子们发现水龙头里的水冲进瓶子时会有气泡，将水全部装进瓶子后摇晃瓶子，水里也会出现很多气泡，利用吸管将气吹进水里，水里的气泡更加明显。在这一过程中，孩子们很快就了解了这些圆圆的气泡都是空气。水和醋非常相似，空气进入水里会产生气泡。那么同样的方法也能让醋里出现气泡。活动结束后，许多小朋友都猜到并大声喊了出来："空气，是空气！一定是我们倒醋的时候空气跑进去了。"

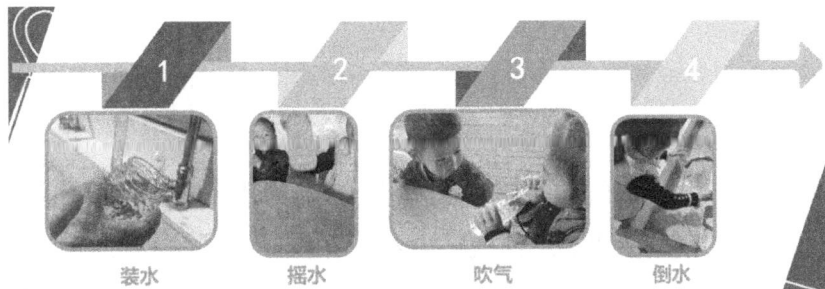

装水　　　　摇水　　　　吹气　　　　倒水

图8.4 "泡泡是什么"幼儿探索过程

就在活动快要结束的时候，李欣妍和贺梦依的一段对话引起了孩子们的注意："你们水里的气泡好小、好少哦！我中午上厕所的时候看见李老师在水桶里放了两块"奶片"，水里咕噜噜咕噜噜地冒出好多泡泡呢！"

每天消毒环节的千叮咛万嘱咐，的确让孩子们非常好奇，但是这"绝对不能碰"的消毒水和里面的泡泡都让孩子们非常好奇。在日常生活中，我们都本能地将"危险"的事物与孩子分割开来，但往往越分割，孩子们就越好奇。

师：彦彦所说的"奶片"其实是消毒泡腾片，以三氯异氰尿酸为主要成分。泡腾片投入水中会立刻产生腾化反应，冒出的小气泡是二氧化碳。这是空气里的一种气体。

诺诺：空气里有二氧化碳，我们呼吸的时候也会产生二氧化碳。为什么李老师用消毒水擦桌子、拖地的时候不让我们靠近呢？

师：也许保健医生可以给你们答案哦！

认真接纳、多方面支持和鼓励幼儿的探索行为是我们需要做的事。回到教室后，老师帮孩子们进行了简单的梳理，并引导他们寻找幼儿园的保健医生进行探究。

孩子们自己准备邀请函，自己上门邀请保健医生，和保健医生商讨自己想了解的内容，而后就是听保健医生进行介绍。

在集体学习以后，孩子们对泡腾片在水里的反应还是一知半解，跃跃欲试，都想看看泡腾片放入水里以后到底是什么样子的。

彦彦：原来消毒水这么危险啊！难怪李老师不让我们靠近，还趁我们睡觉的时候自己戴上手套、口罩消毒地面。

孩子们在活动前根据保健医生的介绍，了解了必要的安全防护措施。在做好充分的准备好后，孩子们"全副武装"做了一次简单的尝试。在观察的过程中，孩子们觉得泡腾片在水里翻滚的样子非常奇特。

路翌：好多泡泡啊！

冲冲：你们看，泡腾片一直在冒泡泡哎。

3. 深究·醋与玩

泡腾片在水里的剧烈化学反应现象让孩子们感到非常神奇。水里加泡腾片会这样，那如果醋里加入泡腾片会怎么样呢？小朋友们不断地产生新的想法。

为了满足幼儿的探究需求，教师进行了简单的梳理。为了拓展孩子们的经验，激发孩子进一步的探究兴趣，我们给孩子们出了一个难题：如何抓住从醋里跑出来的气体？在保证安全的情况下，我们支持幼儿按照自己的想法操作；或提供必要的条件，帮助他们实现自己的想法。我们从安全的角度和可操作性这两方面出发，选择了小苏打与醋进行实验，让孩子们从中了解简单的酸碱中和实验。这样既可以让孩子们进一步了解醋在不同物质的催化下，能够释放大量的二氧化碳气体，也可以满足孩子们观察实验现象的需求，让他们安全、直观、直接进行操作学习。

（1）醋与小苏打。

在实验介绍的环节，在老师的指导下，孩子们认识各种原材料，了解简单的实验方法。而后老师将部分孩子们的实验现象进行展示，激发一些操作能力较弱的孩子的动手兴趣。

在简单的活动介绍以后，孩子们两两组合，使用各种方法将小苏打装进气球，接着进行瓶子吹气球小实验。实验结束后，孩子们将自己的实验气球摆放在一起。很明显，有的气球大，有的气球小，为什么呢？孩子们又讨论开了。

> 冲冲：我觉得气球漏气了吧
>
> 杨杨：我觉得醋不够多。
>
> 喜猪：我觉得是小苏打放少了吧。

为了让孩子了解其中蕴含的科学道理（排除了人为操作快慢、气球漏气等因素），我们设计了一份亲子实验记录表：分三次实验，在相同量醋的前提下，分别加入一勺、两勺、三勺的小苏打量，观察实验的反应速度和气球的大小。这样简单的亲子小实验让孩子们初步了解不同的小苏打量对实验反应的影响。在这一过程中，孩子们不需要了解具体的酸碱反应的化学原理，只需要在一次次的实验中直接看到气球越变越大甚至有爆炸的倾向，感受到化学实验的神奇与有趣，通过拍照和画图的方式保留和积累有趣的探索与发现。

（2）醋与蛋。

醋可真是太有趣了，我们还想知道醋和蛋会发生什么神奇的事。接下来更多的故事展开了。

希希：老师老师，我哥哥说以前他们班做过醋泡蛋的实验，说蛋壳会消失。我们可以试试吗？

教师：当然可以，但是老师只提供醋和蛋哦，容器要靠你们自己解决了。

蛋可不像小苏打，无论什么容器都能够进行实验。在准备实验的过程中，孩子们拿着自己的饮料瓶，怎么都没办法把蛋放进去。孩子们在食研馆搜寻了后，发现了小碗、蜡笔盒等能放进蛋的容器，还有一部分孩子在教室里寻觅，班级植物角里水培植物的培养器皿正是他们自己收集的饮料瓶子。原本小小的瓶口剪掉以后能变大。孩子们找来剪刀，自己动手，很快就解决了材料问题。教师及时结合实况对幼儿进行安全教育，如安全使用剪刀、用完放回原处等，注重在活动中培养幼儿自我保护的意识与能力。

活动中，孩子们能明显发现蛋的周围不停冒出泡泡，直到活动结束，还在冒泡。

最后，教师应孩子的要求，将所有孩子的实验鸡蛋收集起来，并设计了专门的记录纸，方便他们每天进行观察记录（见图 8.5）。在这十多天里，孩子们发现鸡蛋上的泡泡越来越少，蛋壳的表面慢慢出现气泡，醋里出现白褐色絮状物，渐渐的蛋壳不见了。由于我们班上学期开展过班本课程"蛋宝宝你好"，小朋友们对蛋有所了解，进行过讨论分析：不是所有的蛋壳硬度都一样，鸡蛋和鸭蛋的硬度有所不同，所以被醋溶解的速度自然也不相同。经过持续观察，小朋友们发现有的鸡蛋看起来坏掉了，贴近盖子闻甚至还能够隐约闻到臭味。

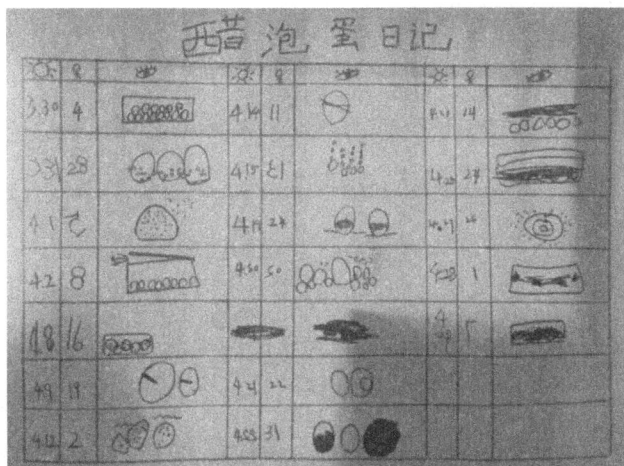

图 8.5　醋泡蛋日记

此时，孩子们觉得不能再放了，讨论后决定一起取出鸡蛋。很多鸡蛋都拿不起来，只有几个还能拿起来，但是和正常的鸡蛋已经有了很大的区别。

孩子们发现变软的鸡蛋上有软软的一层。这不是硬硬的蛋壳，那会是什么呢？是我们去年"蛋宝宝你好"主题学习中认识的蛋衣吗？为了让孩子们一探究竟，我们又进行了两次实验：剥蛋壳、研磨、浸泡，看看最后会剩下什么。孩子们最后发现瓶子底下有一层细细的粉，水上还飘着蛋衣。

（3）醋与牛奶。

在鸡蛋实验的最后几天，孩子们一直在议论，醋可真是太厉害了，不管遇到什么似乎都能冒泡泡呢。为了纠正孩子的想法，我们给孩子们设计了不同的实验——"醋与牛奶玩"。孩子们一步步进行操作，了解到牛奶遇到醋会发生凝集的现象，醋与牛奶这两种像水一样的物质还会变得像豆腐渣。

这个实验结果非常直观，能够让孩子们直观看到醋与牛奶混合会产生凝集和沉淀。此时正是向孩子们介绍牛奶不能与什么食物一起吃的好机会，所以我们又设计了亲子学习任务，通过简单的气泡图让孩子们和家长在家里一起收集牛奶与什么东西一起吃或者不能与什么一起吃的材料。在这一过程中，孩子们了解了在饮用牛奶时食用少量的饼干、面包等能够促进吸收；相反，饮用牛奶以后，不能吃酸性物质，特别是水果醋这样的饮料，容易引起消化不良和腹泻。借此机会我们引导幼儿不挑食、偏食，不暴饮暴食，多吃瓜果、蔬菜等新鲜食品，养成良好的饮食习惯。

（4）醋与菜。

醋在生活中并不是像在食研馆时是作为实验材料使用的，而是非常重要的调料，每家每户的厨房里都有它。为了回归生活，我们让孩子们收集自己了解的醋可以做什么菜，完成调查表后回到教室与同伴分享。孩子们基本能完整讲述自己的调查表，其他小朋友们认真聆听后进行投票，选择一种大家最认可的与醋相关的菜一起品尝。经过投票，醋熘黄瓜因操作性强，大家都吃过，小朋友都可以制作等原因高票入选。小朋友们一起学习制作醋熘黄瓜的方法并绘制制作流程（见图 8.6），而后进行制作与品尝。孩子们的倾听与表达能力在这个过程中逐渐提高，动手能力也得到了发展。

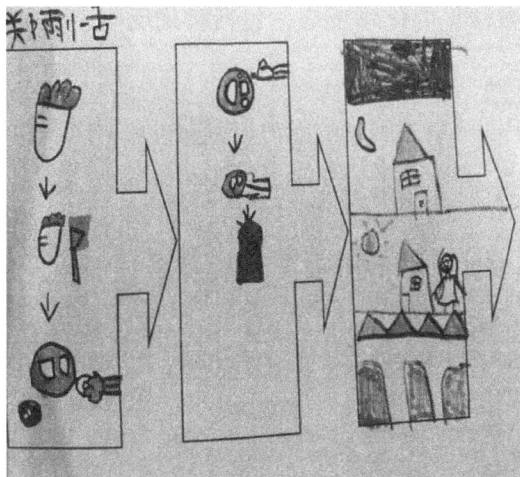

图 8.6 "醋熘黄瓜"制作流程

此次美食制作活动后孩子们不仅享用了美味可口的醋熘黄瓜，还了解了简单的腌制食物的方法。为了进一步拓展孩子们关于腌制食品的认识，我们向家长推荐了《舌尖上的中国第一季——时间的味道（第四集）》，让家长与孩子在家一起观看纪录片，并了解中国各具地域特色的腌制食品，在观看和欣赏的过程中感受中国人的聪明才智，激发幼儿的自豪感。

4. 课程反思

一次酸酸甜甜的探索之旅很快就结束了，有欢笑、有深究、有失败、有期待，这次的探索让孩子们和酸酸的醋来了一次亲密接触。《指南》写道："幼儿科学学习的核心是激发探究兴趣，体验探究过程，发展初步的探究能力。成人要善于发现和保护幼儿的好奇心，充分利用自然和实际生活机会，引导幼儿通过观察、比较、操作、实验等方法，学会发现问题、分析问题和解决问题；帮助幼儿不断积累经验，并运用于新的学习活动，形成受益终身的学习态度和能力。"

在这一系列的活动（见图 8.7）中，孩子们不仅了解了醋的基本特性，还了解了科学实验中常见的化学反应，包括腾化反应、酸碱反应、凝集现象，还有美食腌制等。这不是浅尝辄止的玩耍，而是孩子们用心、用力的探索，展示了孩子们动手动脑解决问题的能力与可圈可点的探索欲与好奇心。

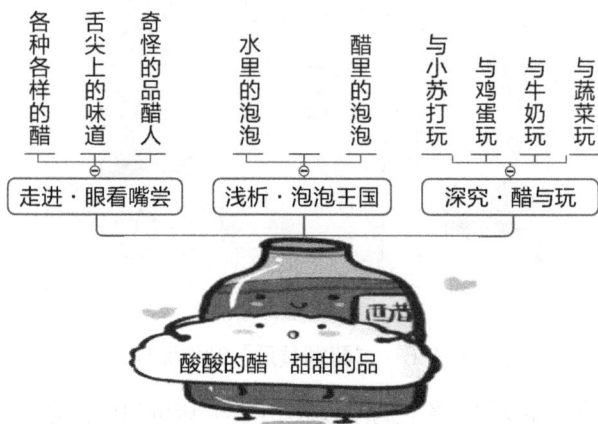

图 8.7　"酸酸的醋　甜甜的品"主题脉络

班本课程二："豆"因你，不"腐"此行

1. 课程缘起

课程缘起于本学期开展的全市开放活动。当时，小朋友正在研磨豆浆，客人老师与窈窈的一段对话引起了小朋友们的兴趣。

客人老师：小朋友你在干什么？

窈窈：我们在磨豆浆呀，黄豆浸泡以后可以出豆浆哦。

客人老师：黄豆除了可以制成豆浆，还能做什么呢？

窈窈：还可以煮汤喝。

客人老师：是的，黄豆的用处很多，还可以做成豆腐。

活动结束回到教室，窈窈和小朋友讨论开来：

> 窈窈：今天客人老师告诉我，黄豆可以做成豆腐。
>
> 浩浩：真的吗？可是豆腐白白的，黄豆是黄黄的，真的可以吗？
>
> 窈窈：我们去问问老师吧。

食研馆和幼儿园可以为幼儿提供充足的空间和制作豆腐所需的材料，让他们自由、自主地探究从黄豆到豆腐的过程。幼儿通过"豆腐"课程活动不仅能了解豆腐的营养成分、制作工艺和相关的传统文化等知识，还能在一次次动手实践的过程中提升解决问题的能力。《指南》指出："幼儿的学习是以直接经验为基础，在游戏和日常生活中进行的……创设丰富的教育环境……最大限度地支持和满足幼儿通过直接感知、实际操作和亲身体验获取经验的需要。"因此，基于孩子们对豆腐的兴趣、已有的直接经验以及《指南》精神，从孩子的原有经验和兴趣点入手，我们生成了班本化课程活动——"豆"因你，不"腐"此行。凡事预则立，不预则废，活动开始前，教师通过资料搜集、视频观看等方式充分储备了豆腐的相关知识，确保在活动开展过程中能够支持孩子们进行深入探究。

2. 行动调查

应孩子们的要求，我们首先共同观看了工厂里豆腐的制作流程。小朋友们观看视频后知道了制作豆腐的机器、做豆腐的流程以及做豆腐所需的材料。好奇心得到了暂时满足。

第二天，我们关注到孩子们的一段活动场景，小朋友在交流的过程中发现了问题。

一是制作豆腐的机器和昨天看到的不一样。二是用手机找了制作豆腐的视频，可是里面的步骤跟昨天看的也不一样。

兴致勃勃的小朋友们回家以后继续探寻制作豆腐的方法。原来，豆腐的种类很多，制作的方法也有所不同。

（1）幼儿经验调查。

了解幼儿关于豆子的已有经验和兴趣所在，是活动开展的必要前提。因此，我们与孩子们共同设计了一份调查表。这份调查表，以"豆腐种类"和"豆腐的制作方法"两个问题入手，了解幼儿的现有经验及想法。从调查表中发现，大多数孩子对豆腐形态与颜色的了解源于日常的"餐桌经验"，对于豆腐的种类了解比较单一。分享调查表，能让孩子们互相拓展对于豆腐种类的认知。而在"制作方法"中，孩子们的回答则比较统一，对于豆腐的做法都有粗浅的了解。通过调查分享，大家了解到原来豆腐的种类多样，有老豆腐、嫩豆腐还有内酯豆腐，这些豆腐因点卤的不同会有不同的口感。

三种豆腐的形态虽然不同，但是制作工艺和蕴含的教育价值基本相同，主要包括磨豆—过滤—烧煮—点卤—控水。那么，要选择孩子们想要制作的豆腐，还需要考虑和尊重孩子们的想法。

> 小朋友立刻七嘴八舌地讨论了起来。"做老豆腐吧，我看到视频里做的是老豆腐。"洋洋说道。
>
> "老师老师，做嫩豆腐，我妈妈经常买，特别好吃。"童童也跟着说了起来。
>
> "老师，我们做内酯豆腐吧，这个名字很特别。"喜欢漂亮的妍妍从豆腐的名字上就想选择内酯豆腐。
>
> "我们要做像果冻一样的豆腐。"甜甜大声喊道。

孩子们对制作豆腐表现出浓厚的兴趣与探索的欲望。接着，班级里开展了选举大赛，小朋友们分别为自己想要制作的豆腐拉票，并进行了投票，内醋豆腐最后获得了 30 票中的 24 票，高票入选。

（2）各类资源调查。

有效的资源是课程实施的重要保障。通过调查，我们发现有较为丰富的人力、社区、园所资源，可以为本次活动的展开提供帮助（见表 8.3）。

表 8.3　豆腐课程资源调查情况

类型	可利用的资源
地域资源	豆腐在超市、菜场随处可见
园所资源	幼儿园有宝贝厨房，里面有较多的厨房用具
人力资源	班级中有老师有制作豆腐的经验

在本次行动调查的活动环节中，我们有意识地引导幼儿用现有的资源和知识对豆腐进行有目的的调查。在完成调查的基础上，尝试对豆腐进行简单的分类、概括，培养幼儿观察与分类的能力，并且鼓励幼儿大胆与同伴分享。但在本环节中，我们并没有很好地抓住幼儿提出的值得继续探究的问题：腐竹、豆皮等衍生物，只是跟随大多数幼儿的想法，依据豆腐的大类分了三种，其实还可以引导他们自己确定分类标准，对豆腐进行分类。

3. 制作准备

既然决定了制作种类，那么就要做好万全的准备。在和孩子们一起总结豆腐的制作方法时，我们明确了活动的开展需要具备的三个要素：工具、材料、场地。

（1）寻找工具。

我们有哪些可以使用的材料？

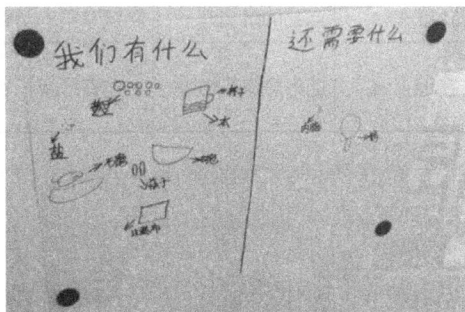

图 8.8　制作豆腐材料记录

还需要准备哪些材料？小朋友们在卡纸上进行记录（见图8.8）。

（2）收集材料。

根据大家归纳的记录表，以《指南》为精神，支持幼儿以小组合作的方式认真搜寻、汇总了班级、食研馆以及宝贝厨房的材料，并罗列出需要采购的必需品。

（3）选择场地。

原定制作场地是食研馆，但是由于天气过于炎热，孩子们满头大汗，提出可不可以回到教室。当然可以，但是孩子们的必备工具——石磨还在食研馆呢。《指南》写道：保证安全的情况下，支持幼儿按自己的想法做事；或提供必要的条件，帮助他实现自己的想法。于是我们从可操作性出发，为了拓展孩子们的经验，给孩子们出了一个难题：请你们自己想办法把石磨运到教室。

重重的石磨要怎么才能搬上来呢？小朋友尝试合作搬运，但实在是搬不起来。嘟嘟提出："去找门卫爷爷帮我们搬一下吧！"其他小朋友也提出了自己的想法，并且尝试用这些方法去解决遇到的问题（见表8.4）。孩子们的动手能力在这个过程中得到发展，倾听与表达能力也得到了提高。

表8.4　豆腐课程工具搬运记录情况

方法	具体措施	遇到的问题	解决的方法
找人帮忙	找门卫伯伯帮忙	门卫伯伯在登记来客，不能来帮忙	大家合力
找推车	自己的玩具车	阿姨拿菜的塑料拉车	一楼送餐的车子
在地上滚	把石磨滚到教室	石磨有把手和底座，滚不动	把大的东西分解，一样一样地拿出来

在准备材料的环节中，我们支持和引导幼儿用适宜的方法探究和解决问题，为自己想要制作的内酯豆腐收集材料并做好充分的准备，同时鼓励和引导他们做简单的记录，将各自零散的知识用图纸这种可视化的形式呈现出来，与同伴交流分享，师生一起对收获的知识与经验进行概括总结。

在幼儿遇到瓶颈时，用简单的提问进行引导，让他们安全、直观、直接动手进行活动。在搬运石磨的过程中，幼儿的思考力、组织力、行动力都得到了显著提高。

4. 制作豆腐

（1）第一次制作。

三要素集齐后，小朋友们立即开启了制作模式。根据先前的调查表进行制作：磨豆浆、过滤豆渣、煮豆浆、加内酯……但是成品却不是那么成功。

孩子们很纳闷：为什么我们的豆腐这么容易碎呢?

接着我们抓住这一契机，购买了菜场的盒装豆腐，引导幼儿通过观察、比较、操作、实验等方法，尝试发现问题、分析问题和解决问题。小朋友们发现自己制作的豆腐与其他豆腐相比，里面有颗粒状的东西。偷偷尝过自己制作的豆腐的大晟尝了尝新买来的豆腐，发现非常顺滑，之前自己做的豆腐尝起来会在嘴巴里留下些许渣渣。

于是大家反思自己制作豆腐不成功的原因：豆浆磨得不够,过滤网孔太大,内酯加得不够（见图 8.9 ）。

图 8.9　豆腐制作不成功的原因

（2）第二次制作豆腐。

根据第一次出现的问题，小朋友们商讨出相应的解决措施：豆浆不够细腻，我们就加水反复磨；过滤网孔太大，我们就买新的；内酯加得不够，我们就多加一些内酯。可是到底加多少才够呢？恬恬提出："看说明书啊！"原来恬恬妈妈最近迷上了烘焙，经常在家制作，让恬恬得到了珍贵的生活经验。

经过改进后，第二次制作开始了。小朋友们耐心细致地研磨豆浆，并用新采购的纱布进行过滤，使用电子秤严格按照内酯的说明书中所标注的比例进行调制。第二次制作大获成功。

行动调查和活动准备这两个环节的经验为本次制作环节提供了坚实的基础。从猜测失败的原因到用适宜的方法探究和解决问题再到引导幼儿学做简单的归纳，最后帮助幼儿回顾自己探究的过程，使他们在真实的活动中积累自己解决问题的经验，进而有了初步的探究能力。而"思考"是学习过程中的一个重要环节，制作失败不是问题，小朋友们通过观察、比较、操作、实验等方法尝试发现问题、分析问题和解决问题才是有意义的"思考"。有了这样的思考力，才能更好地支持幼儿的下一步探究。在做豆腐的实践操作中，幼儿感知了计量的重要性，第一次认识了"比例"，掌握了磨、挤、搅拌等制作美食的技能。

5. 品尝豆腐

（1）幼儿园里制作的豆腐。

豆腐是日常生活中常见的食物，既能作为主菜又可作为配菜。豆腐的吃法可太多了，对于我们到底要用豆腐制作什么美食这个问题，小朋友们讨论了许久都没能得出结论。那就照老规矩吧，大家收集内酯豆腐的吃法，完成调查表后回到教室与同伴分享，基本完整讲述自己的调查表，其他小朋友们认真聆听后进行投票，选择最受欢迎的一种豆腐做法，大家一起制作品尝。经过紧张的投票，凉拌豆腐因操作性强、小朋友有能力自己动手制作的优势高票入选，作为我们的美食分享内容。大家一起制作了凉拌豆腐并进行了品尝。

（2）家里制作的豆腐。

在幼儿园制作、品尝了豆腐后小朋友们热情不减，回家与爸爸妈妈分享了相关活动，爸爸妈妈在家也为孩子制作了各种形式的豆腐宴，让孩子们在品尝的同时感受了豆腐的"多变"。

6. 反思与收获

在活动开展过程中，教师事先进行了充分的预设。但是孩子们总是奇思妙想不断，总会生成新的内容，突破教师的预设。幼儿遇到问题时习惯向老师求助，教师则尽可能引导幼儿自主解决问题，使得整个活动以"幼儿为中心"进行组织和开展。

比较可惜的是，没有深入挖掘豆腐这一简单食物身后所蕴含的中国传统文化。中国豆腐具有勤劳、诚信、包容、创新、智慧、清白、朴素等精神内涵，还需在今后的生活学习中引导幼儿了解。

第九章

食之礼——走进食礼馆

SHI ZHI LI——ZOUJIN SHILIGUAN

《指南》提出了"能与同伴友好相处""关心、尊重他人""遵守基本的行为规范"等目标。儿童礼仪教育应该从娃娃抓起，抓住 3～6 岁这一幼儿行为培养的关键时期对其进行文明礼仪教育，关乎幼儿一生的发展。

中国的就餐礼仪源远流长，内涵丰富，既有物质准备方面的讲究，如杯盘碗碟筷匙六种餐具如何摆放、各式菜点上菜的先后顺序等，也包含人物行为方面的礼仪，如主客之道、长幼之序等。每一种饮食文化的形成都有其特定的历史积累，五千年的历史创造了灿烂的中华文明，也造就了中国人独特的饮食文化。博大深厚的中国饮食文化在开放交融的现代中国，更是博采众长，吸收各国优秀的饮食文化，并结合中国人的饮食习惯，逐渐综合化起来。随着社会的发展，我们在"吃"方面已经不存在困难，但如何让孩子在吃得好的基础上吃得更文明，就需要让吃联系感情、社交活动，让每一个孩子都成为饮食文明的谦谦君子。

在当今社会，"熊孩子"现象在超市、商场等公共场合屡见不鲜。在餐馆里随意敲打餐具、大声哭闹、不珍惜食物、浪费粮食……这些不文明行为虽有家长纵容、疏于管教的成因，但是也不能完全将责任归结于家长。幼儿园应该主动承担起幼儿礼仪教育、行为规范教育的责任，将贴在孩子身上的"不文明"标签撕下来。

因此，我园以二十四节气中的饮食文化和中华传统的餐桌礼仪作为主要内容创设了食礼馆，将其作为食礼学习的主要场所。食礼馆让幼儿在仿真的就餐情境中扮演主人、客人、服务员、长者等角色，学习餐具的摆放、就餐的礼节以及模拟宴请客人，模仿外出就餐等礼仪；此外，园部还会组织主题式饮食文化学习活动，如中国筷子文化的挖掘、茶道文化的体验等，让孩子在潜移默化的熏陶下感受中华文化的博大精深，提升孩子对中华文化的认同感。

一、食礼馆活动主题与内容

饮食文化作为一种约定俗成的饮食习惯，是孩子在日常生活中经常用到的，比如就餐礼仪是我们日常生活中不能避免的。此外，富有社会意义、生活情趣和时令特色的传统节日和节气，都有不同的内容、食俗和庆祝方式。透过这些食俗，我们可以了解人们在饮食方面的喜好、风尚、习惯及其内涵，这对于从民俗角度研究中国传统饮食文化，具有不可忽视的特殊意义。

在食礼馆的活动中，教师需要考虑孩子的年龄特点，选择符合孩子学习规律且生活中需要用到的饮食文化内容，如传统节日中的特殊饮食。孩子们在清明时节会吃到青团，在端午时节会吃到粽子等，为什么这些节日里需要吃这些而不是常见的小食，这里蕴含了深厚的民俗习惯；再如，不能将筷子插在碗里，不能用筷子敲打碗盘等这些我们成人习以为常的"规矩"，在孩子的眼里就是不可理解的内容。如何将这些看似深奥却不可或缺的生活常识告诉孩子，用孩子喜闻乐见的方式进行呈现，则是食礼馆在内容安排和活动组织时需要考量的，内容建构如图 9.1 所示。

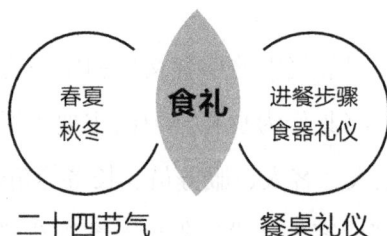

图 9.1　食礼馆内容建构

（一）"食之节气（春夏篇）"主题

二十四节气是中华文化的瑰宝。在古时它指引人们农耕，到现代它是人们日常生活中预知冷暖雪雨的指南针，是劳动人民长期积累经验的成果和智慧结晶。随着我国幼儿教育的水平在飞速发展，幼儿教育与国际接轨不仅丰富了幼儿的已知经验，同时也提高了幼儿主动学习传统文化的积极性。二十四节气既是幼儿园传统文化教育的最佳选材之一，又能为教师制定教学策略开阔思维。与此同时，我们发现在前期幼儿教育走向世界的过程中，逐渐加快了"去本土化"的脚步，这使得许多孩子对本民族的传统文化知之甚少，鲁迅先生说过："只有民族的，才是世界的。"因此应将二十四节气应用于幼儿园传统文化教育中。本次主题（见图9.2）的开展着重围绕二十四节气中的食文化——春夏篇。

图9.2 "食之节气（春夏篇）"主题脉络

🎯 主题目标

1. 知道春、夏季节的主要节气，了解节气的气温变化和传统习俗，感受

节气所蕴含的传统饮食文化

2. 知道每个节气中适宜食用的食物及其营养价值，学习中国的传统节气文化，乐于传承

主题活动

活动一：谷雨习俗与食俗

【活动目标】

1. 了解谷雨节气的季节特征和温度变化，知道谷雨的饮食知识

2. 品尝谷雨茶，制作香椿食品，感受谷雨节气的饮食文化

【活动准备】

颜料、宣纸、盆栽手工物品、香椿、茶叶、茶具、视频

【活动过程】

1. 了解立春气候特征和温度变化

师：谷雨是春季里最后一个节气。谷雨节气的到来意味着寒潮天气基本结束，气温回升，雨水明显增多。

观看节气视频，进一步了解谷雨节气。

2. 知道"谷雨"节气习俗与饮食知识

（1）喝谷雨茶。

①介绍中国的饮茶文化：谷雨之后到立夏之前，茶农们要采摘谷雨茶了，这时温度适宜，雨水多，茶的口感也非常好。②借助工具让幼儿初步理解茶文化。③介绍茶叶，学会区分红茶、绿茶、乌龙茶。④引导幼儿学习冲泡方法。⑤幼儿品尝"谷雨茶"。

（2）学习谷雨饮食知识。

师：谷雨到来，温度升高，雨水多了，空气湿度变大，这时我们吃点什

么才能让身体健康呢？

师总结：①多吃富含维 C 的食物（菠菜、西蓝花、猕猴桃），提高抵抗力。②多吃祛湿食物（冬瓜、红豆）去除湿气，保护肝脏。③少吃高热量食物（猪肉、牛肉、羊肉）不易消化。

3. 走谷雨送桃花盆栽

（1）介绍制作工具和制作步骤。

（2）幼儿动手制作，教师巡回指导。

（3）走谷雨将桃花盆栽成品送至各个馆。（走谷雨的意义：走出一个五谷丰登的好年头）。

4. 品食香椿

（1）认识香椿。

（2）了解香椿的营养价值与谷雨节气的关联。

师："雨前香椿嫩如丝"，此时的香椿醇香爽口，脆嫩、香美、多汁，营养价值极高，在满足大家食欲的同时还具有各种保健功能。在古人眼里，香椿还是一种长寿树。成人带着孩子采新鲜的香椿，一起制作美食品尝，顺应时节养生之法，让味蕾得到享受。

（3）品尝香椿炒蛋。

活动二：立春习俗与食俗

【活动目标】

1. 了解立春节气的季节特征和温度变化，知道立春的饮食知识

2. 制作春饼、品尝春饼，感受立春节气的饮食文化

【活动准备】

红纸、笔、剪刀、节气绘本、颜料、宣纸及两个萝卜、豆芽、菠菜、韭黄等蔬菜（食材）与节气视频

【活动过程】

1. 了解立春气候特征和温度变化

师：小朋友们，你们觉得现在是什么季节呢？其实现在已经是立春了呢。立春，是二十四节气中的第一个节气，意味着春季开始了。不过现在的温度还很低，出门还会觉得很冷，小朋友们平时还是要注意保暖，不要早早脱掉棉袄，以防感冒哦！

观看节气视频，进一步了解立春节气。

2. 知道"立春"节气习俗和饮食知识

（1）立春"咬春"习俗。

师：立春这一日，中国民间讲究要买个萝卜来吃，这叫作"咬春"。因为萝卜味辣，取古人"咬得草根断，则百事可做"之意。

（2）立春饮食知识。

师：春天，细菌、病毒最活跃了，稍不注意它们就会来损害我们的身体。我们要怎么打败它们呢？

师小结：多吃甜味食物（南瓜、红薯、胡萝卜、香蕉），提升脾胃消化功能；多吃牛肉、猪肉，增加抵抗力，让我们更有力量；少吃酸味食物（李子、山楂）。

（3）剪"春"字迎春。

教师讲解方法，幼儿动手操作。

3. 制作春饼，品尝春饼

（1）幼儿清洗新鲜蔬菜（豆芽、菠菜、韭黄），教师煮熟。

（2）幼儿动手将蔬菜用薄饼包起来。

（3）品尝美味的春饼。

（4）小结。

师：立春吃春饼寓意五谷丰登，也是春天的象征，互赠春饼，取迎春之意。

活动三：立夏习俗与食俗

【活动目标】

1. 了解立夏节气的季节特征和温度变化，知道立夏的饮食知识

2. 尝试剥蚕豆，吃蚕豆饭以及画蛋壳画，感受立夏节气的饮食文化

【活动准备】

节气绘本PPT及视频、超轻黏土、每人一个蛋壳、马克笔、记号笔、蚕豆、每人一个立夏蛋

【活动过程】

1. 了解立夏气候特征和温度变化

（1）提问。

师：小朋友们，你们觉得最近的天气和温度怎么样？每年的5月5日或5月6日是立夏节气。立夏表示春天结束，进入夏季。立夏是农作物快速生长的季节，也是小朋友们快速成长的阶段。

（2）观看节气视频，进一步了解立夏节气。

2. 播放PPT，知道"立夏"节气的习俗和饮食知识

（1）立夏习俗。

①立夏称人。宁波地区有立夏称人的传统习俗，寓意称过之后身体健康，避免生病。②拄立夏蛋，祈求平安。立夏，小朋友们还要拄立夏蛋，那是这天最高兴的事，拄蛋以蛋壳坚而不碎为赢。③立夏尝三鲜。地三鲜、树三鲜、水三鲜

（2）学习立夏饮食知识。

师：夏天马上就要来了，在这个春夏交替的时候吃什么能让身体棒棒的呢？

（3）小结。

师：多吃新鲜蔬菜和水果；多喝粥，补水养胃；适当吃些酸味食物（柠檬、

山楂、番茄），健胃消食，生津止渴，增进食欲。

3. 剥蚕豆，吃蚕豆饭

立夏这一天，很多地方会做立夏饭，也就是用红豆、黄豆、黑豆、青豆、绿豆这五种豆子与大米一起煮成的五色米饭，有的地方还会配以春笋、豌豆、蚕豆，含有"五谷丰登"的意思。现在的立夏饭一般简化成用糯米掺蚕豆来煮。

教师带领幼儿一起剥蚕豆，煮蚕豆饭，并享用蚕豆饭。

4. 蛋壳拼画

活动四：夏至习俗与食俗

【活动目标】

1. 了解夏至节气的季节特征和温度变化，知道夏至的饮食知识

2. 尝试制作水果拼盘并乐于分享

【活动准备】

节气绘本 PPT 及视频、水果、牛皮纸、白纸、马克笔、记号笔

【活动过程】

1. 了解夏至气候特征和温度变化

师：小朋友们，你们记录的气象本里，最近每天的温度都是多少呀？

现在的节气叫作"夏至"。"夏至"的到来标志着炎热夏天的开始，高温天气开始增多，但现在还不是最热的时候。（观看节气视频，进一步了解夏至节气。）

2. 知道"夏至"节气的习俗和饮食知识

（1）吃过夏至面，一天短一线。

寓意：夏至时麦子基本收割完毕，人们都会在这天用自家新打的小麦磨面，做手擀面吃，以示庆贺丰收，同时迎接夏天的到来。从夏至开始，太阳慢慢

从北回归线南移，故而白天慢慢缩短，夜晚变长，农村也就有了"吃过夏至面，一天短一线"的说法。

（2）夏至饮食知识。

高温天气马上就要来了，天气越热，就越应该吃热量低、清淡的食物，一定要少吃油腻食物和太甜太辣的食物。多吃清凉爽口的饭菜，多吃水果多喝水，少吃甜食，适当吃酸味食物。

3. 制作夏日饮食并分享

（1）幼儿们分工合作，制作水果拼盘并分享。

（2）教师准备绿豆汤一起分享。

（3）下午进行"绘"面食。

（二）"餐桌上的礼仪"主题

我们每天会吃早、中、晚三餐，有时和家人，有时和同伴、老师一起。我们或在家里，或在幼儿园用餐，有时还会到外面的餐馆、饭店去吃饭。这些时候都需要我们掌握许多餐桌礼仪。

餐桌礼仪分为中餐礼仪和西餐礼仪，不同文化背景下的餐桌礼仪也是不同的。根据大班幼儿的年龄特点，开展本次主题活动（见图9.3），帮助幼儿了解中西方的餐桌文化，增强他们对食物和餐具的敬畏之心。知道不妨碍不干涉他人，养成良好的餐桌礼仪，做餐桌上的"礼仪小使者"。

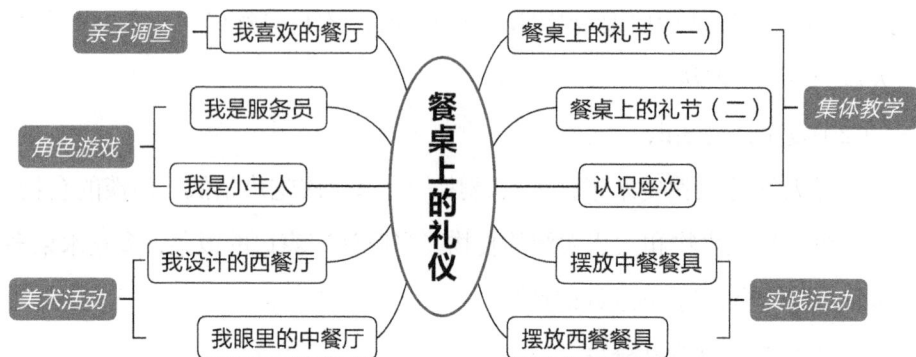

图 9.3 "餐桌上的礼仪"主题脉络

🎯 **主题目标**

1. 认识中餐和西餐的基本餐具，会正确拿取和文明使用

2. 愿意学习中餐和西餐的基本礼节，感受餐桌文化的多样性

3. 初步学习与人共餐时的礼节，知道在外用餐时要注意文明用餐

⏱ **主题活动**

活动一：用餐礼仪

【活动目标】

1. 初步了解、学习中国的用餐礼仪

2. 能够有礼貌地进餐，养成良好的进餐习惯

【活动准备】

进餐礼仪 PPT、幼儿集体围餐的餐桌和食物场景布置

【活动过程】

1. 学习进餐礼仪

（1）了解入席礼仪（老师播放 PPT 中的客人入席部分）。

师：我们国家是礼仪之邦，中国人在吃饭的时候有很多礼仪习惯。我们一起来看看，观察到别人家吃饭，入座后有什么礼仪？你们看到了哪些礼貌的行为？

师小结：客人入席后，不要立即动手取食，而应等待主人打招呼。主人举杯示意开始后，客人才能开始，不能抢在主人前面。

（2）夹菜礼仪（继续播放PPT）。

师：宴会开始了，我们在夹菜时又有哪些礼仪要求呢？

师小结：夹菜要文明，应等菜看转到自己面前时再动筷子，不要抢在邻座前面；一次夹菜也不宜过多；夹菜应先拣离自己最近的菜，夹菜时不要在碗碟里乱翻找；不能交叉使用筷子。

（3）吃饭礼仪（继续播放PPT）。

师：把菜夹到自己的碗里后，要怎样吃才有礼貌呢？

师小结：要细嚼慢咽，这不仅有利于消化，也是餐桌上的礼仪要求。绝不能大块往嘴里塞，狼吞虎咽，这样会给人留下不好的印象；不要挑食，不要只盯着自己喜欢的菜吃，或者急忙把喜欢的菜堆在自己的盘子里。

（4）其他礼仪（继续播放PPT）。

师：我们继续来看看，还有哪些需要我们注意的礼仪？

师小结：用餐动时作要文雅，夹菜时不要碰到邻座，不要把盘子里的菜拨到桌上，不要把汤泼翻，不要发出不必要的声音，因为这些都是粗俗的表现。不要一边吃东西，一边和人聊天；嘴里的骨头和鱼刺不要吐在桌子上，可用餐巾掩口，用筷子取出来放在碟子里；掉在桌子上的菜，不要再吃；进餐过程中不要玩弄碗筷，或用筷子指向别人；不要用手去嘴里乱抠；汤和食物如果太热，不可用嘴吹，等汤和食物自然转凉，再去吃。

2. 进行围餐，在进餐过程中教师进行指导（设置到"娃娃家"做客的情景）

师：今天老师来做"娃娃家"的妈妈，你们都是小客人，现在我这个主人邀请你们到我家来做客吃午饭，你们愿意吗？

老师组织幼儿模拟入席、夹菜、进餐等行为活动，在过程中对幼儿的不当进餐行为进行指导。

活动二：中餐餐桌礼仪

【活动目标】

1. 认识中餐的基本餐具，会正确拿取和文明使用

2. 知道并掌握中餐的基本礼节

3. 了解中餐共餐时的座位安排，知道长者为先，感受中餐的礼仪文化

【活动准备】

PPT、绘本、人手一套餐具（碗、盆、筷、勺子、杯子）、任务卡

【活动过程】

1. 阅读绘本《餐桌上的礼节》

（1）提问。

师：小朋友们，刚才我们一起阅读了绘本，书上主要讲了什么？你们对什么很有兴趣？

（2）总结。

师：这是一本关于餐桌礼节的书，我们来好好认识一下吧！

2. 知道中餐的餐桌礼节

（1）认识餐具。

师：平时大家外出用餐时会用到哪些餐具？

师：我们平时使用的餐具有碗、盆、筷、勺子、杯子。

（2）正确摆放和使用餐具。

①水杯放在菜盘左上方，筷子与汤勺放在专用位子上，餐巾放在餐盘上。

②端饭碗和汤碗的使用都有一定的方法，小碟子要端起来吃，大盘子不能端

起来吃。

（3）幼儿分组操作摆放餐具。

3. 认识中餐的座次，感受餐桌礼仪文化

（1）出示PPT图片，观察座位图。

师：这是一张座位图，你们有什么发现吗？

师：①在中餐的餐桌上，长者或者尊贵的客人要坐在"上位"也就是正对门的位置，年轻人顺次入座。②长者先坐，年轻人才能落座。③吃饭时要长者先吃，如果长者不动筷子小朋友也要等哦；嘴里有食物的时候不能说话，要吃完再说。④吃完饭，所有餐具要整齐归位，不能乱放。

（2）角色扮演——我是小主人。

①给幼儿分发任务卡，扮演主人和客人，安排入座。②交换任务卡，游戏进行三次左右。

4. 文明用餐

（1）师幼共同讨论用餐时要注意的事项。

（2）儿歌小结：文明使用筷子；端正就座，不急不躁；用餐时不要随便离席；口内有食物不得与他人谈话；吃剩的秽物不得乱扔。

活动三：西餐餐桌礼仪

【活动目标】

1. 了解西餐的基本礼节，认识西餐的基本餐具，会正确拿取和文明使用

2. 知道在不同餐厅就餐的礼节，掌握基本的礼仪注意事项

【活动准备】

PPT、绘本、人手一套餐具（餐刀、餐叉、盘子、勺子）、任务卡

【活动过程】

1. 阅读绘本《餐桌上的礼节》，了解西餐的基本礼节

（1）提问。

师：小朋友们，刚才我们一起阅读了绘本，书上主要讲了什么？你们对什么很有兴趣？

（2）小结。

师：这是一本关于西餐餐桌礼节的书，我们来好好认识一下吧。

2. 认识西餐基本餐具

（1）认识餐具。

师：小朋友们，吃西餐时会用到哪些餐具？

师：西餐的主要餐具有刀、叉和勺子。

（2）正确使用餐具。

①学习餐刀和餐叉的正确拿法。（左手拿刀，右手拿叉）。②知道餐刀、餐叉和盘子的摆放方法。

师：盘子放在正面，餐刀放在盘子的右边，刀刃转向内侧；餐叉放在盘子的左侧，叉尖朝上放置。如果有沙拉的时候，沙拉放在左侧，面包放在左侧的后面。

（3）出示图片，知道西餐餐具礼仪。

继续用餐：把刀叉分开放置呈三角形，表示你要继续用餐，服务员不会把你的盘子收走。

用餐结束：当你把餐具放在餐盘边上，即便盘里还有东西，服务员也认为你用完餐了，会在适当时候把盘子收走。

添加饭菜：盘子已空，但你还想用餐，把刀叉分开放置呈八字形，那么服务员会再给你添加饭菜。

（4）幼儿分组操作摆放餐具。

3. 了解西餐的注意事项

（1）忌讳用自己的餐具为他人布菜。

（2）使用叉时需注意，不能用叉子扎着食物进口，而应把食物铲起入口。

（3）叉子和勺子可入口，但刀子不能放入口中。

4. 在外用餐时的注意事项

（1）总体要求。

不要随意占座位，不可大声喧哗，不要在店里转来转去。

（2）细节要求。

在快餐店里，垃圾一定要扔到指定的地方，分类处理。

在自助餐的店里，不要插队，要好好排队；不要一边走一边吃；不要"比赛看谁吃得多"拿食物做游戏，这是不光彩的事情。

在中餐馆里，转动旋转台的时候，要确认没有人正在夹菜，然后安静地顺时针旋转；不要站起来夹菜，要等待旋转台转到自己够得到的地方再夹菜。

（三）"中国的宝贝——筷子"主题

筷子是中国人发明的一种独特的用餐工具，简单、平凡的筷子蕴含着中国人在生活、礼仪、文化方面的丰富内涵，它是东方文明的象征，是华夏民族智慧的结晶。

筷子对小朋友来说既熟悉又陌生，通过主题活动可以让幼儿认识筷子，知道它出现的时间，了解其中蕴藏的中国传统礼仪。一双筷子，串联起中国古老的传统与内涵，是中华儿女的情感纽带，主题活动脉络如图9.4所示。

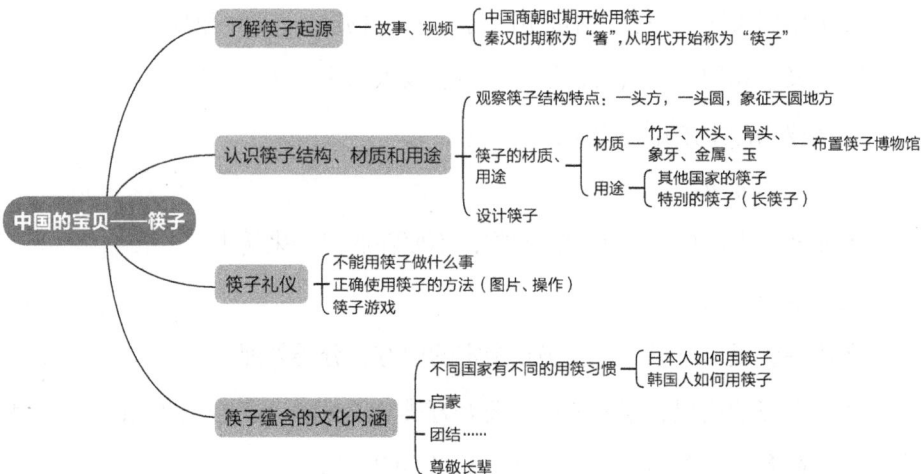

图9.4 "中国的宝贝——筷子"主题脉络

🎯 **主题目标**

1. 知道筷子的起源与来历，掌握使用筷子的正确方法

2. 理解筷子蕴含的中国传统礼仪文化（启迪、感恩、传承），乐意保护和传承中国的筷子文化

3. 知道筷子是中国独特的用餐工具，了解它的外形、结构材料以及不同国家筷子（日、韩）的不同之处

⏱ **主题活动**

活动一：中国的宝贝——筷子（一）

【活动目标】

1. 观察比较认识筷子的不同材质、特有形状和美丽装饰

2. 了解不同国家（日本、韩国）有不同的筷子用法习惯

3. 尝试用超轻黏土制作一双独特的筷子

【活动准备】

不同材质的筷子（竹、木质、象牙、铜制）、各国的筷子（韩、中、日不同的筷子）、超轻黏土、白纸、马克笔、记号笔

【活动过程】

1. 认识筷子的不同材质、特有形状和美丽装饰

（1）教师出示不同材质的筷子，幼儿自主观察。

师：这是什么？它们是什么材质（用什么做成的）？

（2）幼儿通过触摸、观察比较进行回答。

师：很早以前筷子都是用竹子做成的，后来才有了木制、象牙、铜制、玉制的筷子。原来，有的筷子是竹子做的，有的筷子是木头做的，有的筷子是塑料做的，它们都是长长的、直直的，摸起来硬硬的。

（3）提问。

师：它们是什么形状的？

（4）小结。

师：筷子都是一头粗一点，一头细一点。

2. 观看视频，知道筷子的由来

师：你们看见过其他国家的人用筷子吃饭吗？引发幼儿讨论回答。

小结：对的，美国人吃饭是用刀和叉子，印度人吃饭是直接用手的，可是像韩国、日本，他们吃饭也是用筷子的。

（5）播放筷子由来的视频。

师：筷子是中国人发明的一种独特的用餐工具，是东方文明的象征，是华夏民族智慧的结晶。中国是最早使用筷子用餐的国家。

3. 了解不同国家（日、韩）筷子的不同用法和习惯

（1）出示日、韩、中国家的筷子，结合绘本告知幼儿不同国家筷子的不同用法和习惯。

师：不同国家的筷子有不一样的地方，筷子的装饰图也不一样，韩国的筷子扁扁的。

（2）幼儿根据内容进行角色扮演，再现不同国家筷子的用法和习惯。

4. 尝试自己设计制作一双独特的筷子

（1）绘画创作。

（2）超轻黏土制作。

活动二：中国的宝贝——筷子（二）

【活动目标】

1. 感受筷子蕴含的文化内涵，知道使用筷子的禁忌，掌握筷子的正确使用方法

2. 乐意保护和传承中国的筷子文化

【活动准备】

央视《筷子》公益视频、筷子禁忌及使用方法视频、白纸、记号笔、马克笔

【活动过程】

1. 观看央视《筷子》视频

（1）感受筷子蕴含的文化内涵，了解筷子可以表达很多情感。分段播放筷子视频，并进行讲解（传承、关爱、相伴、思念、睦邻……）。

师：小朋友们，你们在视频中看到了什么？谁来说一说？

（2）总结。

师：筷子可以传递很多种情感，比如：传承、关爱、相伴、思念、睦邻……

2. 阅读绘本《餐桌上的礼节》第 8～11 页

（1）掌握筷子的正确使用方法，知道筷子的使用禁忌。

师：小朋友们，你们会正确使用筷子吗？谁能上来试试？（结合绘本，

请几位幼儿示范正确使用筷子）谁知道我们在使用筷子时应该注意些什么呢？请幼儿回答。

（2）总结。

教师根据幼儿的回答并结合绘本进行小结，如：在使用筷子时不可以将筷子竖插在饭碗中，在吃饭时不可以用筷子敲打碗盘，在吃饭时不可以用嘴吮吸筷子，告知幼儿完整的筷子使用禁忌并让他们重复回答。

3. 幼儿操作练习使用筷子，玩筷子游戏（夹弹珠、拼图形）

4. 绘画筷子思维导图

【活动延伸】

1. 请家长在家督促幼儿使用筷子吃饭

2. 宣传使用筷子时的注意事项，引导幼儿注意安全，学会安全、正确地使用筷子，如不用筷子打别人，不把筷子放嘴里咬……

二、食礼馆活动观察与指导

食礼馆的活动更侧重于情境体验，这里的幼儿观察活动类似于对幼儿日常生活行为的观察和指导。科学的观察不仅仅是看孩子在食礼馆中的动作表象，或随意地观看孩子在活动中是如何操作并进行模仿的，也绝不仅仅是为了满足教师偶发的兴趣而从事的一种观察活动。蒙台梭利曾经指出："所有孩子在教室里走来走去做一些有益的、充满智力的自觉活动，没有任何鲁莽行为。在我看来，这样的孩子才是遵守纪律。"在食礼馆的体验活动中，教师需要关注孩子在体验扮演过程中的行为是否符合"纪律"，是否符合礼仪规范，如孩子在活动中不恰当的行为源于自身缺乏规则意识，那么这就需要老师及时进行相关内容的指导。

教师在记录分析自己所观察到的幼儿行为时，需要解读我们所看到的和"注意"到的幼儿行为，思考幼儿的学习性在哪里，幼儿的发展性在哪里，将焦点放在孩子的能力提升和行为习惯的培养上。作为观察者，教师需要学会站在一边，多站一会，给孩子留出学习空间，仔细观察孩子在做什么，结合《指南》分析孩子的行为，这样才能让我们的教育更有意义（观察记录可参考表 9.1、表 9.2 ）。

表 9.1　幼儿园功能室观察情况

功能室名　称	食礼馆	观察对象	丫丫	观察时间	6 月 17 日	观察教师	俞老师
观察实录	今天食礼馆的内容是幸福大圆桌，只见孩子们根据角色自由进行餐桌礼仪练习。我主要观察的是丫丫，她扮演的是妈妈。活动一开始，她就在孩子的邀请下来到餐桌旁。只见她坐到了"爸爸"的旁边，接着等人全到齐了，"爷爷"说："开动吧！"丫丫就先把餐巾铺开垫在了自己的腿上，然后与大家碰杯，小心地用筷子夹菜，时不时地关心下自己的小孩，直至最后结束						
游戏照片							
发现问题	1. 餐盘过大，桌面较拥挤 2. 幼儿兴趣虽浓，但因为是假的食物，感觉真实性不够 3. 幼儿沉浸在游戏中，但对"幸福大圆桌"的理解不到位						

分析与调整	整个活动进行得比较顺利，幼儿的兴趣也很浓厚。在餐桌上"妈妈"知道照顾自己的孩子，在孩子做出不文明行为的时候，能及时制止，表现得还是不错的。需调整之处： 1. 因为这次只是通过口头以及胸牌提示幼儿扮演角色，如果有服装、假发等更好的角色装扮饰品，整体效果可能会更好些 2. 为幼儿创设真实的环境，提供真实的食物，可以与食味馆联动，让孩子用各色面团制作各种食物，这样的"幸福大圆桌"更接近生活，成效会更佳，幼儿兴趣会更浓 3. 此活动适宜在过年前后开展，可结合绘本《幸福大圆桌》引出主题，让幼儿通过绘本，在理解"幸福大圆桌"的意义后，再开展此活动。这样幼儿对"幸福大圆桌"的理解会更透彻，也更能起到教育的作用

表 9.2 幼儿园功能室观察情况

功能室名称	食礼馆	**观察对象**	16 个幼儿	**观察时间**	3 月 11 日	**观察教师**	杜老师
观察实录	今天的筷子游戏设计环节异常热闹。孩子们先在白纸上认真设计游戏。陈嘉昊最先设计好了，反复询问我："老师，我可以分享我的游戏吗？"迫不及待地想和大家分享他设计的游戏。他设计的是益智类的小游戏，移动两根筷子使得原本在外的筷子被包围住。其他幼儿都跃跃欲试，他仔细看着同伴的操作，见同伴移动了两根还没成功时就大声说："错了错了，不是这样的！"见到没人挑战了，"那我就来揭晓谜底吧！"浩浩自豪地说。只见他移动了两根筷子，果真成功了，其他小朋友目不转睛地看着。西西设计的是筷子叠叠高。他刚开始尝试的时候筷子一次次滑落无法完成叠高，这时旁边的宁宁和一一想一起尝试叠叠高的游戏，西西面露不悦，说："你们干什么，这是我设计的游戏。"宁宁回答道："我们可以帮你一起把筷子叠高。"西西想了一下，说："那好吧。"于是，在三人的合作下，他们最终一起完成了筷子叠高的挑战。						
游戏照片							

续 表

发现问题 （兴趣、材料、 内容、能力 等方面）	孩子们对设计筷子游戏都非常感兴趣。原本以为只有筷子这一种材料他们设计出的游戏不外乎几种，但孩子们的表现给了我很大的惊喜。尽管只有筷子这一种材料，但他们还是设计出了各种各样的游戏。从这里我感受到了低结构材料的魅力，它能启发孩子们的想象力和创造力。但因为材料准备得不多，再加上人数并不少，孩子们在展示和实施筷子游戏设计时等待的时间有些长；此外，一个一个展示花费了较长的时间，孩子们并没有全部展示完。与此同时，从西西的表现可以看出，他对于小伙伴参与他的游戏有一些排斥，分享的意识不够
分析与调整	由于人数较多，在展示游戏时可以采用分组的形式，先在组内展示自己设计的游戏，评选出最受欢迎的游戏，再在集体面前进行展示。这样不仅能让每个孩子有展示的机会，也给孩子们足够的时间和空间享受团体游戏，学会合作和分享。此外，增加筷子的个数，可以在幼儿介绍完游戏规则后，各组分组尝试这个游戏，挖掘每一个游戏的难度和深度

三、食礼馆课程故事分享

班本课程一：“筷”乐行动——中国筷子的故事

筷子对小朋友来说既熟悉又陌生，通过课程活动让幼儿认识筷子是什么样的，知道它究竟是什么时候出现的，了解筷子中蕴藏着哪些中国传统礼仪，感受它传达的情绪情感。作为中国娃从小就应该知道、了解及传承我们中国特有的筷子文化。

1. 课程起源

一提到筷子，孩子们立刻七嘴八舌地讨论了起来。“老师老师，我们家的筷子和这个不一样，是木头做的。”“我用的是儿童筷子，上面有一个圈，可以放手指。""老师，我用的筷子和爸爸妈妈是一样的。"孩子们对平时再熟悉不过的筷子产生了兴趣，并且表现出想深入了解和探索的欲望。

幼儿园食礼馆可以为幼儿提供充足的空间和材料让他们自由、自主地探索。幼儿通过"筷子"课程活动不仅能了解筷子的结构特征和相关的传统文化礼仪等知识，还能在一次次动手实践的过程中提升解决问题的能力。《指南》指出："幼儿的学习是以直接经验为基础，在游戏和日常生活中进行的……创设丰富的教育环境……最大限度地支持和满足幼儿通过直接感知、实际操作和亲身体验获取经验的需要。"因此，基于孩子们对筷子的兴趣、已有的直接经验以及《指南》精神，我们生成了班本化课程活动——"筷"乐行动。活动开始前，班级两位教师通过绘本阅读、资料搜集、视频观看等途径充分储备了筷子及其相关的知识，可以支持孩子们进行深入探究，并准备根据幼儿的需要随时延伸新的活动。

2. 问题与计划

课程活动伊始，孩子们对希望了解的筷子问题进行了七嘴八舌地讨论：筷子是怎么来的？其他国家的人也用筷子吗？跟我们有没有区别？为什么筷子一头圆一头方呢？筷子除了吃饭还可以做什么呢？

针对孩子们的需求，我们进行了多次审议和讨论，进行预设和生成之间的差异性观察，顺应孩子们的需求，来一场"筷乐行动"的探索之旅。

3. 探索与表达

在探索与表达阶段，孩子们通过一分、二探、三知、四寻展开了解决问题的探究之旅。

（1）一分种类。

首先，筷子大调查开启了他们的旅程。通过调查表，孩子们开始寻找和搜集各种各样的筷子，原来有竹子筷子、木头筷子、塑料筷子、不锈钢筷子等。

他们还各自从家里带来了不同材质的筷子，在教室里办成筷子"展览会"。

"我找到了竹筷，包装上有竹子的图案，闻起来还有淡淡的竹子香呢。"

"我找到的是木筷，颜色比较深。"

"我找到了不锈钢筷，它很结实，永远不会变形。"

通过观察、比较、分析，孩子们自然对筷子的颜色、长短、材料、形状、轻重等有了初步的认识。他们在"找茬"中快乐畅聊，在相互欣赏、辨别、交流中提升对筷子的认知。

在本次分种类的活动环节中，我们有意识地引导幼儿观察筷子，学习观察的基本方法，在观察和探索筷子的基础上，尝试对筷子进行简单的分类、概括，培养他们观察与分类的能力。但是，我们并没有很好地鼓励幼儿根据观察或发现提出值得继续探究的问题，只是跟随大多数幼儿的想法，依据筷子的材质分了类。其实还可以引导他们自己确定分类标准，对筷子进行分类。

（2）二探结构。

"咦！老师，我好像发现了筷子的秘密，我发现我们的筷子都是一头方，一头圆！""我看看，好像真的是这样。"

这是为什么呢？孩子们提议可以去书中找答案。于是，大家搜集了各种与筷子有关的绘本。借助绘本，孩子们展开了一番探索，并用自己的方式进行了记录。

瞧！《中国筷子》是孩子们借阅次数最多的能帮助孩子们解决问题的工具书。在绘本中，他们不仅了解到筷子一头方一头圆是源于中国古人认识世界的思维方式，还发现了筷子身上蕴藏着天圆地方、一阴一阳、融合等中国文化。

在本环节中，我们支持和引导幼儿用适宜的方法探究和解决问题，为自己发现的关于筷子的"秘密"提供和搜集"证据"，并鼓励和引导他们做简单的记录，将自己在绘本中学到的知识用思维导图这种可视化的形式呈现出来，并与他人交流分享。但本环节缺少了联想、猜测答案的科学性过程，可以先引导幼儿进行猜测，再鼓励他们设法验证自己的想法。

（3）三知起源。

"原来筷子身上有这么多的秘密，那筷子是谁发明的呢？"

积极探索，每个孩子都是生活的发现者。在孩子们的调查表中我们发现，问得最多的就是筷子的由来。于是在了解了筷子巧妙的设计后，孩子们又提出了这个问题。提出问题后，他们先进行了猜想。晨晨猜测可能是科学家发明的，思语觉得可能是考古学家挖出来的。为了解决这个问题，大家化身信息搜查员，寻找、记录、分享自己的发现，验证自己的猜想，最后在"筷子由来"故事分享会上将自己搜集到的传说分享给大家（见表9.3）。

表9.3　"筷子问题"

问题一：谁发明了筷子？		
疑问	筷子是怎么来的	筷子是谁发明的
提出猜想		
收集资料	化身信息搜查员，和父母一起搜查信息，寻找、记录、分享发现	

续　表

交流分享	"筷子由来"故事分享会

　　紧接着，孩子们又提出了第二个问题："除了我们国家在用筷子，其他国家是不是也用筷子呢？他们用的筷子和我们用的一样吗？"有了前两次解决问题的经验，孩子们带着问题再次行动起来。他们分成了各个小分队：有的查阅他们的工具书——绘本，有的采访去过其他国家的叔叔阿姨、爸爸妈妈，还有的在父母的帮助下搜集资料（见图9.5）。最后，孩子们聚集在一起交流自己调查到的信息，并在老师的帮助下开辟了"筷子博物馆"。原来，最常用筷子的主要有三个国家（中国、日本和韩国），每个国家的饮食习惯使他们的筷子各有特色。

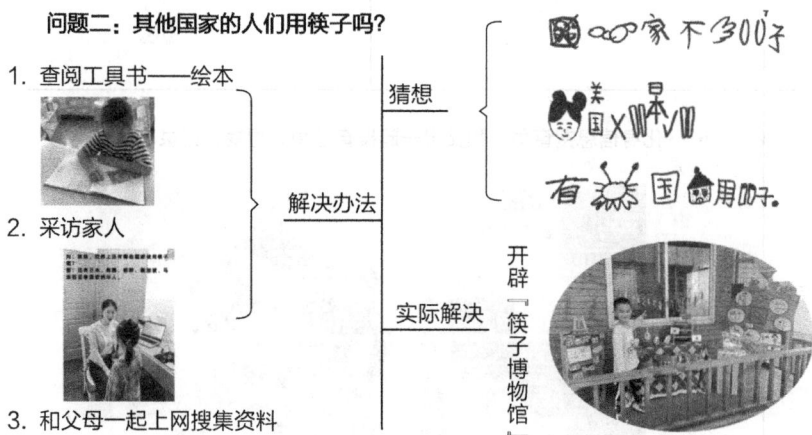

图9.5　使用筷子的国家资料搜集导图

有了前两个环节积累的经验，本次活动开展得更为科学和完善。从猜测自己提出的问题到用适宜的方法探究和解决问题再到引导幼儿学习做简单的计划和记录，最后帮助幼儿回顾自己探究的过程。他们在真实的活动中有了自己解决问题的经验，以及初步的探究能力，在探究中了解了筷子的起源和文化。

在了解了这些古老传说和文化背景后，孩子们也摩拳擦掌，化身成小小设计师，用马克笔和超轻黏土创作了一双双有"故事"的筷子。

（4）四寻文化。

中华文明上下5000年，筷子已流传3000多年。一双筷子，夹起的是中国源远流长的历史。作为中华民族智慧的结晶，在经历了长时间的使用和实践后，使用筷子有哪些需要注意的礼仪呢？我们开展了"用筷礼仪我知道"知识大比拼，孩子们通过抢答题目以及相互出题问答的方式了解筷子的礼仪与禁忌，一起制作筷子思维导图，了解筷子背后的文化。

> "不能把筷子插到米饭里。"
>
> "不能将筷子放在嘴巴里面咬。"
>
> "不能用筷子指人。"
>
> "用筷子不能敲碗，会很吵而且不礼貌。"
>
> "不能把筷子乱七八糟地放在桌子上，这样很不卫生。"
>
> "不能用筷子搅盘子里的菜，这样会把菜弄到地上，很浪费。"

中国作为礼仪之邦，一双筷子的礼仪足够看到古老文明下深厚的文化积淀。

筷子还可以表达很多情感：疼爱与启蒙，尊重与祝福，感恩与传承。

> "妈妈教会我用筷子。从小就是妈妈喂我吃饭，后来我长大了，妈妈教我学用筷子，她握住我的手用筷子夹起一口菜，就这样我学会了使用筷子。"
>
> "我刚开始用筷子的时候，老是把筷子掉在地上，因为它太滑，我的手太小拿不住，爸爸妈妈就会把菜夹到我碗里。"
>
> "过年的时候，大家坐在一起吃饭，爸爸妈妈说要爷爷先动筷，大家才能动筷子，这是尊重。"

4. 创新与分享

（1）"筷"乐游戏。

有了自己解决问题的经验后，孩子们有了一个大胆的想法："老师，筷子除了可以吃饭，我们可以用它来做游戏吗？"

"对啊，对啊，我们可以自己来设计游戏吗？"

本着支持幼儿发展需要，给幼儿充足自主发展空间的原则，"筷子游戏设计师"的活动展开了。孩子们信心满满地行动起来，首先，他们根据自己的意愿进行了自由分组。经过激烈地讨论，认真地绘制，不断尝试后，属于每个小组自己的游戏最终出炉啦！瞧，每一个小组先根据自己的想法绘制了图纸，再根据图纸来放材料。第一组孩子根据我们户外的套圈游戏改编形成"投筷子"游戏，第二组根据他们最爱玩的迷宫设计了"筷子迷宫"，第三组设计了"听音辨筷"，通过敲击同一个瓶子产生的不同声音分辨筷子的制作材料。当然，也有一些大开脑洞的想法，嘉昊就设计了一款益智游戏，通过移动一定数量的筷子改变筷子的相对位置。此外，也有一些常规性的游戏，比如筷子游戏棒、筷子叠叠高、筷子夹乒乓等。为此，我们还举办了小型的筷子游戏游园会，让孩子们体验不同小组设计的游戏。这一次团队协作活动不仅点燃了孩子们的创造性，更锻炼了他们的主动思考能力、动手能力和思维的计划性以及相互之间的配合性。

（2）"筷"乐制作。

"筷子到底是怎么做的呢？我们能不能做一双真正的筷子呢？"在课程活动过程中，孩子们多次提出这个问题。

5. 回顾与反思

课程的有效推进离不开教师的回顾与反思。基于儿童视角和探究理念，我们与传统教育最大的区别在于注重实践，即在具体的活动中、在解决问题的过程中，幼儿通过动手实践来感知和体验。在本次课程活动中，我们遵从孩子们的内心想法，给予他们时间和自由度，通过循序渐进的方式允许他们自主探索，解决问题。本次班本活动也让我感触颇多，主要是以下三个方面。

（1）千里之行，始于足下。

万事开头难，本次班本课程教给我班本化活动的设计有时不用很详细，先踏出扎实的第一步很重要。我们在脑海里预设了99步，不如先勇敢踏出第一步，踏出第一步后我们才会知道下一步是惊还是喜。但我也不盲目，我的第一步很扎实，因为我会聆听、寻求帮助，我了解孩子们，他们很能干。就像在课程开始前，我预设了孩子们的已有经验和他们可能会有的所有兴趣点，但这些都不如先踏出第一步，发一张调查表。

（2）要给孩子一杯水，自己必先有股长流水。

在本次课程活动之前，我对于筷子文化的了解是比较浅薄的，尤其是筷子所蕴藏的中国文化。因此，在课程开始之前，我和戴老师一起进行了比较全面的知识搜集。这让我深刻意识到随时补充自己的知识库——"长流水"的重要性。如今，知识更新的速度越来越快，传播途径越来越多，传播速度也越来越快，在日常教学中，我相信每个老师都会有被孩子问倒的经历，因此我们必须树立终身学习的观念，不断充电，充盈自己的知识库，从源头上进行补充。

（3）做个"笨"老师。

日常生活中有一句话："大人懒了，小孩子就勤快了。"这句话不无道理，在我们日常的教育教学中，老师有时候也可以"笨"一点，要是孩子们一遇到困难，我们就迫不及待地帮他们"铺路搭桥"，孩子们就会懒得动脑筋，久而久之，就会耐挫力下降，过分依赖教师。反之，如果老师敢于说"我不知道""我也没办法，你再试试"，反而会激发孩子们继续探究、战胜挫折的欲望。在本次课程活动中，面对孩子们提出的问题，我从来没有直接给他们答案，而是引导他们通过不同途径自己寻找答案。这样，一来锻炼了他们搜集处理信息的能力，二来通过自己努力得到的答案远比老师直接告知的要印象更加深刻、理解更加深入，正所谓授人以鱼不如授人以渔。

一双筷子，串联起华夏古老的传统与内涵，是中华儿女的情感纽带，更是传递给世界的指尖上的文明。

阴阳禀天地，巧用在三餐。

竹木寻常质，方圆各两端。

同心自兄弟，循礼似衣冠。

华夏文明久，见微知大观。

一双筷子，承载的是启迪。

一双筷子，饱含的是温暖。

一双筷子，守护的是明礼。

一双筷子，传承的是文化。

一双筷子，我们在继续……

班本课程二：茶叶的故事

茶

香叶　嫩芽

慕诗客　爱僧家

碾雕白玉　罗织红纱

铫煎黄蕊色　碗转曲尘花

夜后邀陪明月　晨前命对朝霞

洗尽古今人不倦　将知醉后岂堪夸

这首唐代诗人元稹的宝塔诗《茶》，缓缓述说着茶的特征，也优雅地道出了茶在中国的源远流长。茶是中国传统文化的重要组成部分，被人们尊称为"国饮"。北京大学的陈平原教授在其著作中就提道："茶作为一种饮料，对人的气质，对人的情感，对想象力的驰骋，都会有所影响……在某种意义上，茶可以作为一种意向、一种传统，或者说一种文化的象征。"在几千年的文化交流中，茶文化经过历史反复的雕琢，如今已经成为具有中国传统文化特性的一种文化精神，蕴含着独特的教育魅力。

为了让孩子们更好地了解家乡的茶文化，在活动中感受茶文化的熏陶，在茶文化的教育中了解生活，从心理上对茶文化产生亲切感，增强民族家园情感，我们结合当地自然资源和孩子们一起开展了"茶叶的故事"系列课程活动。

1. 课程缘起

> 某个周一，泽泽很开心地和我们分享："我妈妈昨天带我去了福泉山，那里种着好多好多的茶叶。"
>
> "我们家也有茶叶，是我爸爸喝的，他说叫正山小种。"小姚在一边附和道。
>
> "我也知道茶叶，我还知道有绿茶和红茶呢！"健民骄傲地说。
>
> "可是为什么我在福泉山上看到的茶叶和在家里的茶几上看到的茶叶不一样呢？"泽泽发出了疑问。
>
> "那会不会一个是生的，一个是熟的。"一一思考了一会儿回答道。
>
> 孩子们叽叽喳喳地讨论起来，对茶叶充满了好奇。

本着追随幼儿兴趣的原则，我们从幼儿、教师、课程价值以及资源四个方面出发对课程活动展开了分析与研讨。

茶叶是孩子们生活中比较容易接触到的，尤其是在我们东钱湖有福泉山这样自然资源的地方。观察还没采摘的茶叶以及家里制作好的茶叶，孩子们自然而然就产生了兴趣，表现出想继续探索的欲望。因此，在了解孩子们已有经验的基础上，我和戴老师也审视了自身对于茶叶的专业知识，发现还有欠缺，因此，我们通过上网搜集资料、查阅书籍、观看视频、向了解茶和茶道的长者请教等方式扩充和储备与茶叶相关的知识，以便支持孩子们进行深入探究，随时准备根据幼儿的需要生成和延伸新的活动。结合我们食礼馆现有的资源以及馆内配套的茶具等，我们做好了充分支持孩子们本次关于茶叶的探究活动的准备。

2. 初见 · 茶叶体验师

在初步探索阶段，茶叶大调查开启了孩子们解决问题的探究之旅。通过调查表，孩子们开始搜索和搜集各种各样的茶，有绿茶、红茶、白茶、黄茶、乌龙茶和黑茶。孩子们从家里带来了各种各样的茶叶，教室仿佛成了茶叶市场。

> "我带来的是小青柑，是一个一个泡的哦。"
>
> "我带来的是正山小种，爸爸说这是一种红茶。"
>
> "这是我和爸爸去台湾的时候买的台湾高山乌龙茶，可香了呢！"
>
> 介绍完茶叶的品种，孩子们用耳朵、鼻子、眼睛、嘴巴和手全方位细细感受了茶叶。
>
> "红茶看起来有点细细的，黑黑的。"
>
> "绿茶是绿色的，红茶是黑色的。"
>
> "茶叶在茶叶罐里，摇起来是沙沙的声音。"
>
> "我把细细的红茶掰断了，它和树叶一样脆。"
>
> "绿茶摸起来硬硬的，脆脆的。"
>
> "茶叶闻起来好像没味道，不对，仔细闻好像有点香香的。"
>
> "放在嘴巴里尝一下，没味道。"
>
> "不对，我感觉有点苦苦的。"

3. 探究 · 茶叶实验室

"老师，我爸爸都是用热水泡茶的，那冷水可以泡茶吗？"

孩子们提议可以做一个实验，看看冷水和热水泡出来的茶叶有什么区别。

说干就干，他们拿出两个水杯，一个倒入冷水，一个倒入热水，再分别放入红茶，然后一边看着时间，一边静静地观察。

> "快看！装热水的杯子里水变色啦！"
>
> "哇，真的变成黄黄的了。"
>
> "我发现茶叶变大了，好神奇啊！"
>
> 过了一会儿，孩子们惊奇地发现装冷水的杯子也有了变化。
>
> "原来冷水、热水都能泡茶叶，但我觉得热水泡出来好喝，香香的。"
>
> "谁说的，我觉得是冷水泡出来的好喝，热水太烫了。"
>
> "我觉得都不好喝，苦苦的。"佳杰皱着眉头说。

在一次次的对比中，每个幼儿都有自己的发现，他们的观察角度不同，观察结果也多种多样。

对事物的内外部进行细致观察是对大班幼儿的要求，《指南》也指出，5～6岁（大班）孩子应"具有初步的探究能力"，"能通过观察、比较与分析，发现并描述不同种类物体的特征或某个事物前后的变化"。在活动中我们要根据幼儿兴趣随时将各个活动区域变成幼儿深入探索的空间，引导幼儿对自己感兴趣的问题动手做实验进行探究，这不仅能培养幼儿有序、细致观察的科学能力与习惯，也能让幼儿在持续探索中与自然事物建立更深的情感。

4. 实践·采摘茶叶大作战

> "茶叶是怎么种的呢？"
>
> "茶树是什么样的呢？"

"茶叶能不能直接吃呢？"

"茶叶又是怎么加工的呢？"

孩子们小小的脑袋瓜里对茶叶有着无穷无尽的疑问。为了解决这些疑问，孩子们提议去福泉山一探究竟。"那这一次去福泉山你们都想解决哪些疑问呢？"带着我的问题，每个孩子都绘制了一张自己想要了解的有关茶叶的疑问表格清单，并在父母的帮助下先初步在网上搜索了答案。于是，借着假日大篷车的机会，孩子们开启了福泉山茶叶采摘之旅。一来到福泉山，看着满山的茶叶树，昊昊率先发出了疑问："我知道采茶叶有好多种方法，好像有一种叫指摘，这到底是怎么摘的呢？"于是，采茶阿姨给孩子们普及了采摘茶叶的基本知识。原来摘茶叶的时候要用手去稍微让茶叶弯曲然后掰断，这就是我们所称的捏提采，千万不能用指甲掐断。另外，选择采摘的茶叶也决定了它最后的价格，从独芽到一芽一叶到一芽二叶，价格会越来越低。带着这些基础知识，"小茶农"们信心满满地开启了采摘之旅。"老师，我摘的都是一芽一叶的，你看，嫩吧！"

3～6岁这个年龄段的幼儿学习是以直接经验为基础的，采摘的环节是幼儿自由操作、发现、学习的好机会。在采摘的过程中，他们不断有新疑问：怎样的茶叶可以摘了？如何区分是嫩的茶叶？怎样采摘茶叶？等等。也许教师们担心户外活动会有突发状况和种种的不确定性，但正是因为有了这些不确定性，孩子们才能获得更多的惊喜和经验。在这个过程中，只要不涉及安全或同伴交往问题，教师应放手让幼儿体验完整的收获过程，不要打断和干预孩子们的操作，只需观察和记录他们的即时发现，给予他们支持，引导他们一起分享经验，互相帮助，互相合作，共同体验采摘、收获的乐趣。

5. 体验·小小炒茶师

"为什么有这么多不一样的茶叶呢？它们是怎么制作的呢？"

这是活动开始前收集到的最多的提问。在这次"假日大篷车"活动中，孩子们也自己找到了答案，原来有这么多品种的茶叶是因为它们的加工工序和工艺不同。在福泉山的茶场里，孩子们也见到了各种各样的制茶机器，有杀青机、发酵机、烘干机、炒干机等。整个参观过程中，他们最感兴趣的莫过于一位炒茶叶的老师傅了。

"为什么爷爷要用手炒茶叶呢？他的手不会烫吗？"

"对啊对啊，为什么不用铲子呢？"

孩子们一边看一边发出了疑问。有了前几次解决问题的经验，胆子大的小姚和乐乐自告奋勇当起了小记者，采访了炒茶叶的老爷爷。

"爷爷，你的手烫吗？"

"当然啊，但是爷爷习惯了。"

"那爷爷为什么不用铲子或者手套呢？"

"因为爷爷要随时感受茶叶的温度和湿度，控制茶叶均匀受热，要是用了铲子和手套就感受不出来，也就炒不出好喝的茶叶了。现在大多数情况下都是用机器炒茶，但在机器发明出来之前，人们都是用手炒茶叶的。"

"哦，原来是这样啊。"孩子们恍然大悟。

幼儿对老师傅用手炒茶很好奇，并能从已有经验出发表达对一些问题的理解，这没有对错之分。很多时候，特别是在观察时，教师不需要直接给予答案，而是要调动幼儿已有经验给予他们大胆猜测的机会，引发他们通过自身实验和操作去获得经验。正所谓授人以鱼不如授人以渔，这些对孩子们来说才是有价值的。

6. 感受·小小茶艺师

村上春树说："仪式是一件很重要的事情。仪式感是一种庄重又无声的力量。"那仪式感究竟是什么呢？它是使某一天与其他日子不同，使某一时刻与其他时刻不同的东西，这是对生活的重视，也是生活态度。

为了让孩子们感受茶道所承载的中华传统文化，我和孩子们早早地约好在这一天与茶相会，来到早已布置好的食礼馆：茶桌上已铺好了茶席，茶具整齐地摆放在那里，换上汉服的孩子们也一改以往的调皮捣蛋劲，一个个变得彬彬有礼。我看到他们的眼中充满了期待和雀跃。孩子们感受着茶仪式中的净手、坐姿、醒茶、煮水、品茶等一诮道过程，接过茶汤后致谢并认真鞠躬。这些小心翼翼、恭恭敬敬的行为背后，是谦卑仁爱的种子在发芽。在活动中，他们不仅懂得了"续茶时先人后己"的谦让、"敬茶先尊长"的长幼有序、双手奉茶说"请喝茶"时的恭敬等，也理解了"与人为善、以礼待人"的处世之道。在习茶的过程中，孩子们不仅心灵得到了放松，更为礼仪带来的尊重感而快乐。

孩子们换上汉服后一改往日的活泼而变得文静且时时注意自己的行为时，我十分惊喜。这种精心营造出来的仪式感，能够在他们的心间留下深刻的回忆，让他们变得更加热爱生活、尊重生活、认同自己，从而拥有感知和享受幸福的能力。在整个活动中，他们并没有如我之前担心的那样有不小心打碎杯子的举动，反而小心翼翼，有礼有节，认真倾听茶艺知识。这让我看到了礼仪、审美、品行以及传统礼仪和现代礼仪相结合的能量，也让我想到健康品格的形成一定是从日常的行为和举止的培养中获得的。茶是文化，是知识，是孝道，更是感恩。从小习茶，不仅可以在孩子的心中种下恭敬、谦卑、同理心的种子，还可以熏陶他们的礼仪品德。

7. 创新·好喝的奶茶

> "我觉得茶苦苦的，一点儿也不好喝。"
>
> "那有没有什么办法让它变得好喝点呢？"
>
> "加点儿糖吧，甜了就好喝了。"
>
> "我妈妈昨天带我喝了奶茶，好好喝，也许加点儿牛奶就好了。"
>
> "谁说的，奶茶和这个茶又不一样的。"

为了让茶更加好喝，孩子们再次行动起来。他们分成了各个小分队，有的在父母的帮助下上网查阅资料，有的到奶茶店一探究竟，还有的去向茶艺好的长辈们取经。第二天，孩子们聚集在一起交流自己收集到的信息。要让茶变得更好喝，还是做奶茶比较合适，原来奶茶里真的有茶！有了目标后，孩子们立刻行动起来，有的开始清洗锅和配套的厨具，有的根据自己查到的奶茶配方搜集、调配材料，还有的向其他小朋友们宣讲奶茶的制作过程。分工合作，精诚协作，一锅香喷喷的奶茶出炉了。

"哇，也太好喝了吧！"

"茶果真变好喝啦！"

孩子们尝着自己做的奶茶，别提有多开心了。

8. 感悟

传统文化是我们的根，无论什么时候，做什么课程，都离不开"根"。茶的制作技艺（茶艺）作为一项非物质文化遗产，其文化背景为幼儿园教育提供了天然的土壤，园本课程中茶系列课程活动的成功，正是缘于我们接地气的选择。我国是茶树的原产地，有着悠久的种茶历史。在深入主题课程的过程中，我们不但带领幼儿去感受博大精深的茶文化，让其根植于幼儿的内心深处，也将高雅的茶文化带入幼儿园，让幼儿乐在其中，悟在其中。孩子们在问茶、寻茶、制茶、品茶的过程中，用探索、讨论、比较等方法，把传统文化与日常活动相结合，在游戏的过程中了解传统文化，感受着茶文化的韵味。

我们设想，以后每年四月都举办一场春茶节，这对幼儿的心灵既是一种感染，更是一种净化！

茶

绿叶　嫩芽

古人爱　大家爱

绿色茶壶　红色茶杯

茶叶炒一炒　茶香飘满屋

边喝茶边聊天　大家心情好呀

红茶养胃身体好　有空一起来喝茶

图书在版编目（CIP）数据

幼儿园食育：园本化课程的开发 / 王颖嫣，蔡丹娜，胡佳著 . —杭州：浙江大学出版社，2022.5（2025.4 重印）

ISBN 978-7-308-22517-5

Ⅰ .①幼… Ⅱ .①王… ②蔡… ③胡… Ⅲ .①饮食 - 卫生习惯 - 学前教育 - 教学研究 Ⅳ .① G613.3

中国版本图书馆 CIP 数据核字（2022）第 061744 号

幼儿园食育——园本化课程的开发

王颖嫣　蔡丹娜　胡　佳　著

策划编辑	吴伟伟
责任编辑	马一萍
责任校对	陈逸行
封面设计	浙信文化
出版发行	浙江大学出版社
	（杭州市天目山路 148 号　邮政编码 310007）
	（网址：http://www.zjupress.com）
排　　版	杭州浙信文化传播有限公司
印　　刷	浙江新华数码印务有限公司
开　　本	710mm×1000mm　1/16
印　　张	20
字　　数	278 千
版 印 次	2022 年 5 月第 1 版　2025 年 4 月第 5 次印刷
书　　号	ISBN 978-7-308-22517-5
定　　价	78.00 元